全国财经专业(新课程标准)精品教材

公共关系实用教程

GONGGONG GUANXI SHIYONG JIAOCHENG

主　编　吕春莉　何　威

浙江工商大學出版社
ZHEJIANG GONGSHANG UNIVERSITY PRESS

图书在版编目(CIP)数据

公共关系实用教程/吕春莉,何威主编.—杭州:浙江工商大学出版社,2016.7

ISBN 978-7-5178-1724-6

Ⅰ.①公… Ⅱ.①吕…②何… Ⅲ.①公共关系学—高等学校—教材 Ⅳ.①C912.3

中国版本图书馆 CIP 数据核字(2016)第160779号

公共关系实用教程

主　编　吕春莉　何　威

责任编辑　李相玲

封面设计　宣是设计

出版发行　浙江工商大学出版社

（杭州市教工路198号　邮政编码 310012）

（E-mail:zjgsupress@163.com）

（网址:http://www.zjgsupress.com）

电话:0571-88904980，88831806（传真）

排　　版　天利排版

印　　刷　北京文良精锐印刷有限公司

开　　本　787mm×1092mm　1/16

印　　张　15.25

字　　数　423千

版 印 次　2016年7月第1版　2016年7月第1次印刷

书　　号　ISBN 978-7-5178-1724-6

定　　价　35.00元

编委会

主　编　吕春莉　何　威

副主编　韩绍峰　赵　丽　姜银珏

　　　　黄庆宁　曲　艳

前　言

在中国经济快速发展、社会不断进步的进程中，社会对应用型人才的需求量愈来愈大，在这种趋势下，学习公共关系知识的人越来越多。我国高等院校很多专业或把公共关系课程作为专业的主修课程，或把公共关系课程作为专业选修课程，然而，现有的公共关系学教材存在偏重于理论阐述、实践应用性不足的问题，造成了广大学子充分掌握和运用公共关系知识的一大障碍。为此，我们编写了这本应用性较强的公共关系教材，以满足高等院校培养应用型人才的教学和普通读者学习的需要。本书内容新颖、理论完整、突出实践，通过丰富的案例和实训操作，着力公共关系实践能力培训。本书具有以下的特点。

第一，突出通俗性。本书避免了抽象的理论探讨，将高深理论用浅显的语言表达出来，便于读者对相关公共关系知识的理解。

第二，强调实践性。本书是由具有多年教学经验的教师们编写而成，他们将教学经验的总结贯穿和体现到教材中。在每个项目开篇有“学习情境”，章末有“案例讨论”和“模拟训练”项目，其中不乏有本土化企业管理案例，大大加强了教材的实践性。

第三，对学科基本理论的阐述透彻严谨，对基本概念的界定简明准确，对基础知识的介绍全面具体，对理论的应用结合中国实际。

由于编者水平所限，书中难免存有错误之处，欢迎广大专家、读者批评指正！

编　者

目 录

项目1　公共关系基本理论

❖学习目标

1. 掌握公共关系的科学内涵及要素。
2. 了解公共关系的历史演变过程。
3. 掌握公共关系的基本原则及属性。
4. 了解现代公共关系的发展趋势。

学习情境

汶川大地震

2008年5月12日14时28分，突如其来的强烈地震中断了人们的正常生活。以汶川为中心方圆几个县区，地动山摇，房屋倒塌，顷刻间成为人间地狱，死的、伤的、活埋的不计其数。地震发生18分钟后的14时46分，新华网发布地震消息。15点55分，新华社播放了胡锦涛总书记作出的重要指示，要求尽快抢救伤员，保证灾区人民生命安全；温家宝总理立即赶赴灾区指挥救灾工作；解放军总参谋部的应急预案立即启动。中央多次召开政治局常委会议全面部署救灾工作，并成立了由温家宝任总指挥，李克强、回良玉任副总指挥的抗震救灾总指挥部。温家宝总理强调第一位工作是抓紧时间救人。多争取一分一秒的时间就可能多抢救出一个被困者。温家宝总理焦急、忙碌、亲切的形象，极大地稳定了民众情绪，起到了动员各方的巨大作用。针对这次震灾，无论电视、报纸还是网络，都在不停地报道；在CCTV滚动传播的咨讯中，每个公众从一开始就投身于这场由党和政府主导的轰轰烈烈战役之中。正是中央领导集体情系百姓，身先士卒、身体力行地践行"以人为本"、"执政为民"，表现出极大的凝聚力、感召力和战斗力，才形成了全国上下万众一心、众志成城的抗震救灾局面。在这次灾难中，党和人民政府、军队的感人形象，国家领导人的亲民公共关系和电力、公安、军队等部门人员的牺牲精神，通过电视、广播、电话、互联网等媒体源源不断地传遍到每一个角落，此外，还有许多企业纷纷对受灾地区群众进行捐款捐物，提高了企业的知名度和美誉度。

在此次抗震救灾中，我国综合国力不仅经受住了严峻的考验，使民族精神更加熠熠生辉，同时也让我们看到党和政府公共关系危机处理的速度和能力，在整个过程中大众媒介在信息传播和凝聚人心方面发挥了重要的作用，它的影响范围之广泛、传播速度之快捷、全面、真实、准确、透明，以全天直播的形式报道灾情、传达高层指挥救灾的举措，保证了抗震救灾正确的舆论导向，期间总理等国家领导人深入抗灾前线和老百姓共渡难关。人民子弟兵在抗灾中发挥了巨大的作用，他们不分昼夜地参与救灾抢险的英雄事迹也得到了充分报道，更成为电视、网络媒体的新闻题材，“最可爱的人”形象在公众心目中愈益高大，政府行动了，并且让每项行动为公众所知，从而带动社会舆论以及社会关心，协助政府开展抗震救灾工作。

案例思考：

1. 党和政府在大地震后采取的沟通策略体现在哪些方面？
2. 大众媒介在此次事件中发挥了怎样的作用，对我们有何启示？

学习单元 1.1

公共关系的基本理论

1.1.1 公共关系的概念

1. “公共关系”一词的来源

客观地说，“公共关系”这一概念是“舶来品”，是英文“public relations”的汉语泽称（缩写 PR）。从字面来看，公共关系一词是由两部分组成。“public”是形容词，有“公共的”“公众”两方面的含义，即属于社会的、集体的，不是属于个人的；“relations”是一个名词，译为“关系”，后面加上“s”，表明这些关系是众多的，即由多人组成的群体之间的某种性质的联系。“puhlic relations”可译为“公众关系”或“公共关系”，大多数学者都采用“公共关系”译名。有人认为该词应译为“公众关系”，其实，它与“公共关系”在译法上无本质区别，但译为“公共关系”更容易被国人准确理解，理由有三：一是公共关系的“公众”不仅由人群构成，还包括政府、社区、媒介等机构。政府、社区、媒介等机构在中国人的心中是公共事业单位，因此译为“公共关系”，理解上更为准确；二是全世界华人著述多是这种译法，已成为主流译法；三是全国的公关协会被法律认可的也是“公共关系”的协会。

2. 公共关系定义

公共关系的定义，主要揭示公共关系这种活动的基本性质，明确公共关系的应用范围，规范公共关系的学科领域，阐述公共关系的技术手段。不过，由于公共关系是一门新兴的边缘交叉学科，其本身仍然处于不断的发展、变化之中，新观念、新方法层出不穷。近一个世纪以来，西方学者对公共关系学进行了大量的研究，但由于不同的学者的着眼点不同，采用的方法不同，所以，他们对公共关系所下的定义也迥然不同。正如公共关系学者斯蒂芬·菲茨杰拉德所说："令人头疼的不是'公共关系'一词缺乏意义，而是这个词包罗万象、囊括过多。"

在国内外，关于"公共关系"的定义可谓种类繁多、众口不一，现择其要者介绍如下。

(1) 1976 年，美国最早从事公共关系学教育的莱克斯·哈罗博士在分析了 472 个公共关系定义后把"公共关系"定义为：公共关系是一种特殊的管理职能。它帮助一个组织建立并保持与公众之间的交流、理解、认同与合作；它参与处理各种问题与事件；它帮助管理部门了解民意，并对之做出反应；它确定并强调企业为公众服务的责任；它作为社会趋势的监测者，帮助企业保持与社会同步；它使用有效的传播技能和研究方法作为基本工具。

(2) 1978 年 8 月 8～10 日，在墨西哥城召开的各国公共关系协会世界第一次大会给"公共关系"下了一个定义：公共关系的实施是分析趋势、预测后果，向组织领导人提供咨询意见，并履行一系列有计划的行为以服务于本组织和公众共同利益的艺术和社会科学。

(3) 国际公共关系协会的定义是：公共关系是一种管理功能。它具有连续性和计划性。通过公共关系，公立的和私立的组织、机构试图赢得同他们有关的人们的理解、同情和支持——借助对舆论的评估，以尽可能地协调自身的政策和做法，依靠有计划的、广泛的信息传播，赢得更有效的合作，更好地实现它们的共同利益。

(4) 美国公共关系学会推出了具有代表性的四种定义：

①公共关系是企业管理机构经过自我检讨和改进之后，将其态度公诸社会，借以获得顾客、员工及社会的好感和了解的这样一种持续不断的工作。

②首先，公共关系是一个人或一个组织为获取大众的信任与好感，借以迎合大众的兴趣而调整其政策与服务方针的一种持续不断的工作。其次，公共关系是对此种已调整的政策与服务方针加以说明，以获得大众了解与欢迎的一项工作。

③公共关系是一种技术，此种技术在于激发大众对于任何一个人或组织的了解并产生信任。

④公共关系是工商管理机构用以测验大众态度、检查本企业的政策与服务方针是否得到大众了解与欢迎的一种职能。

(5)《韦伯斯特 20 世纪新辞典》的定义："公共关系，通过宣传与一般公众建立的关系；公司、组织或军事机构等向公众报告它的活动、政策等情况，企图建立有利的公众舆论的职能。"

(6) 斯科特·卡特李普和阿伦·森特在其合著的《实用公共关系学》中下的定义："公共关系是一种通过优良的品格和负责的行为来影响公众舆论的有计划的努力，它建立在双方满意的双向交流的基础上。"

(7) 中国学者居延安所著《公共关系学导论》中的定义:“公共关系是一个社会组织用传播手段使自己与公众相互了解和相互适应的一种活动或职能。”

(8) 毛经权主编的《公共关系》中的定义:“公共关系是一个组织运用各种传播手段,在组织与社会公众之间建立相互了解和依赖的关系,并通过双向的信息交流,在社会公众中树立良好的形象和声誉,以取得理解、支持和合作,从而有利于促进组织本身目标的实现。”

3. 对如何给“公共关系”下定义的一些看法

以上种种定义,从不同方面揭示了公共关系的性质、特征、目的、途径等诸多方面。从这几个方面可以把这些定义归纳如下:

从公共关系的性质来看,公共关系是一种关系、职能、活动、职业、工作、技术、艺术、政策等。

从公共关系的特征来看,公共关系具有功利性、相关性、公共性、互利性、连续性、职业性、政策性,等等。

从公共关系的直接和最终目标来看,公共关系是为了传递、交流信息,增进相互了解;获得理解,改善态度;塑造组织良好形象;为了服务公众;争取支持,赢得合作;互惠互利,实现共同利益;求生存谋发展,与时俱进。

从实现公共关系的途径与方法来看,要建立和维护良好的公共关系,就要运用信息沟通与传播手段;社会组织主动与相关公众进行卓有成效的双向交流;协调组织内部的关系、协调组织与公众的关系。

以上四个方面分别说明了公共关系“是什么”“怎么样”“为什么”和“怎么做”的问题。

要想准确地给公共关系下定义,必须先抓住公共关系的本质属性,理解公共关系的特征,这样才能够将它与同类事物中的其他不同属性的东西区别开来。

曾经有一个公关经理用一个小伙子追求一位漂亮姑娘的例子来形象地描述了公共关系的本质特征。他说,如果小伙子对姑娘大献殷勤,起劲地表白自己是如何喜欢她、欣赏她,这不是公共关系,是推销;如果小伙子精心地打扮自己,并以翩翩的风度去吸引姑娘的注意力,这也不是公共关系,而是广告;如果小伙子认定目标,制订计划,埋头苦干,取得优异的成绩,赢得大家的好评,而这种赞扬之词又通过众人之口传人姑娘的耳中,使姑娘对小伙子产生钦佩与爱慕之情,这才是公共关系。这个例子揭示了公共关系的本质特征。

我们在公共关系领域现有的研究基础上,给公共关系一个科学完整的定义:

公共关系是社会组织遵循一定的原则和方法,运用有效的传播、沟通手段,谋求公众对本组织的了解、信任、好感、支持与合作,在公众中树立起良好的组织形象,从而获得共同利益的一种经营管理艺术。

理解这一定义,主要掌握四个要点:

第一,公共关系是一个组织与公众之间的双向关系(主体与客体)。

只有双向沟通,公众才能接收社会组织发出的信息,社会组织也才能接收公众的信息反馈，从而不断改善组织生存和发展环境，调整自身形象，实现组织的最终目标。组织与公众之间双向沟通关系使公共关系与其他关系区别开来。

第二，公共关系主要通过传播与沟通等手段实施（手段）。

公共关系是社会组织通过传播、沟通手段影响公众。公共关系的主体是社会组织，客体是公众，手段是传播、沟通。换言之，社会组织、传播沟通、公众是构成公共关系的三大要素。

第三，公共关系是一种管理活动（职能）。

现代公共关系活动主要是指作为组织的一种经营管理行为的“公共关系实务”，包括公关调查、公关策划、公关交际以及各种公共关系专题活动等。

第四，公共关系的目的是为了实现组织与公众的共同发展（目的）。

公共关系是公关组织在一系列比较规范和专业化的公关活动中与其公众进行沟通、交流，以求相互尊重、理解、支持与合作，达到组织与公众的共同发展。

应该说，这一定义较为科学、严谨地表述了公共关系的基本要素及其本质属性。

1.1.2 公共关系的特征

公共关系的特征是由它的自身性质、主体目标和客体特征及工作方式决定的，可以概括为以下几个方面：

1. 以公众为对象

公共关系是社会组织同构成其生存环境的内外公众的关系，公众构成公共关系客体一方，它与公共关系的主体构成公共关系的基本矛盾。一切工作均围绕公众展开。

2. 以和谐为目标

公共关系的评价尺度不是政治立场，不是经济指标，而是和谐度。通俗地说就是组织与公众的关系好不好，主客体是否和谐。而形象中的知晓度、定位度、美誉度都是为了给组织创造和谐的生存与发展的指标体系。

3. 以互惠为原则

公共关系不是以血缘、地缘为基础，而是以一定的利益关系为基础的。社会组织要生存发展，要实现和谐必须要得到公众的支持，而要想得到支持就必须让公众得到利益。和谐不是建立在空话基础上的。因此，要想持久地赢得公众支持，必须做到与公众互利互惠，最终达到双赢的目的。

4. 以长远为方针

组织凭借公共关系在公众中塑造好的形象，绝非一日之功。同时，形象一旦树立起来又不会轻易改变，因此，公共关系的长远性是与组织生存的长远性同根而生、同命相连的，不能搞短期行为。

5. 以真诚为信条

公共关系要追求长久的和谐，就一定要讲诚信。互利互惠也只有依靠真诚才能做到。特别是市场经济条件下，公众对真诚、诚信的期望越来越迫切。唯有真诚才能长久赢得公众的合作与社会的和谐。

6. 以沟通为手段

公共关系属于信息产业，信息只有通过传播沟通才能实现其价值。形象在沟通中塑造，美誉在沟通中提高，和谐在沟通中促成，目标在沟通中实现，无形资产在沟通中建立与积累，因此，公共关系目标与价值的实现离不开沟通。

以上六个方面综合地、系统地、多角度地构成了公共关系的基本特征。

1.1.3 公共关系的要素、本质属性和基本原则

公共关系活动是一种双向沟通活动。整个公共关系过程实质上是社会组织和公众借助公共关系传播而达到相互理解的过程。由此可见，公共关系是由三个要素组成的，即社会组织、公众和公共关系传播，我们称之为公共关系三要素。其中，社会组织是公共关系活动的发起者，是公共关系活动的主体，没有社会组织就没有公共关系；传播沟通是公共关系活动的手段和媒体，没有传播也就没有公共关系；公众是公共关系的对象，公共关系是针对对象来做的，没有对象也就没有公共关系。在三要素中间，社会组织具有主导性，传播具有效能性，公众具有权威性。公共关系以上三个基本要素之间的动态平衡、协调适应是公共关系运行的基本规律，是科学的公共关系的内在要求。公共关系三要素的关系如图1-1所示。

图 1-1　公共关系三要素

1.1.4 公共关系的职能与工作程序

1. 公共关系的职能

公共关系的职能是公共关系产生和存在的基础，是公共关系的价值所在。认清公共关系的职能对于正确评价公共关系的价值、提高公共关系工作的自觉性有着重要的意义。公共关系的职能是公共关系在组织中所应发挥的作用和应承担的职责。对公关职能的概括长期以来存在着不同的表述。公关的职能从广义上讲，就是调动一切可以调动的力量，运用各种手段，塑造良好的组织形象，赢得良好的生存环境，促进组织的生存与发展，使组织在激烈的竞争中取胜。

从狭义上讲，公共关系的职能可以概括为以下几个方面：

(1) 采集信息，监测环境

采集信息、进行调研是公关工作的必要前提。在信息社会中，信息已成为公认的巨大资源。任何策划都应从采集信息开始，这样才能做到知己知彼、百战不殆。

所谓监测环境，是指观察和预测影响组织目标实现的公众情况和各种社会环境的情况，使组织对环境的发展变化保持清醒的头脑、敏锐的感觉以及灵敏的反应，从而保证科学地塑造组织形象，实现组织目标。

(2) 咨询建议，参与决策

这是公共关系最有价值的职能，因此公共关系也称"咨询业""智业"。人们经常把公关人员称作"智囊""开方专家"，把公关部称作"思想库"，就是从这个角度讲的。公共关系的咨询建议就是指组织公关人员向决策层和各管理部门提供公共关系方面的意见和建议，使决策更加科学化、系统化，并照顾到社会公众的利益。

(3) 传播沟通，塑造形象

这是公共关系传播与其他传播在目的与技巧方面不同的特有职能。一是组织运用传播沟通的手段同公众进行双向交流，与公众交心，赢得公众的信任和支持；二是顺时造势，制造舆论导向，通过策划新闻、公关广告、专题活动等手段，制造声势，提高组织的知晓度与美誉度，为组织创造良好的舆论环境。很多组织的公关部均有专人撰稿、专人负责媒介关系，就是为了保证这一职能的有效实现。公关工作还要对形象进行评估、反馈和修正，实行名牌战略，为组织创造和积累无形资产。

(4) 平衡利益，协调关系

马克思说过，人们奋斗所争取的一切都同他们的利益有关。公共关系也是以利益为基础的。"公关第一人"艾维·李就是通过成功地平衡利益、协调关系解决了大罢工的危机，从而确立了职业公共关系的地位。社会进入市场经济时代以后，许多过去凭借武力、由行政手段调节的关系，现在需要按经济规律来调节。面对各类公众和各类公众各自的利益要求，公关要想为组织创造一个良好的内外部环境，就必须本着真诚互惠的原则首先承认这些利益，然后按双向对称原则来尽量满足这些利益——当各种利益发生矛盾时，应本着公平对等的原则加以协调、平衡，既不能无视正当要求，也不能厚此薄彼。协调既是目的，又是手段，具有两重性。作为手段指的是一种调整工作，通过协调使关系达到良好状态。目的是使组织更好地生存与发展。

公共关系能够发挥平衡、协调关系职能的领域主要有三个：

①协调组织内部上下级之间、同级之间的利益与关系。

②协调组织内各部门、各环节之间的利益与关系。

③协调组织与外部公众之间的利益与关系。

(5) 社会交往，组建网络

公共关系被誉为"广交朋友的艺术"。社会交往、组建网络是对沟通、协调的细化。公共关系要建立的网络是一种信息网络、互助网络，它绝不是有些人理解的结交只讲吃喝的酒肉朋友，更不是为个人利益结党营私。

(6) 教育引导，培育市场

公共关系的教育引导职能主要表现在对内、对外两个方面。对内，公共关系的主要职能是传播公关意识，传播公共关系的思想和技巧，也要说服组织领导接受公共关系思想。

对外，公共关系主要是对公众进行教育引导。人们常说："公众永远是对的。"这是从服务的角度将"正确"让给对方，但客观地讲，公众不可能永远正确，而是需要加以引导。另外，随着科技的突飞猛进、产品的极大丰富，需要公共关系来培育市场。公众不可能了解那么多的新产品，需要不断对其进行商品知识、消费知识、安全保险知识等方面的教育和引导，使消费群体的认识与组织趋同。

（7）科学预警，危机管理

当今世界进入危机高发期，无论是海啸、地震、暴乱，还是其他形形色色的天灾人祸，今后还会不断发生，因而公共关系将危机预测、危机管理和危机后的恢复处理作为公共关系的主要职能和工作重点之一。

（8）促进组织发展与效益提高

一般来说，公共关系部不负责销售，其职责是帮助营利组织盈利，而不是直接盈利。公共关系为组织提高效益表现在三个方面：提高经济效益，提高社会整体效益，提高环境效益。

公共关系是一个开放系统，组织公共关系的职能也是一个开放系统，它将随着社会的发展而发展，随着组织的个性不同而有所不同，组织也需要不断完善自身的公关职能。

2. 公共关系的工作程序

公共关系工作的目标是要在公众中树立良好的组织形象。为此，公共关系工作，尤其是企业的公共关系工作，必须要有周密的计划，必须制定基本的步骤，遵循一定的程序。虽说组织公共关系活动的形式千差万别，而且是一项不停歇的事业，但公共关系工作大体上可以分为四个阶段，即公共关系调查、公共关系策划、公共关系实施和公共关系评估。这四个阶段构成一个完整的公共关系工作程序。

（1）公共关系调查

调查研究是公共关系工作程序中一项重要的基础工作。此阶段的工作主要是为了了解并掌握与组织各项行为和政策相关的认识、观点、态度和行为，了解事实真相，掌握第一手资料，为有的放矢地开展公共关系工作奠定基础。

（2）公共关系策划

所谓"公共关系策划"，就是公共关系人员根据组织形象的现状和目标要求，分析现有条件、设计最佳行动方案的过程。它是根据现存问题和差距确定组织的公共关系目标，并据此设计公共关系活动的主题。然后，通过分析组织内外的人、财、物等具体条件，提出若干可行的活动方案，并对这些活动方案比较、择优，最后确定出能够达到公共关系目标要求的最适当、最有效的活动方案。公共关系策划是公共关系工作中的重要环节，它可以增强组织形象管理的目的性、计划性和有效性。

（3）公共关系实施

公共关系策划方案一经制定，一系列的传播活动就开始出台了。要及时、准确、充分地把信息传递给公众，包括向所有可能受到影响和能够提供重要支持的人解释和宣传所选定的方案。这是因为，这一环节乃是组织与公众之间交换意见、看法、态度甚至情感的过程，是组织与公众进行沟通以及达到相互理解、相互支持和争取舆论配合的过程。

(4) 公共关系评估

公共关系评估是公共关系工作程序的最后一个阶段，它是对整个过程的全面总结。此阶段的工作是确定公共关系活动的结果，对具体公共关系计划贯彻与实施的效果进行评估，并通过对公共关系工作过程的总结为下一阶段的公共关系工作计划的制订提供翔实的资料。

在公共关系工作程序中，以上四个阶段组成一个有机的整体，它们相互联系、不可分割。这是因为，没有调查就没有策划的依据；没有策划方案的制订就没有信息传播的内容；没有公共关系评估就不可能掌握公共关系工作的具体成效，就无法进行下一步的公共关系工作。

学习单元 1.2

公共关系的产生与发展

公共关系作为一种客观存在着的社会关系和社会现象有着久远的历史。但作为一种职业，形成一门独立系统的学科，则只有近百年的时间。我们追溯公共关系的源流，了解其发生与发展的历史，把握国内外公共关系的现状，剖析公共关系形成和发展的条件，对全面、准确和科学地把握公共关系，开拓适合我国情况的公共关系事业具有重要意义。

1.2.1 公共关系的渊源

公共关系的源流可追溯到古代社会。古代的埃及、巴比伦和波斯的统治者虽然更多的是用武力、恫吓等手段来控制社会，但舆论手段的运用在处理与民众的关系上占有相当重要的地位。这些古代的国家、政府、帝王都曾用大量的金钱和人力去营造雕像、寺院、金字塔以及赞誉诗等，用精湛的艺术描述他们东征西讨的英雄勋绩，树立统治者的声誉，宣扬自己的伟大和神圣的身份。当年君主们制造舆论、控制舆论的意图属于原始公共关系思想的萌动。

古希腊的民主政治导致公众代表会议和陪审团制度的形成，它为公众提供了对话的讲坛，演讲逐步引起人们的重视。公元前 4 世纪，一批从事法律、道德、宗教、哲学研究与宣传的教师和演说家在社会上十分活跃，他们被史学家们称为诡辩论者。其代表人物苏格拉底、柏拉图和亚里士多德。其中，亚里士多德利用严谨的思维逻辑和科学的研究方法写出《修辞学》，强调语言修辞在人际交往和宣讲中的重要性。他认为，修辞是沟通政治家、艺术家和社会公众的相互关系的重要手段与工具，是寻求相互了解与信任的艺术。他还提出在交往沟通中，要从感情人手去增强宣讲和劝服艺术的感召力和真切可靠性。为此，西方的一些公共关系学者视亚里士多德的《修辞学》为人类历史上最古老的公共关系经典之作。

古罗马时代，人们对民意有更深的认识，并提出“公众的声音就是上帝的声音”。古罗马人注重发展各种影响人的传播技术，改进诗歌形式，使它更加精练，并巧妙地将宣传意图渗透进艺术的表现中。例如，由于城市的发展，当时大量向往城市生活的农民涌进城市，罗马城市一时变得拥挤不堪，人满为患。为了减轻城市人口的压力，同时也为了稳定农业人口，政府曾委托诗人写诗来协助宣传，维吉尔所写的《田园诗》就是其中之一。诗歌通过赞美乡村生活、新鲜的空气、纯净的流水，以及处身于大自然之中的乐趣，来吸引人们对乡村生活的向往，潜移默化，使人们受到艺术美的熏陶，最终达到宣传的目的。在恺撒时代，由于手抄小册子的流行，促使恺撒发行了世界上最早的日报——《每日记闻》，来作为自己与臣民沟通的工具。而由恺撒写作的《高卢战记》，记载了他的业绩和功德，成为一部纪实性的经典之作而广为流传。国外的公共关系学者称这部书是出色的公共关系实务宣传的佳作。

中国古代公共关系的萌芽早于古希腊和古罗马。在春秋战国时期，中国的思想与言论是较为自由活跃的，那时便出现了百家争鸣、百花齐放的文化盛世。当时产生的士阶层(古代帝王称为天子，诸侯是古代帝王统辖下的各列国君主的统称，诸侯之下是卿，卿之下是大夫，大夫之下是士，士之下是庶民)，在社会上举足轻重，深受诸侯君王们的器重与信赖，形成了策士游说成风，舌战宣讲发达的历史局面。《文心雕龙》描述道：“战国争雄，辩士云涌，纵横参谋，长短角势……一人之辩，重于九鼎之宝；三寸之舌强于百万之师。”战国的游说者，足智多谋，口才雄辩。除了辩术之外，中国古代十分强调争取“民心”在事业成功上的重要性。《老子》中有言：“江海所以能为百谷王者，以其善下之也，故能为百谷王。是以圣人之欲上民也，必以其言之下；欲先民也，必以其身后之。是以圣人处上而民不重，处前而民不害。是以天下乐推而民不厌。”此乃“得民心者得天下，失民心者失天下”。取信于民是中国古代争取民心的一种主要方法。孔子曾多次讲，与朋友交要“言而有信”，“人而无信，不知其可也”。这些历史实例对于现代公共关系来说都很有借鉴意义。

1.2.2 公共关系产生的背景与条件

就原始状态的公共关系而言，可以说是古已有之，和人类历史一样古老。而作为现代意义上的公共关系则是产生于20世纪初的美国，是当时美国及资本主义社会的基本矛盾以及经济、政治、科学技术、文化等诸条件综合作用的结果，是社会发展到一定阶段的必然产物，是社会文明进步的必然结果。

1. 民主政治：公共关系发展的制度安排

从人类社会制度发展看，公共关系的产生是社会民主化发展的必然产物。在人类历史上长达数千年的封建社会最显著的特点就是专制独裁。而15世纪下半叶开始，资产阶级逐渐登上历史舞台，用资产阶级的民主制代替了封建社会的君主专制制度，尽管资产阶级的民主制还存在某些虚伪的方面。任何政党要想执政获得权力，就必须得到社会舆论和选民的支持，靠竞选取胜，即便执政，仍需努力与选民保持良好关系。在推进民主的进程中，公民的参与意识和法权意识日益加强，对政府的各种政策以及行政管理活动，特别是关系到自己切身利益的社会问题上，都要通过各种渠道来表达自己的意见，从而形成公共意志，也就是公意。逐渐地公意成了竞选者和执政者必须高度重视的问题，“水能载舟，水亦覆舟”的道理得到了充分体现。如何才能有效地与公众进行沟通，建立良好的公众关系，成为各级政府和政党所面临的重要问题，公共关系工作日益受到重视。

2. 市场经济：公共关系发展的现实土壤

在农业社会里，其经济模式是一种自给自足的封闭的小生产方式，其生产组织方式是一家一户为单位。人与人之间关系的维持主要靠血缘、地缘、人缘关系，靠传统的宗教、风俗习惯和家庭伦理来进行调节和维护。在这种情况下，人们用不着进行公共关系活动。随着时代的发展，特别是工业革命之后，经济突飞猛进地发展，工业社会代替了农业社会。大工业的市场经济突破了时空和血亲局限，形成以市场为轴心的极为广泛的社会分工与协作。任何组织都需得到社会广泛的承认，获得社会整体的支持，才能生存和发展。所以市场经济势必需要公共关系。在市场经济的发展过程中，市场形势经历了一个由“卖方市场”向“买方市场”的转变过程。在买方市场条件下，消费者处于优势地位，他可以根据需要主动地自愿地选择适销对路的产品。在这种条件下，企业能否适应市场、争取顾客、占领市场，争取广大公众的支持与合作，就成了企业能否生存和发展下去的关键，而要解决好这一问题，就必须进行公共关系活动，促进企业与公众之间的沟通与理解。

3. 人性文化：公共关系发展的精神源泉

美国是世界上少有的移民国家之一，没有历史传统的包袱。美国文化体系中有三个突出的特点：个人主义、英雄主义、理性主义。个人主义使美国人富于自由浪漫色彩；英雄主义使他们崇拜巨头伟业，富于竞争精神；理性主义使他们注重严密的法规，崇尚教条、数据和实效。管理科学的始祖泰罗的思想及其制度便是理性主义的代表。它将人视为机器的一部分，强调严格的操作程序，作业计量定额，颠倒了人与机器的关系。这种机器唯理主义的管理模式，虽然在短时间内取得了高效率，但却孕育着阶级矛盾和劳资矛盾。正是在这种情况下，人们逐渐认识到，纯理性主义的文化是有缺陷的，于是人文主义重新抬头，在管理中注重人性、注重个人和群体的文化精神理念迅速地获得人们的认同。20 世纪初哈佛大学教授梅约在著名的“霍桑实验”中提出“人群关系理论”“行为科学”，便是人性文化逐渐形成的有力体现。此外，大众传播的发展，社会化大生产的发展，也对过于狭隘的美国传统文化形成冲击，使社会生活、社会交往更趋开明化、开放化。这种尊重人性的、尊重个人情感和尊严的、人文的、开放的、人性化的文化，正是公共关系得以产生的精神源泉。

4. 传播技术：公共关系发展的技术支持

随着经济的发展和政治的变革，人们交往的空间不断扩大，人们需要了解的信息量也越来越大。为适应这种需要，信息传播技术特别是大众传播技术迅速发展起来。传播技术与传播有关的通信技术、控制技术的出现和发展为现代公共关系的形成与发展提供了重要的物质技术支持。

在传统的农业社会，一方面是封闭、落后的自然经济条件的制约并影响人际交往，人们相互之间没有进行交往的需要动机，有的甚至是“鸡犬之声相闻，民至老死不相往来”；另一方面由于没有需求刺激，大众传播技术和手段也相当落后，人们即使有交往的愿望也因为传播条件所限而无法实现。进入发达的工业社会，专业化、社会化的大生产、大协作使人们相互之间的依赖性增强，人们的社会交往动机日益强化，使大众传播手段的改造和更新成为人们极为关注的问题。从中国造纸术的发明到报纸的出版；从中国的活字印刷的发明到计算机、复印机的出现；从19世纪电报、电话的发明，到20世纪交通工具和传播技术、手段的现代化，以及广播、电视、通信卫星的出现等，传播技术手段的更新和发展日新月异，这大大地推动了公共关系的发展。

1.2.3 现代公共关系的发展过程

1. “公众受愚弄期”（巴纳姆时期）

美国19世纪中叶风行“报刊宣传活动”，指某公司或某组织为了自己的利益，雇用专门人员，在报刊上进行宣传。当时一份报纸，只需一便士（一美分）即可购得，因而报纸的发行量猛增。许多公司、组织，纷纷花高价雇人员，充分利用报纸，编造新闻，虚构、深化内容，以迎合读者心理，引起公众注意，达到宣传自身形象的目的。费尼斯·巴纳姆是当时最有代表性的“报刊宣传”的发起者。他擅长策划宣传活动，尤以宣传、推动马戏演出事业而闻名于世。他恪守的信条：“凡宣传皆是好事。”不论别人是恨他还是爱他，只要越来越多的人知道他的名字就是好事。他可以无视公众的利益，手段翻新，怪招迭出，贪婪地实现自身利益。

所以，报刊活动的盛行时期，恰恰是公众受愚弄的时期，巴纳姆的所作所为，是完全违背公共关系宗旨的，是公共关系史上不光彩的一页，这一时期被称为“公众受愚弄期”和“单向吹嘘式公共关系时期”。

2. “说真话”时期（艾维·李时期）

19世纪末，西方国家相继进入垄断阶段。劳资关系和社会矛盾激化，工人运动兴起，同时美国又掀起了一场所谓“揭丑运动”，揭穿垄断企业的丑行和骗局。巴纳姆式的宣传活动进入穷途末路，一个以艾维·李代表的“说真话”的新时期开始了。艾维·李曾任过《纽约时报》等几家报纸杂志的记者和编辑。1903年，他在纽约首次开办了第一家宣传事务顾问所，成为向顾客提供劳务而收取费用的第一个职业公共关系人。艾维·李认为那种“要么给人贴金，要么给人抹黑”的宣传手法是不可取的，他恪守的信条是“公众应被告知”，要说真话。只有说真话，把真情告诉公众，公司或组织才能获得好的声誉。如果说出了真话，披露了真情，却对公司组织不利，那么，就应该采取诚实的措施，调整自身的行为。艾维·李把他的新思想付诸于实践，在处理煤矿工人罢工事件和宾夕尼亚公司主干线的严重事故等多个事件中平息了工人怒潮，改变了企业形象，收到前所未有的效果。

总之，艾维·李为改善企业的公共关系和人事管理付出的持久努力，被人们看成是现代公共关系的里程碑；他开设的公共关系事务所，被认为是现代公共关系实业的起点；他坚持以诚待人，重视坦白的舆论，揭示了现代公共关系的特征及其奥秘；他采用的许多公共关系技巧和方法，一直沿用至今，为现代公共关系的实务技能奠定了基础。因此，艾维·李被学术界誉为“现代公共关系之父”。

3. “投公众所好”时期（爱德华·伯尼斯时期）

艾维·李虽然有丰富的公共关系实践经验，但却没有提出系统而科学的公共关系理论。

真正为公共关系奠定理论基础，使现代公共关系科学化的是另一位现代公共关系先驱，美国著名的公共关系顾问爱德华·伯尼斯。爱德华·伯尼斯于1923年以教授身份首次在纽约大学讲授公共关系课程，同年出版了被称为公共关系理论发展史上“第一个里程碑”的专著——《公众舆论的形成》。1952年，爱德华·伯尼斯正式出版了《公共关系学》教科书，从而使公共关系的基本理论和方法成为一个较为完整的体系。至此，公共关系进入学科化阶段。

爱德华·伯尼斯的公关核心思想是“投公众所好”。他认为公众喜欢什么、公众期待什么，作为组织必须要严肃地考虑。在科学的审视与调查研究之后，一切以公众态度为出发点，再进行组织的宣传工作，以满足公众的要求。由于伯尼斯在从事公共关系的研究与实务中，以一定的科学理论为指导，所以，促进了公共关系正规化、科学化提高了公共关系的理论水准。

4. “双向对称”时期（斯科特·卡特利普新时期）

20世纪50年代以来，公共关系的实践和理论研究进入了一个全新的发展时期。1955年5月国际公共关系协会在伦敦成立，1992年的会员已发展到五大洲62个国家919名会员，这标志着公共关系已作为一门世界性的行业而独立存在。在这一时期，以萨姆·布莱克、卡特利普、森特、杰夫金斯和格鲁尼克等为代表的一大批公关大师，在理论和实践上把公共关系推向一个新的历史发展阶段。特别是卡特利普和森特合作的《有效的公共关系》一书，被美国公关协会定为美国高校公共关系课程的标准基础教材，被誉为公共关系“圣经”。

《有效的公共关系》提出“双向对称”的公关模式。双向对称式的公共关系是当代公共关系发展的高级阶段，它强调“双向沟通、双向平衡、公众参与”。其基本思想是一方面把组织的想法和信息向公众进行传播和解释；另一方面又要把公众的想法和信息向组织进行传播和解释，使组织与公众结成一种双向沟通和对称和谐的关系。“双向对称”模式的提出，把公关实践活动的本质予以理论抽象，并将公关理论的知识体系发展到战略性高度，使公关在很大程度上达到了专业水平。

1.2.4 公共关系在中国的传播与发展

现代公共关系思想和公共关系实践进入中国，应以20世纪60年代中国香港、台湾地区的公共关系的引进为发端，但全方位地落户中国，则只能以中国大陆为参照系。20世纪80年代初，中国大陆实行对外开放政策，公共关系作为一种新的经营管理思想和技术传入中国，并呈现出由南向北、由东向西，由服务行业向工业企业，由外资企业向国有企业，由企业组织向政府组织逐步发展的格局。

1. 公共关系在中国的发展过程

当代中国公共关系的发展，大致经历了三个发展阶段：

（1）第一阶段：导入时期

时间为20世纪80年代初及中期。随着改革开放的发展，在深圳、广州等地的一些中外合资企业和外商独资企业按照海外的管理模式，出现了公共关系活动，最早设立了公共关系部。在这些公共关系部中，多数是在海外受过公共关系训练的人担任经理。1980年，内地和香港合资的深圳蛇口华森建筑设计顾问公司率先成立，这是我国第一家公共关系性质的专业公司，它主要是适应特区建设的需要，提供经验与技术。1982年，深圳竹园宾馆成立公共关系部，开展以招徕顾客为目标的扩大影响的服务性公共关系活动。1983年，中外合资的北京长城饭店成立公共关系部。1984年，广州中国大酒店等宾馆、酒家和服务部门设立公共关系部。1984年9月，我国国有企业第一家公共关系部——广州白云山制药厂公共关系部正式成立。1984年11月，《经济日报》发表长篇通讯《如虎添翼——记广州白云山制药厂的公共关系工作》，并配发重要社论《认真研究社会主义公共关系》，对公共关系的引进和发展阐述了原则性的看法和指导性的意见。这标志着现代公共关系在中国已得到确立。导入阶段的公共关系主要是把国外的公共关系运作模式、运作程序、管理经验及具体做法引入中国。由于当初人们对公共关系缺乏认识和了解，公共关系的运用多采取简单搬用或模仿外国公共关系的做法。即便如此，对改革开放的中国人来说，能以新的思想观念接受外国的经验技术，已经是一个了不起的进步。

（2）第二阶段：迅速发展时期

时间为20世纪80年代中后期。这期间，中国呈现第一个“公关潮”。其标志是专业公共关系公司、公共关系协会、公共关系教育培训以及公共关系理论研究迅速发展起来。1985年，两家世界上最有影响的公共关系公司——伟达公司和博雅公司先后进入我国。其中，博雅公司与中国新闻发展公司达成协议，成立中国第一家公共关系公司——中国环球公共关系公司。1986年12月，上海成立全国第一家省级公共关系协会。1987年5月，全国权威性的公共关系社团组织——中国公共关系协会在北京正式成立。此后，全国各省、直辖市、自治区以及若干大中城市相继成立地方性公共关系协会或学会。许多企业内部的公共关系部开始运作，并取得了较大的实践成果。“健力宝”等企业的公共关系活动在全国范围内产生轰动效应。1985年1月，深圳市总工会举办全国第一个公共关系培训班。在此前后，深圳大学、中山大学、北京大学研究生院、首都师范大学、复旦大学、清华大学、中国人民大学等相继讲授公共关系课或开办公共关系专业。1986年11月，中国社科院编著的《塑造形象的艺术——公共关系学概论》正式出版。同年12月，王乐夫、廖为建等人的公共关系专著问世。从1988年起，全国公共关系组织联席会议相继在杭州、西安、广州等地召开。1989年，全国高校第一届公共关系教学研讨会召开。弗兰克·杰弗金斯著《公共关系学》、斯科特·卡特利普等著的《有效的公共关系》等国外公共关系著作在中国翻译出版。1988年1月，中国第一家公共关系专业报纸——《公共关系报》在杭州创刊，向全国发行。1989年1月，中国第一份国内外公开发行的公共关系杂志——

《公共关系》在西安创刊。公共关系的理论研究十分活跃，理论成果十分丰富。据不完全统计，迅速发展时期公共关系专著、译著、教材公开出版发行近 100 部。在第一次“公共关系潮”时期，虽然仍有机械模仿、层次较低、良莠不齐、鱼龙混杂等情况，但理论上和实践上的“百家争鸣，百花齐放”的局面却为下一时期的公共关系发展打下了较好的基础。

(3) 第三阶段：成熟稳定发展时期

时间为 20 世纪 90 年代初至今。其标志为：

第一，中国的公共关系得到党和国家领导人的关注。1991 年 5 月，中国公共关系协会在北京召开全国公共关系工作会议，对公共关系事业的发展进行总结，交流经验。党和国家领导人李瑞环、薄一波等同志在给会议的贺词中充分肯定了中国公共关系事业取得的成绩，明确指出了公共关系事业的发展方向和根本任务。这在全国产生了重要影响。

第二，公共关系的教育和理论研究日趋成熟。1994 年 4 月，中国国际公共关系协会成立，促进了中国公共关系理论研究与社会实践的国际化，推动了公共关系事业的进一步发展。1994 年，中山大学被教育部批准开办部属院校第一个公共关系本科专业，随后在一些名牌学府开始尝试招收公共关系方向的硕士生、博士生。至今，所有的本科院校全部开设了公共关系学课，约有 20 所各类学校开设了公共关系大专专业。全国公开出版的公共关系专著、教材、译著、工具书等已超过 1000 种。1990 年，中国公共关系协会学术委员会在河北高碑店召开全国第一届公共关系理论研讨会。之后在上海、福州、杭州、石家庄、大连等地召开第二届至第六届全国公共关系理论研讨会，极大地推进了中国公共关系的理论研究进程。在这一时期，学术研究较为活跃。一些学术流派开始产生，比如形象学派、协调学派。传播学派、管理学派等，细化和深化了对公共关系的研究。

第三，公共关系的实践活动从自发走向自为，从盲目走向自觉，从照搬走向自主创造。全国有一大批公共关系专家、学者分别主持策划操作企业公共关系、企业 CIS、政府公共关系或城市 CIS 和城市形象建设。

第四，1998 年，经国家劳动和社会保障部批准，公共关系职业载入“国家职业分类大典”，公共关系职业纳入国家正式职业行列。1999 年，国家职业资格工作委员会专门设立公共关系专业委员会。这标志着我国公共关系职业化迈出关键一步。

2. 公共关系在中国发展的条件

公共关系在中国的传播和迅速发展，具有不以人们意志为转移的客观必然性。党的十一届三中全会后，中国进入社会主义现代化建设新的历史时期，经济建设成为一切工作的中心，改革开放的时代潮流、市场经济发展的大趋势，为公共关系的兴起和发展提供了必要的条件。

(1) 经济体制改革，呼唤与市场经济相统一的公共关系

中国经济体制改革要解决的是经济组织的活力问题，为此，就必须扩大经济组织的经营自主权，使之成为独立的经济实体。1988 年 11 月 1 日，我国《企业法》正式生效。《企业法》规定，企业的所有权和经营权分离，厂长、经理是企业的法定代表人。《企业法》生效后，企业作为一个独立的经济实体，一个开放系统，立即面临着一系列前所未有的新问题；

企业再也不能仅仅为完成国家计划而生产，而要为满足消费者的需要而生产；企业再也不能单纯地根据上级的指示进行决策，而要根据瞬息万变的市场信息，根据消费者的需求、愿望来进行决策；企业再也不能只是坐等国家计划调拨的原材料，再也不能依赖于国家的所谓统购统销来推销自己的产品，而要靠自己去开拓原材料和产品的供销渠道和市场营销网络；企业再也不能继续摆官商的架子，而要通过营销、广告、宣传以及各种社会活动来与公众保持广泛的联系。所有这一切都需要公共关系。值得特别提出的是随着社会主义市场经济的建立，“卖方市场”朝着“买方市场”转变，给公共关系带来无限生机与活力。

(2) 政治体制改革，呼唤重视沟通协调的公共关系

经济体制的改革要求政治体制做相应的改革。政治体制改革的目标是建立高度的社会主义民主政治制度，而建立高度的社会主义民主政治制度的一条重要途径，就是要在政府和人民群众之间建立起一座信息沟通与交流的桥梁，以增加政治的透明度、公开性以及增强人民群众的参政议政意识。政府与民众的信息交流，实际上是公共关系的一种表现。在公共关系学看来，政府亦是社会组织，政府的公众就是人民群众，政府如何通过传播活动来达到与人民群众相互了解和相互合作的目标，就是政府公共关系的活动内容。为此，各种社会组织必须学会利用公共关系的原理、法则，运用沟通技术，履行民主责任，在尊重他人民主的同时，维护自身的民主权利。从政府的角度讲，新的经济、政治体制仍然要求“从群众中来，到群众中去”，要求把基层的群众当作公众（“公众是上帝”、“领导者是人民的公仆”），而不是当作一群只能服从、只能听命的生物个体。公众是有自身独特利益的，他们的利益与政府的利益休戚相关，不尊重公众的利益，就是不尊重政府自身。目前，中国政府公共关系正稳步发展，政府形象工程、城市形象建设、勤政廉政建设、精神文明工程等，逐渐深入人心。可以推测，随着政治体制改革的深入和民主化进程的加快，公共关系将会发挥越来越重要的作用。

(3) 文化变革，呼唤体现开放趋势的公共关系

当今世界，任何一个国家都已不能孤立地存在，处于封闭状态。中国实行改革开放以来，国际的交往、交流、合作日渐增多，市场经济的进一步发展，与国际市场接轨，将更增加这种交往、交流与合作。邓小平说：“社会主义要赢得与资本主义相比较的优势，就必须大胆地吸收和借鉴人类社会创造的一切文明成果，吸收和借鉴当今世界各国包括资本主义发达国家的一切反映现代社会生产规律的先进经营方式、管理方法。”改革开放之前，虽然我国已经开始进入工业文明时代，但中国的社会关系大多仍停留在乡土关系的水平。由于没有法人的存在和公众观念，因而改革开放前的社会关系还没有真正意义上的市场关系。改革开放使我国与国外的文化、思想、科技、学术交流与日俱增，国人眼界大开。人们真正看到，在这个“地球村”生存的不同文化的人越来越分不开了。因此，只有在相互尊重、相互接触中才能求生存、求发展。于是，人们不仅研究国家内部的组织与公众应怎样和谐相处，而且开始研究不同的文化之间如何实现跨文化沟通。同时，需要研究如何从乡土关系进到市场关系，进到跨文化关系；由以礼维持的人际关系推进到以法维持的公共关系。文化变革与文化融合对公共关系发展提出了更高的要求，同时把“内求团结，外求发展”的公共关系理论推向了新的境界。

学习单元 1.3

案例与实践

本项目阐述了公共关系的含义、要素、工作程序、原则以及公共关系历史演变过程。通过公共关系基本理论的学习，树立公共关系意识和现代公共关系理念，培养运用现代公共关系观念解决公共关系问题的能力。本单元通过对相关案例的剖析和模拟训练，使学习者进一步领会公共关系的含义，初步掌握公共关系传播与沟通的技巧。

1.3.1 案例讨论

案例 1-1 "洋经理"站柜台

夏天，历来是复印机销售的淡季，然而，施乐复印机却旺而不"淡"。这天，公司外方总经理戴维和制造部外方经理詹纳，意外地出现在上海两家最大的商店柜台前，金发碧眼的洋经理当营业员，好奇的顾客纷纷凑上来问长问短，热闹非凡。求新造船厂两名采购员想买两台复印机装在出海远航的轮船上，因怕维修不便而犹豫不定。"施乐复印机在世界各地都有维修点，尽可放心。"总经理戴维的热情介绍，使对方疑虑顿释。制造部外方经理詹纳当场操作示范，热情讲解使用方法。当顾客买了复印机离去时，他一再用学来的上海话说："谢谢侬，谢谢侬！"店堂里爆发出欢乐的笑声。从下午到傍晚，这两家商店出售 6 台复印机，创造淡季销售的好成绩。上海的电台、电视台、报刊杂志就此分别作了 20 余次报道，"施乐"大名频频亮相，声名鹊起。

[案例评析]

尽管在我们这个古老国度的经济、政治生活中早就隐约展现了公共关系的影子或萌芽，但终究没有形成现代公共关系理论和实践。作为现代科学的公共关系是党的十一届三中全会以后实行改革开放政策的过程中，一些中外合资工商企业设立公共关系部，开展公共关系活动，并取得良好的经济效益和社会效益后才引起国人的广泛兴趣和重视。合资企业视公共关系如生命，把公共关系作为塑造形象的法宝，促进营销的策略。施乐复印机公司的外方总裁戴维和制造部外方经理詹纳亲自在复印机销售淡季站柜台，是一种典型的公共关系活动。通过站柜台，可以了解销售信息，加强与客户的沟通，增加承诺的信任力度，有利于扩大企业的知名度和信誉度，引起了社会各界的关注，加之新闻媒体的大力报道，起到了塑造形象，扩大销售，提高效益的目的。

案例 1-2 肯德基的载誉

肯德基是全世界最大的炸鸡公司，目前在世界上已有 90 000 多家分店，分布于 60 多个国家和地区，备受各国人士的赞赏和喜爱。1991 年肯德基全球营业额已达 63 亿美元，平均每天有一家新的餐厅开业。

中国的烹调享誉世界，人们都说："吃在中国"。几千年的饮食文化令中国人自豪，对于那些西洋餐历来是不以为然的。但是从 1987 开始，美国肯德基有限公司在中国的北京、上海、天津等大城市经营的肯德基家乡鸡快餐业却吸引了不少中国人。北京肯德基分店 1988 年营业额达 1 700 万元，跃居当时肯德基集团全球 7 700 家分店之首。当看到炸鸡店里络绎不绝、交口称赞的顾客，看到它令人瞠目的营业额，不得不使中国人刮目相看：美国人真会做生意。

肯德基在北京建店伊始，公司举行了中外记者招待会进行大力宣传，还花 10 万美元租用通信卫星向世界转播。

北京前门外肯德基门口站着一位笑容满面的白发老人雕像，他就是肯德基快餐创始人——哈兰·山德士上校。肯德基公司的商标是山德士上校的头像。你在餐厅外墙上、玻璃上、餐具上、工作人员的服装上、名片上都会看到这个白胡子老头像，使你想逃脱对他的注视都不可能。

肯德基把自己的经营方针规定为：

(1) 品质（Quality），我们所提供的产品品质绝对优良。

(2) 服务（Service），我们的服务要让顾客感到舒服、迅速、亲切，满足顾客的需要。

(3) 清洁（Cleanliness），我们的仪容与餐厅保持清洁、卫生。让顾客留下美好的肯德基经历。

肯德基炸鸡有它独特的工艺、特制的工具，味道鲜美可口，不同于任何一种用中国方法烹制的鸡。炸鸡店精选重量相同的肉用崽鸡，用 11 种特制的香料调配，加入特制的自动高速气压炸锅中烹制。入锅前，须在蛋白液中浸 7 下，在裹粉里翻动 10 次，再按压 7 回，方能入锅。肯德基认为，原味炸鸡出锅一个半小时内味道最完美纯正，过时即逊色。于是，他们规定，食品烹制后一个半小时不卖掉坚决丢弃，也不准廉价处理或给员工吃，违反者，轻则受罚，重则被辞退。肯德基创始人山德士上校为了严格监督这一规定的执行情况，每年都要行程 15 万千米，到世界各地亲自巡视各分店，以维护产品的国际声誉，有时索性身体力行，亲自到厨房示范一番。他的格言是："真正出色的餐馆，在厨房就表现为他们对顾客的关切与爱心。"

到肯德基快餐厅就餐，15 分钟就可以饱餐一次。鸡块、面包，配以佐餐的沙拉、土豆泥，又有营养又味美实惠，还有可乐、啤酒、橙汁等饮料供你选择。柜台服务员配餐、收款利落。餐厅服务员在顾客用完餐时会彬彬有礼地上前问一声："您用完了吗？"然后把托盘收走。那种慢酌细品加聊天式的就餐方式在这里找不到。

到肯德基吃快餐，是颇有派头的一件事。进口的餐桌餐椅古朴雅致，光线柔和，服务员亲切热情，彬彬有礼，十足的美国味。这里，钱多钱少都吃得起，顶多花 20 元就能吃到地道美国风味的炸鸡。还有，上菜时人手一盘，都是一样的内容，钱多钱少，高官百姓，人人平等。

在美国，肯德基每年都要举行一次"白手套奖"的评选活动。这个奖是一块闪闪发光的牌子，上面写着："本店是全美国最清洁的商店。"全美国有 4 000 余家零售店参与竞争，每家炸鸡店必须接受两次严格的卫生检验，两次检验的间隔需超过60天，卫生程度必须达到95%以上，并且一些主要食物，如鸡和色拉油的样品还要送交具有权威性的检验部门去化验，以确定细菌的含量。可见，要获“白手套奖”绝非一件容易的事，为了确保“白手套奖”的质量和它在顾客心目中的良好形象，公司还派代表检查各地的炸鸡店，如果发现获奖的店在抽查或顾客反映中低于“白手套奖”标准，公司便立即收回奖牌。每次“白手套奖”的颁奖典礼都异常隆重，到处张贴海报，散发宣传品，邀请政府官员及社会名流参加，犹如盛大节日一般。

［案例评析］

古人云：诚招天下客。这也是现代商业企业公共关系的真谛。诚之道，在肯德基公司则表现为优良的产品和优质的服务，“我们所提供的产品，品质绝对优良；我们的服务要让顾客感到舒适、迅速、亲切，满足顾客的需要”。正因为肯德基公司时时坚持“以诚为本”的经营观，处处替顾客着想，尽力维护顾客的利益，因而赢得了顾客的信赖与回报，创下了令人瞩目的经济效益。

从商业心理学的角度看，肯德基公司的成功在于它善于捕捉顾客的消费心理。商业心理学认为，顾客的消费心理状态是多方面的，主要有求实、求美、求新、求名、求廉、求快等不同心理状态。肯德基以质高价廉的快餐为经营特色，再配以优质的服务和幽雅的就餐环境，自然符合顾客的这种心理要求。

有力的宣传，也是肯德基载誉世界的重要原因之一。召开记者招待会和租用通信卫星向世界转播，山德士老人像作企业识别标志，举行一年一度而又隆重的“白手套奖”评选活动等无不体现了肯德基宣传的独具匠心。仅就“白手套奖”而言，特别选“白手套”作为清洁卫生的象征，巧妙地抓住了顾客在消费食品时最注意的清洁卫生这一共同心理，自然能唤起顾客清新洁净的感觉，于是，“白手套奖”也就成为清洁卫生的标志而家喻户晓，深入人心。肯德基炸鸡也因此而风靡全美，畅销世界。

1.3.2 模拟训练

【训练项目】

“公共关系”大家说。

【训练目标】

1. 树立公共关系意识和现代公共关系观念。

2. 理解公共关系含义及本质属性，并能够用自己的语言准确表述。

【训练内容与方法】

根据本项目所学内容知识，查找资料，经过讨论，明确所列举的活动具有公共关系性质，属于公共关系活动；小组代表发言应对小组活动情况真实概括，总结性强。

1. 全班4～5人一组，分成若干小组。

2. 以小组为单位，每人用一句话说明什么是公共关系。

3. 以小组为单位，每人说出1～2件生活中观察到的公共关系活动。

4. 每组派代表在全班做总结发言。

【标准与评估】

1. 标准：能正确理解公共关系含义并能举例说明社会中哪些活动属于公共关系活动。

2. 评估：对以小组为单位进行交流的表现进行评估打分。

知识测试

1. 简述公共关系的科学含义？
2. 公共关系的要素有哪些？并作简要说明。
3. 公共关系的基本工作程序是什么？
3. 公共关系的原则有哪些？收集有关案例进行分析。
4. 国内公共关系的发展大致经历了哪些阶段？

项目 2 公共关系的主体、客体和三大目标

学习目标

1. 了解社会组织的含义及特点。
2. 掌握公共关系的机构设置。
3. 了解公众的分类、特征。
4. 掌握公共关系主要工作对象及三大目标的分解、量化的确定。

学习情境

联想成功收购 IBM 全球 PC 业务

2005 年 5 月 1 日，联想集团正式宣布完成收购 IBM 全球 PC 业务。根据收购交易条款，联想支付给 IBM 的交易代价为 12.5 亿美元，其中包括约 6.5 亿美元现金及价值 6 亿美元的联想股份。交易完成后，IBM 拥有联想 18.9%的股权。此外，联想将承担来自 IBM 约 5 亿美元净负债。

此次收购的最终协议已于 2004 年 12 月 8 日公布，并于 2005 年 1 月 27 日获联想股东大会批准。2005 年 3 月 9 日，美国外国投资委员会（CFIUS）完成对联想收购 IBM 全球 PC 业务的审查，为完成 IBM 向联想出售其个人电脑部门的交易扫清了障碍。3 月 31 日，联想宣布与全球三大私人股权投资公司得克萨斯太平洋集团（Texas Pacific Group）、大西洋大众公司（General Atlantic）及美国新桥投资集团（Newbridge Capital LLC）达成协议，同意由这三大私人投资公司提供 3.5 亿美元的战略投资。根据协议，联想将向这三家私人投资公司共发行价值 3.5 亿美元的可换股优先股，以及可用作认购联想股份的非上市认股权证。

在跨越重重障碍之后，联想终于成功收购了 IBM 全球 PC 业务。合并后的联想 PC 业务年收入将达到约 130 亿美元，年销售 PC 约为 1 400 万台。这是继改名 Lenovo、晋身奥运 TOP 赞助商之举后，联想为实现国际化目标而做出的惊人之举，一夜之间其业务规模便增长了 4 倍，以 8.6%的市场份额挤进世界 PC 三强之列，成为首个进入世界 500 强的中国民企。

IBM 与联想将结成独特的营销与服务联盟，联想的 PC 将通过 IBM 遍布世界的分

销网络销售。联想总部设在纽约的 Purchase，同时在中国北京和美国北卡罗莱纳州的罗利设立两个运营中心，通过联想自己的销售机构、联想业务合作伙伴及与 IBM 的联盟，新联想的销售网络遍及全世界。

这个案例中，出现了联想集团、IBM 公司、美国外国投资委员会、投资公司等社会组织，共同演绎了 21 世纪以来最大的 IT 并购事件。联想并购的成功，不仅是发展战略的成功，也是公共关系的巨大成功。在错综复杂的中美关系和日趋激烈的全球竞争的大背景下，联想以自身卓越的智慧、高超的公共关系手段和志在必得的勇气，逾越了政治、经济、文化等各方面的鸿沟，实现了国际化的战略目标。在这一过程中，联想公共关系部门和国际公共关系公司合作，游走于各个利益主体之间，沟通看法，协调关系，达成共识，发挥了重要的作用。

案例思考：

1. 在这个案例中体现了什么样的公共关系思想？从中能得到什么启示？
2. 此案例中说明了公共关系哪些问题？分析这项公共关系活动的效果？

学习单元 2.1

公共关系的主体——组织

现代社会的一个显著特点，是各类组织的增多和迅速发展。“在所有发达国家，社会已经成为一个由各种组织构成的社会。”作为以树立组织自身形象为最终追求的公共关系活动，其目的就是要在社会公众心目中展示组织存在的价值，传递组织的各种信息。社会组织是公共关系的主体，是公共关系活动的承担者、实施者、行为者，在公共关系活动中起着控制者和组织者的作用，它主宰着公共关系活动，决定着公共关系状态。因此，认识社会组织的结构与功能，明确组织形象的重要性，对于全面理解公共关系的有关理论，有效地开展公共关系活动具有重要意义。

2.1.1 社会组织的内涵与类型

1. 社会组织的内涵

(1) 社会组织的含义

社会组织简称组织，指的是由一定的社会成员、按照一定的规范、围绕一定的目标聚合而成的社会机构或社会团体。组织是公共关系的第一构成要素，是公共关系的主导，它决定了公共关系的状态、活动、发展方向。

(2) 社会组织的基本特征

①具有明确的组织目标。任何社会组织都有一定的目标，明确的社会组织目标是构成该组织的核心要素，对组织的公关活动起到规范的作用。社会组织的生存和发展，其实质就是社会组织目标能否实现的问题。社会组织有了共同目标，组织成员才会形成共同信念，统一行动，产生较高的社会效益和经济效益。社会组织一旦没有了共同的目标和共同的利益需求，就会迷失方向，如同一盘散沙，丧失战斗力。

②具有实现目标的结构。社会组织具有分工明确的内部结构，纵向存在隶属关系，横向发生合作关系，相互间既保持有机联系，又具有相对的独立性，每个内部机构都有着特定的工作目标，一个社会组织只有形成统一意志和整体合力，才能树立良好形象，提高知名度和美誉度，并为实现组织的整体目标服务。

③具有实现目标的手段。社会组织的对象是与其发生密切关系的内外公众。组织的建立必须拥有一定数量的内外公众，一方面是适应公众环境的需要，另一方面又能动地改变公众环境，也就是主动地对公众施加影响，实现其组织的目标。因此，社会组织必须制定出一整套的管理办法，控制、协调内部各机构，才能确保总体目标的实现发挥其功能。如制定相应的章程、规章、制度、管理办法、行为规范等。

④具有实现目标的功能。社会组织要实现其既定目标，必须适应社会的需要，适应公众环境的需要，才能发挥自己的功能，否则就无以成立和存在，更不会具有活力和生命力。同时还必须依靠组织内部协调运转，通过一定方式实现的有机整合，充分发挥各部门的功能，以保证社会职能的履行。

2. 社会组织的类型

社会组织是具有特定目标、职能及一定独立性的社会群体，具有多样性。

对社会组织进行分类，从不同的角度出发可以分为不同的类型：如从社会功能的角度看，在公关活动中，明确组织所属的类型，目的是有利于把握公关的行为方式和公众的类型划分。由于组织的属性比较复杂，划分的依据不尽相同，国内外按照不同的标准把组织分成很多类型，这里介绍常见的几种划分方法。

（1）以组织成员之间的关系状态为标准，可将组织划分为正式组织和非正式组织。

正式组织的成员之间关系明确，对组织活动也有一定要求和规定，最为典型的就是工商企业、学校、政府、军队等。

非正式组织的成员之间的关系比较松散和自由，彼此是一种地缘、趣缘、业缘的关系，如一些群众团体、各种协会、志愿者组织、同乡会、同学会等。

（2）以组织的性质及其职能为标准，可将组织划分为政治组织、经济组织和文化组织。

政治组织具有政治职能、权力职能，集中体现了社会成员某些阶级和阶层的利益。如属于国家机构的立法组织（人大等）、司法组织（法院、检察院、公安局等）、行政组织（中央及省市的政府机构等）、政党组织（政党、政治团体等）以及各种军事组织等。

经济组织具有经济职能，是担负经济领域中的生产、交换、流通、分配等职能的组织。它参与原材料生产、能源生产、加工制造、销售流通、交换分配、消费服务的全过程或部分过程，沟通生产、流通、消费三个环节。如生产组织（有工厂、农业生产单位）、商业组织（商店等）、交通运输组织（铁路公司、航空公司、船舶公司等）、社会服务组织（银行、饭店、保险公司）等。

文化组织具有文化、教育职能，是以满足人们文化的精神生活需要而成立的组织。它包括文学、戏剧、影视、音乐、舞蹈、美术、书法、曲艺等狭义文化组织，还包括教育组织、体育组织、卫生组织、科研组织以及各种学术和科研团体、协会等。

（3）以组织获利与否为标准，可将组织划分为营利性组织、服务性组织、互利性组织和公益性组织。

营利性组织以经济利益为目标，公共关系工作围绕着经济效益这个中心开展，注重对产品的推销和追求经济利益。如工商企业、金融机构、旅游服务性单位等。

服务性组织以服务对象的利益为目标，是为服务对象谋求利益的，是以提供服务来满足顾客需要从而实现自身利益的经济实体或事业单位，主要有学校、医院、慈善机构、社会公用事业机构等。这类组织以其特定的服务对象的需要为目标，还必须与其资助者等保持良好的关系。当然，它也要接受媒体、主管部门的监管，与“同行”既有协作关系，也有竞争关系。

互利性组织以组织内部成员之间互获利益为目标，即组织目标对所有的组织成员都有好处，如各种党派团体、职业团体、群众社团组织、宗教组织等，这类组织重视内部成员对本组织的凝聚力和归属感，重视组织系统内部的沟通。

公益性组织是以国家和社会利益为目标、为国家和社会公众谋利益的社会组织，如政府部门、公共安全机关、消防队等，这类组织其公众对象是社会各界。

以上对社会组织的划分标准，也不是绝对的。不仅不同标准下的组织之间呈现出互相交叉、互相重叠的关系，而且同一标准下的不同组织也是互相联系、互相制约的。以营利性组织、服务性组织、互利性组织、公益性组织为例，学校属于非营利的文化组织，而学校的校办产业则属于营利性的经济组织。但由于学校以提供社会人才服务为主，所以学校仍属于服务性的文化组织。又如政党，属于非营利性的政治组织，但从相互利益关系来说，它是互利性组织，而从对外服务的职能来说，它又是社会的公益性组织。

不同类型的社会组织的相互联系，形成了社会组织的机构网络，并且随着社会分工的发展而逐步发展。只有既看到它们各自的特殊性，又看到它们之间的相互联系，这样我们才能正确地认识各类社会组织。

2.1.2 社会组织的形象

1. 社会组织形象的构成

社会组织形象是指社会公众对一个组织综合认识后形成的总体评价，是社会组织的表现与特征在公众心目中的反映。它包括社会组织的内在气质和外观形象。

（1）社会组织的内在气质。包括服务态度、待人处事的基本行为准则、二次服务水平，作为社会成员的社会道德水准等。它是社会组织的“软件”。

（2）社会组织外观形象。包括产品的质量、美观度及市场价格与市场占有率，社会组织的名称、标志、商标、广告，社会组织的建筑式样、代表色和组织的建筑、设施、场所状况，组织的技术力量、人员素质，等等。它是社会组织的“硬件”。

社会组织内在气质与外观形象的有机结合构成社会组织的形象。社会组织形象是组织经营活动中最为宝贵的无形资源。社会组织形象的好坏对社会组织的生存和发展来说至关重要。树立良好的组织形象是组织的重要任务，也是公共关系工作的最终目的。

社会组织形象可以具体表现为：产品形象、人员形象、建筑物形象、自我期望形象、虚假社会形象、实际社会形象、公共关系形象等。

2. 评价社会组织形象的标准

社会组织形象的评价标准，可以用认知度、美誉度、和谐度三个方面来概括。

(1) 认知度——是指社会组织被公众认识、知晓的程度，因此又称为知名度，它包括被认识的深度、被知晓的广度两个方面。

(2) 美誉度——是指一个社会组织获得公众赞美、称誉的程度，是组织形象受公众评价的舆论倾向指标。

(3) 和谐度——是指社会组织在发展运行过程中，获得目标公众态度认可、情感亲和、行为合作的程度，是组织从目标公众出发、开展公共关系工作获得回报的指标。社会组织应在提高和谐度的基础上，争取更高层次的认知度和美誉度。

2.1.3 社会组织公共关系目标的确定

每一个社会组织，都有自己的工作总目标，这是社会组织得以生存的根本原因。社会组织内部的所有部门及其各个成员的一切工作，都必须围绕社会组织的总目标展开。公共关系是社会组织在完成工作总目标过程中派生出来的工作内容，它必须服从并服务于社会组织的总目标。因此，公共关系目标与社会组织总目标的关系是从属关系。但是，这并不意味着公共关系对于社会组织是可有可无的。在现代社会中，公共关系对于社会组织具有举足轻重的作用，不可或缺。公共关系的目标，就是塑造和改善社会组织的形象。因此，社会组织的生存和发展不能没有公共关系，而且公共关系对社会组织顺利开展业务，扩大影响，并最终实现社会组织工作目标有着重要作用。

社会组织的形象，是发展变化着的，会处于不同的状态，公共关系工作目标，要根据社会组织形象的不同状态而确定。一般来说，公共关系的目标可以根据社会组织形象的三种状态来确定。

第一，当社会组织的形象还没有完全树立起来，还处于比较模糊的状态时，公共关系目标是尽快地建立起社会组织的清晰的良好的形象。这即为塑造社会组织形象。

第二，当社会组织形象发生不良甚至恶性变化时，公共关系目标是尽可能地改善社会组织形象，促使组织形象向着好的方面转化，至少要阻止组织形象继续恶化的势头。这即为改善社会组织形象。

第三，当社会组织形象产生良性变化时，公共关系目标是保持社会组织形象良性发展趋势，彰显组织良好的形象，并不断地升华组织形象。这即为优化发展社会组织形象。

2.1.4 社会组织与环境的关系

任何组织都不是孤立地存在于社会之中的，它们的生存和发展要得到与之相联系的环境变化的极大影响。

1. 社会组织必须适应环境的变化

(1) 适应经济环境的变化。经济因素是人类社会发展的重要基础。在现代社会中，每一个组织都在社会经济运行系统中扮演一定的角色，即使是不直接从事经济活动的组织，也不能脱离于社会经济生活之外。

(2) 适应政治环境的变化。在影响组织的环境因素中，政治因素是一个重要的环境因素。如果国家政治稳定，政府维持自由竞争和公平竞争的环境，则组织可以获得良好的发展；否则将遭受损失。

(3) 适应文化环境的变化。文化作为人类的社会环境，是一个复杂的整体，包括知识、信仰、艺术、道德、法律、风俗习惯以及人们所学习到的任何技能。

比如，深圳康佳电子集团，着力培养“康佳”特色的组织文化，把员工的利益、荣誉和组织的发展目标统一起来，着力塑造“爱厂爱国、团结协作、遵纪守法、好学上进”的组织文化氛围，提出“我为你，你为他，人人为康佳，康佳为国家”的口号，将“康佳精神”确定为“团结开拓、求实创新”，并让全体员工内化为自己的行为准则。这一系列的组织文化活动，体现了社会主导文化的要求，适应社会文化环境的需求，它必然优化了组织的公众环境，潜移默化地影响员工自觉地将“康佳精神”作为公关意识，内求团结、外求发展，推动组织的发展。现在人们更注重生活环境，回归大自然，所以房地产开发商，就不仅要房屋结构好，而且还要注意社区的环境。现在许多人希望孩子上名校，所以就有房地产商，打出教育社区的牌子。

2. 社会组织要能动地影响环境

(1) 真实感知环境的信息。社会组织及其公关人员要通过公关调查，尽可能正确、及时、真实地向领导提供各种环境变化的信息，而不是错误、过时、虚假的信息，帮助组织的决策者改善感知环境的方式，提高感知环境的能力。

(2) 预测环境的变化。根据大量的环境变化信息，从中分析研究出带有规律性的东西，在把握环境变化规律的基础上使社会组织始终处于主动的地位和与环境处于相对和谐的发展状态。

(3) 应对复杂多变的环境。对组织所处环境的复杂性，社会组织及其公关人员应有清醒的认识，帮助组织了解复杂环境中各种因素的特殊性及其相互关系，要做到全面地反映和深入地分析，不能片面，不应浅尝辄止，这样才有助于组织做出正确的决策，也有利于组织在复杂纷繁的环境中做到胸中有数，处变不惊，有条不紊。

2.1.5 塑造社会组织形象常见误区

社会组织形象对社会组织有着重要的作用，社会组织树立了良好的公众形象，有利于社会组织吸引优秀的人才，有利于社会组织得到政府及全体员工的信任，更有利于社会组织在市场竞争中处于优势。但是，在塑造社会组织形象时，要防止陷入比较容易出现的误区。

(1) 要防止忽视社会组织形象可能产生的压力。社会组织形象是一种资源，它像人力资源、物力资源和财力资源一样，但它对社会组织来说又是一种压力，它的塑造需要社会组织投入相当的精力、财力、人力、物力。

(2) 在塑造社会组织形象方面，要摆脱急功近利的思维模式。在大多数情况下，即使社会组织形象得到了树立，但因为在短时期社会组织的形象与经营活动的因果关系是不确定的，所以社会组织形象的作用并没有立竿见影地立即显现出来，所以不少社会组织由此产生轻视社会组织形象塑造的观点。这是塑造社会组织良好形象主观上的大敌，必须克服。

(3) 在社会组织形象塑造过程中，要防范组织内部的不协调。古人云："攘外必先安内。"社会组织内部投入因素不协调，也会影响社会组织良好形象的树立。关键在于组织各部门必须强化信息交流，协调配合。

社会组织是公共关系的主体，是公共关系活动的承担者、实施者、行为者，在公共关系活动中起着控制者和组织者的作用，它主宰着公共关系活动，决定着公共关系状态。因此，认识社会组织的结构与功能，明确组织形象的重要性，对于全面理解公共关系的有关理论，有效地开展公共关系活动具有重要意义。

学习单元 2.2

公共关系的客体——公众

2.2.1 公众的概念与特征

公共关系的"公众"是一个特定的概念，它并非是指人们头脑中所想象的那些"广大人民群众""普通老百姓"等，而是具有特殊意义的"公众"。首先，它是因面临某个共同问题而形成的社会群体。同生产企业发生往来关系的公众，有企业原材料的供应者，面临的是向企业供应原材料的共同问题；有产品的购买者，面临的是购买企业产品这一共同问题；同商业企业打交道的公众，有商品的供应者，面临着向商业企业提供商品的问题；同高级宾馆打交道的公众是各种中外宾客，面临着如何向他们提供满意服务的问题；同医院打交道的公众是各类患者，面临的是如何医治他们病症的问题，等等。其次，这些公众有着共同的利益。当今的社会组织在生存与发展过程中面临着许许多多的社会问题，这使公共关系从性质上来看不仅要为组织的目标服务，还要照顾到公众的利益。组织必须在力所能及的范围内保证特定公众的利益得以实现，如企业满足服务用户和消费者的利益、宾馆饭店满足宾客的利益，政府机关满足民众某一方面的利益，医院满足患者的利益等。只有公众的利益得到满足，组织的利益才能得以实现。再次，这些公众与某一特定组织的工作产生互动的效应。组织机构的各项方针、政策、行为影响着某些特定公众，而这些特定公众的需求也对组织产生重要的影响。例如，企业的方针、政策对职工、技术人员、领导干部有影响，可能激发也可能阻碍他们积极性和创造性的发挥；反之，这些人员自身利益的要求和行为也影响着企业制定下一步的方针、政策和计划。企业采取不同的经营方针对顾客公众、原材料供应者公众及其他各类公众都有着重要的影响，而这些公众的态度及他们所采取的行为对企业也起着制约的作用。这说明组织和公众时时刻刻都互相影响，从而产生一种互动效应。不能产生互动效应的社会群体就不能成为组织的特定公众。

综上所述，我们可将“公众”定义为：公众是任何因面临某个共同问题而形成的、有着某种共同利益并与某一特定组织的工作产生互动效应的社会群体。作为公共关系对象的公众，一般来讲，具有下述三个方面的明显特征。

（1）整体性。公众不是单个人的任意组合，而是与特定组织运行有关的整体环境。任何组织的生存和发展都离不开一定的公众环境。所谓“公众环境”，是指特定组织运行过程中必须面对的社会关系和社会舆论环境。这些社会关系和社会舆论环境的范围很广，涉及组织外部及社会的各个方面，而且相互关联，极其复杂。从一个经济组织来看，既有组织内部的员工公众、股东公众，又有组织外部的消费者、供应商、经销商、社区、政府、新闻界等有关的团体、组织或个人。公共关系工作不可厚此薄彼。组织面对任何一类公众或其中任何一部分人或一个人时，都应视为面对着一个完整的公众整体，否则会导致整个公众环境的恶化。

美国埃克森石油公司油轮触礁，造成原油泄漏，附近海域的生态环境遭到破坏。然而，该公司对事件无动于衷，对问题的解决采取消极的态度，轻视海域附近渔民及环境保护组织的合理要求，于是公众环境恶化，公共关系危机出现了。美国政府以及当地政府、新闻界、环境保护组织、社会各界公众纷纷谴责该公司无视公众的行为。该公司的业务范围遍布全世界，但由于该公司的企业形象受到破坏，新老客户纷纷抵制其产品，使该公司遭到巨大的经济损失。因此，我们认为应将组织面临的公众视作一个完整的环境，要用全面、系统的观点来分析和研究。

（2）同质性。公众是由共同的问题引起的，这些问题对公众成员产生了很大的影响，使得原本不属于某一社会群体和社会组织的若干人成为一个组织的公众。不同组织有不同的公众。一个组织可能有许多问题同时出现，从而涉及各种不同的公众，所以将形成若干类不同质的公众。这些不同质的公众是相对不同问题而言的，而由某一问题所引起的公众本身却是同质的。因此，没有这种同质的内在基础，便无所谓公众。

（3）变化性。公众不是封闭僵化、一成不变的对象，而是一个开放的系统，处于不断变化和发展的过程之中。任何组织的公众对象的性质、形式、数量、范围等均会随着主体条件、客观环境的变化而变化，有的关系产生了，有的关系消失了，有的关系不断扩大，有的关系可能缩小，有的关系越来越稳固，有的关系越来越动荡，有的关系甚至发生性质上的变化——竞争关系转化为协作关系，友好关系转变成敌对关系，等等。公众环境的变化，必将导致公共关系工作目标、方针、策略、手段的变化；反过来，组织自身的变化也会导致公众环境的变化，如组织的政策、行为、产品的变化使公众的意见、评价、态度或行为发生相应的变化，这种变化的结果又可能反过来对组织产生影响、制约作用。可见必须以动态的、发展的眼光来认识自己的公众对象。

2.2.2 公众的分类

对公众进行分类是公共关系实务工作的必要前提。公关实务中如何策划和选用何种方法都要因对象而定。

1. 不同的组织有不同的公众

由于性质、目的和生存发展方式不同，不同的组织必然面对不同的公众。

营利性组织如工业企业、商业企业，非营利性组织如政府、军队的公众，这二者必然不同。同一类组织由于产品、服务方式不同也会有不同的公众，例如，同是商业组织的专卖店因为商品不同会有不同的公众。

2. 同一个组织有不同的公众

社会是一个复杂的系统，影响组织生存的因素很多，在现实社会中一个组织必然面临不同类型的公众。对于中国的组织来说，较为重要的公众有以下几种：

(1) 内部公众。内部公众主要指组织内部的全体成员，包括员工、干部、经理、股东（有些股东的人事关系虽不在组织内部，但是利益关系、参与权利在组织内）等。内部公众被称为公共关系的起点。

(2) 政府公众。政府公众指政府各行政机构及其工作人员。现在是法制社会，任何组织都应当依法接受政府有关部门的管理和制约。这是组织合法生存与发展的重要保障和条件。

(3) 消费者公众。消费者公众又称为“顾客公众”，是组织同自己产品的使用者、消费者或服务对象之间的关系。不论是不是亲自购买，产品的使用者都是消费者。这是人数最多、对组织的生存发展影响最大的公众。

(4) 媒介公众。媒介公众指新闻传播机构及其工作人员，媒介被称为在当今信息社会、传播时代的“无冕之王”，其作用与日俱增，因此有人将公共关系称为组织的“传播管理”。

(5) 社区公众。社区公众指组织所在地域的关系对象，包括当地管理部门、地方团体组织、左邻右舍的居民百姓。社区是组织赖以生存和发展的基本环境，是组织的根基。

(6) 名流公众。名流公众指对社会舆论和社会生活具有较大影响力的有名望的人士，如各界的首脑、权威、明星、舆论领袖、“大 V”等。他们人数虽少，但是传播作用大，能迅速聚焦舆论，特别在微博时代，通过他们影响舆论往往事半功倍。

(7) 国际公众。国际公众指组织的产品、人员或活动进入国际范围后组织将面对的不同国家、地区的公众对象。国际公众具有跨文化的特征，同他们的关系的影响范围比国内公众的关系的影响范围更广。

对组织来讲还有其他一些公众（图 2-1）。

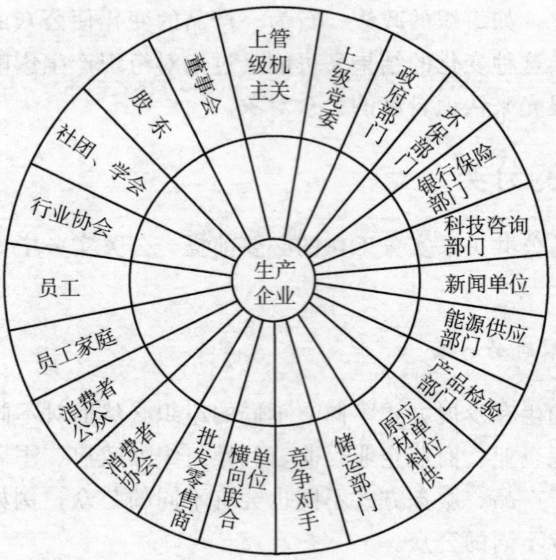

图 2-1　生产型企业现实公众（部分）图

3. 同一种公众有不同的分类

同一种公众根据不同的角度、目的可以做进一步的分类。

（1）按照公众与组织发生关系的过程，可将公众分为：

①非公众。这是公共关系特有的专业术语，是指在一定的时空条件下与组织不发生相互影响和作用的社会群体。划分出非公众，可以使公关实务减少不必要的浪费。

②潜在公众（或称未来公众）。这是指由于潜在的公共关系问题而形成的潜在公众。由于组织的行为使一部分公众面临着某一共同问题，而该问题尚未充分显露，所以公众尚未意识到问题本身，因而他们与组织的公共关系尚处于潜伏状态，随着问题的发展，这些公众往往会成为现实公众。组织应予以积极引导，使潜在公众向有利于组织发展的方向转化。

③知晓公众（或称将在公众）。这是潜在公众逻辑发展的结果，即已知晓自己的地位，知道组织行为或政策对自己造成的影响的公众。

④行为公众（有人称之为现在公众）。这是知晓公众发展的结果。这时公众不仅意识到组织对自身的影响和作用，而且采取了行动，形成了对组织的影响和作用。他们迫使组织必须采取相应的对策，是组织公关实务必须重视的工作对象。

纵向考察公众的意义是把公众理解为一个连续的发展过程，而成功的公关实务就是区别谁是非公众、谁是潜在公众、谁是知晓公众、谁是行为公众，从而通过传播工作，把必要的非公众变成潜在公众，使潜在公众成为知晓公众，进而使知晓公众成为支持组织的行为公众。

（2）根据公众对组织的态度，可将公众分为：

①顺意公众，指对组织的政策、行为和产品持赞成意向和支持态度的公众。

②逆意公众，指对组织的政策、行为或产品持否定态度的公众。

③边缘公众，指对组织持中间态度，观点和意向不明确的公众。

对顺意公众要加强联系，有效地维持这种关系；对逆意公众，要做好转化工作，改变其态度；对边缘公众，应加强沟通，争取他们的支持，防止其成为逆意公众。

(3) 根据公众构成的稳定程度，可将公众分为：

①稳定性公众，指具有稳定结构和稳定关系的公众。这是组织的基本公众，如老主顾、社区人士等。

②周期性公众，指按一定规律和周期出现的公众，如避暑胜地的消费群、礼品店的顾客等。如果组织的公关实务搞得好，周期性公众可以变成稳定性公众。

③临时性公众，指因某一临时因素、偶发事件或专题活动而形成的公众。如展销会上来的顾客、突发事件中受到影响的公众群体等。对这类公众，关系处理得好，可以建立周期性、稳定性联系，使之成为顺意公众；处理得不好，就可能使其成为逆意公众，成为公关工作中的不利因素。组织应当针对不同的公众制定不同的策略，以确保公共关系工作成功。

学习单元 2.3

公共关系的三大目标

公共关系的主体——社会组织是人们为了达到特定的目标而建立的系统，明确的目标是社会组织的显著特点之一。组织目标是指组织争取达到的一种未来状态，是组织开展各项活动的依据和动力。

而公共关系目标则是组织目标的一个子系统，指的是社会组织通过一系列工作，所欲达到的树立组织形象、与公众取得和谐的状态。与组织目标一样，公共关系目标也是一个变量，有长远目标、中期目标、近期目标、特定目标之分；但它与组织目标在一个时期往往由特定的工作重心派生出特定的目标不一样，公共关系目标由于涉及的主要是组织与公众的长远关系，其制定与衡量便有着一个统一的标准，这就是社会组织的认知度、美誉度、和谐度，即本单元所要阐述的公共关系的三大目标。

2.3.1 三大目标的内涵

毋庸讳言，在我们既有的公共关系教科书中，公共关系目标的表述一直为“知名度、美誉度”，然而，伴随着公共关系实践与理论的交替推进，“知名度、美誉度”的“二度目标”之提法，越来越暴露出其不足：其一，“知名度”的本身无法做量的分解，即它表示的仅仅是组织被知晓的广度，而无法表示组织被认识的深度。如一个组织仅仅被公众知道名称，与既被公众知道名称又被公众知道其运行信息，其引发的结果必定大不一样；而组织更多的信息被公众所知晓却是“知名度”无法涵盖的。其二，仅以“知名度”与“美誉度”来表达组织的公共关系目标，很大程度上表示的是组织的非公众对组织的知晓与评价，虽然任何一个组织都需要非公众的良好评价，但从组织存在的本质上看，组织更需要的是与目标公众取得和谐，在目标公众的心目中树立良好形象。如广州“白云山”、郑州“亚细亚”一度追求的只是“知名度”与“美誉度”，但由于与内外部的目标公众不相和谐，以致经营出现困境。如此，一定意义上“二度目标”远离了组织利益的关注点，即脱离了社会组织的实际。其三，由上述两点决定，“二度目标”对社会组织的公共关系工作无法作合理的分解以及周密的量化统计，因此，组织的公共关系状态只能作模糊的判断；而作为一门为社会实践所需要的现代学科，如果不能得到量化的衡量与操作，则一方面难以上升为真正的科学，另一方面对组织的公共关系工作也缺乏精确的指导。

鉴于以上不足，我们设计出“认知度”“美誉度”“和谐度”这“三度目标”来作为进行组织公共关系目标量化衡量的统一标准。

1. “认知度”的内涵

认知，是20世纪50年代兴起的认知心理学的核心概念。该心理学流派主要是从信息加工的角度来研究认知或认识活动，“认知”即认识知晓之意。世界上最大的公共关系公司博雅公司，1997年对公共关系作了全新的诠释，认为公共关系即“认知管理”。

“认知度”与“知名度”相比，其内涵更加丰富。它不仅可以指组织的名声在多大范围内被公众所知跷，而且指组织有多少信息被公众所认识。一般来说，公众如果只闻组织名，即“知名”，对组织的意义并不很大；而在知名的基础上，公众对组织的认识越多、越深，对组织的意义或作用就越大。如某公众群只知道“海尔”，即“海尔”在该公众群中拥有知名度；但该公众群如果还对“海尔”的产品——电冰箱、洗衣机、空调等，“海尔”的产地——青岛，“海尔”的内部管理“日清日毕”“日清日高”“零缺陷”等，“海尔”的当家人——张瑞敏，“海尔”的深层文化——以“真诚到永远”理念为核心的“海尔文化”等都有认知，那么，以“认知度”表达的后者，对企业发展的意义显然就比前者重要得多。因此，任何组织开展公共关系工作，其目标之一就是追求拥有较高的认知度。

认知度的确定首先取决于组织被认知的广度，其广度的确定宜建立在组织被公众认知的一定区域的级别之上。其区域级别共有 A——国际、B——全国、C——大区、D——省区、E——当地等五个级别，如图 2-2 所示。

在图 2-2 中，E→D→C→B→A，呈一种层层递升、扩大的关系，也是现实中任何一个组织在公众心目中认知度大小在区域上的反映。这五个级别的划分，使得认知度的定量确定有了一个基本的前提，否则，认知度仅以百分比来表示，则缺乏可比性。而这五个级别的确定，则建立在该组织的规模和档级、与之发生关系的公众分布、媒介传播曾经所及的范围等量化数据的基础之上。比如，邯郸钢铁公司是大型企业，与之发生关系的公众分布于全国范围，中央级的传播媒介曾对其进行过多次报道传播，全国国有企业曾经掀起“学邯钢”的热潮，但其产品尚未走向世界，它的典型经验也不可能得到世界范围的关注与传播。因此，在经过一定数据取证之后，就可以确定该企业具有“B——全国级”的认知度。

其次，认知度的确定建立在公众对组织信息认识知晓的深度上。一个组织在运行过程中，其产生的信息量是很大的。对于一般公众来说，当然不可能对任何组织的任何信息都

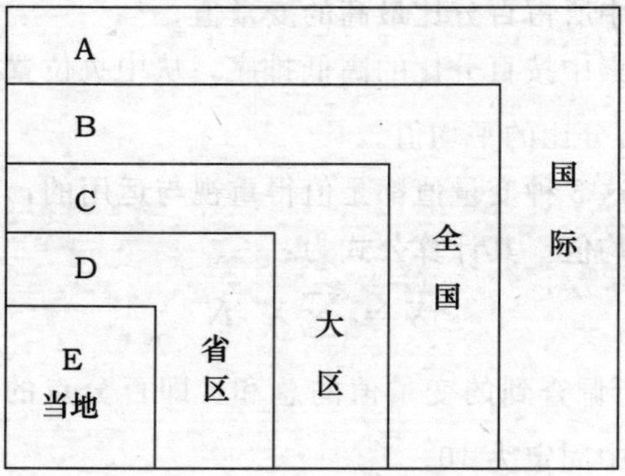

图 2-2 组织认知度区域级别图

有深入的了解。因此，就需要把组织方面的一些最基本的信息要素按照由浅入深、由表及里的排序列举出来，通过对公众的调查，从而确定组织被公众认知的深度。这些基本的信息要素为 10 个，其排序与量化的认知度，可从“组织形象要素认知度坐标图”得以显示，如图 2-3所示。

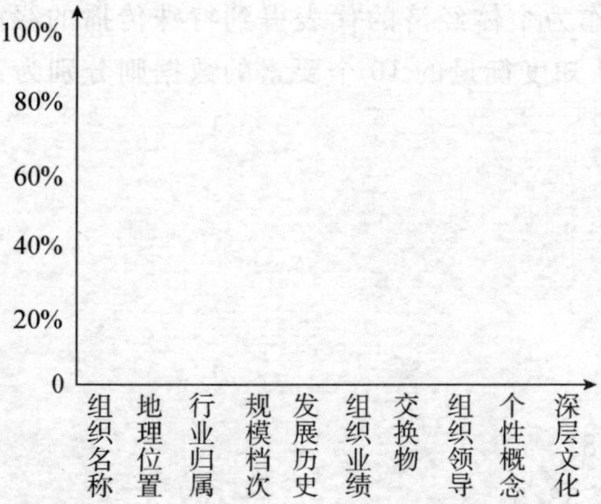

图 2-3 组织形象要素认知度坐标

在图 2-3 中，横坐标上的 10 个要素中越靠近 0 的要素，越是表层的、浅层的要素；越远离 0 的要素则反之。在这些要素中，所需要说明的有两个概念：一是“交换物”，其包括企业向公众提供的具体商品——物质产品与无形服务、政府机关与事业单位向公众提供的各类服务。之所以称作“交换物”，是因为在现代社会一个组织只有以特定的、有形或无形的“交换物”服务于公众，它才会有生存的价值。二是“个性概念”，指的是组织曾经引起公众瞩目的个性信息，如个性化的管理经验、个性化的“交换物”、个性化的信息发布。“个性概念”是一个组织创新能力的概括性反映，也是一个组织形象引起公众瞩目的重要特征。

由于深层的、里层的要素是由浅层、表层的要素深化而来，虽然它们彼此之间多多少少有着重要与次重要之分，但为简化操作考虑，我们依然赋予同样的系数——“1”。

对组织 10 要素认知度调查的百分数，会在坐标图上显示出波浪曲线，也就必然会呈现 3 种不同的变量值，即：

众值 M_o，即 10 要素中所占百分比最高的变量值；

中位值 M_d，即 10 要素中按百分比的高低排序，从中央位置所取的变量值；

均值 $\overline{X}$，即 10 要素百分比的平均值。

如果进行深入研究，这 3 种变量值都是值得重视与运用的，而在一般对组织认知确定的操作中，可以重点采用均值。其计算公式为：

$$\overline{X}=\sum X_i/N$$

公式中：$\sum X_i$ ——所调查到的变量值的总和，即百分点的总和；N ——所调查的要素总数，在认知度的调查中固定为 10。

假设一个组织的 $\sum X_i$ 为 632.3，再除以 10，其均值则为 63.23。为了使组织的认知度便于把握，我们将每 10 个百分点归为 1 个档次，那么，该组织的认知度则为 6 档。再与前面所确定的级别相结合，这个组织的认知度的完整确定为 6A、6B、6C、6D、6E 中的一个。

试以安徽芜湖傻子瓜子公司为例，其认知度是这样确定的：

经调查，“傻子”因作为个体经济的代表得到特殊传播的缘故，其认知的广度可确定为“全国——B 级”，而认知度衡量的 10 个要素的数据则分别为：

组织名称：62.5

地理位置：47.0

行业归属：56.2

规模档次：38.3

发展历史：32.0

组织业绩：34.4

交换物（瓜子）：61.8

组织领导（年广久）：53.5

个性概念：8.9

深层文化：22.0

在这组数据中，占百分比最高的量值，即“众值 M_o”，则是 62.5。

而 10 要素中按百分比的高低排序，从中央位置所取的变量值即“中位值 M_d”，则是 47.0 与 38.3；而我们所要采用的“均值”，即 10 要素百分比的平均值，则以 $\sum X_i$ ——所调查到的变量值的总和——百分点的总和 416.6，除以 N ——所调查的要素总数 10，得出“均值”为 41.66。按 0～10 为 0 档级、10～20 为 1 档级进行类推，41.66 则为 4 档级。

如此，傻子瓜子公司的认知度的指标即可以确定为“4B 级”。

下面，我们将组织认知度的所有档级列表如表 2-1 所示。

表 2-1　组织认知度档级一览表

	0	1	2	4	5	6	7	8	9
A 级 国际									
B 级 全国									
C 级 大区									
D 级 省区									
E 级 当地									

从上面的一览表上，显示出斜线的右上方为 9A 级，也就是组织认知度的最高级；而斜线的左下方为 0E 级则是组织认知度的最低级。可以说，任何一个组织的认知度都可以从中找到一个对应点。

2. "美誉度" 的内涵

美誉度，即一个社会组织获得公众赞美、称誉的程度，是组织形象受公众给予美丑、好坏评价的舆论倾向性指标。美誉度与认知度不同的是：认知度是中性的，不存在道德价值的判断；而美誉度则是有褒贬倾向性的统计指标，是对组织道德价值的判断。因此，一个组织有可能"先天不足"，认知度只能限制在当地 E 级，但它却完全可以通过努力，拥有比 C 级、D 级，甚至 A 级、B 级认知度的组织更高的美誉度。

不同的组织，其美誉度的体现有不同的内容。如企业的美誉度与政府的美誉度就不尽相同，而生产性企业与服务性企业的美誉度也有不同的要求。但美誉度作为舆论倾向性的指标，又是有共性的，任何组织都应该可以在一个统一的指标体系中得到衡量，这个指标体系的分解我们将在后面介绍，但它赖以进行的基本坐标图如图 2-9 所示。

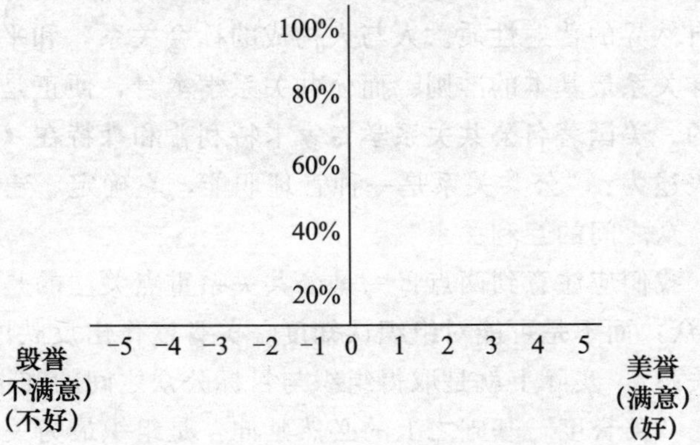

图 2-4　组织美誉度衡量的基本坐标图

在这个坐标图中，"美誉""满意""好"为肯定性舆论倾向的一极，即正极；"毁誉"

“不满意”“不好”为否定性舆论倾向的一极，即负极。每一极以 5 个等级划分，以便打分量化。以此坐标图为基础，还可以演化为“十分赞赏”“赞赏”“比较赞赏”“无所谓”“不够赞赏”“不赞赏”“极不赞赏”等相类似的衡量方法，但从简便、可数量化的角度上看，以正负 5 等级、加百分比的衡量方法却最便于操作，最能相对准确地反映组织美誉度，因此，图 2-4 可视作基本坐标图。

该基本坐标图可以用于美誉度分解后的各个要素衡量之上，但最后依然要归于组织整体美誉度的基本坐标图。图上依然会取出众值 M_o、中位值 M_d、均值等 3 个变量值。但从美誉度的衡量最后应落到等级上考虑，我们采用的是众值 M_o——所占百分比最高的变量值。即先取其众值 M_o，然后看众值 M_o 位于哪个等级上，该等级即为组织美誉度的等级。如某个组织的众值 M_o 落在等级“3”之上，由于众值 M_o 所占百分比最高、具有多数公众众望所归的性质，因此“等级 3”就是该组织的美誉度。

依然以傻子瓜子公司为例：

经调查，傻子瓜子公司美誉度的百分比分布为：“-1”级 0.3%、“0”级 1.7%、“1”级 10.8%、“2”级 46.6%、“3”级 27.6%、“4”级 13.3%。根据组织美誉度取众值的原则，“傻子”的美誉度即为 2 级。

如此，组织的美誉度总在正、负各 5 以及“0”这 11 个等级中的一个之上。一般来说，大多数组织的美誉度又总在正极的 5 个等级幅度之内，只是从基本坐标图上看，在正负之间还有一个 0 等级，因此，在理论上就应该将其加上，组织的美誉度就总共有了 11 个等级。当然，在实践中，组织的美誉度非正即负，0 等级往往是不存在的。

3. “和谐度”的内涵

与“美誉度”一样，“和谐度”也属于组织道德价值判断的范畴，但却是美誉度在目标公众中的延伸，即一个社会组织在发展运行过程中，获得目标公众态度认可、情感亲和、言语宣传、行为合作的程度；是组织从目标公众出发、开展公共关系工作获得回报的指标。

在客观世界，关系无所不在，而关系的最佳境界就是和谐。爱因斯坦认为，统一、联系、和谐、协调是自然界的普遍性质。人与人构成的社会关系，和平共处、和谐发展，同样也是处理各种各样关系最基本的准则。而公共关系学本身，便正是求取组织与公众关系的和谐而应运而生的。美国著名公共关系学专家卡特利普和森特在《有效公共关系》中对公共关系的定义就表述为：“公共关系是一种管理职能，它确定、建立和维持某个组织与决定其成败的各类公众之间的互利关系”。

在这个定义中，我们应注意到两点：一是公共关系重点关注的是决定组织成败的“各类公众”，即目标公众，而不是可能对组织认知度、美誉度作出反映的非公众；二是确定、建立、维持“互利关系”，实际上就是取得组织与目标公众之间的和谐。显而易见，“和谐度”是在“认知度”、“美誉度”基础之上的必然延伸，是组织最为关心的一个指标。

因此，“和谐度”的确定就与“认知度”“美誉度”的确定有所不同，它不是在向普遍性的社会公众（含非公众与目标公众）调查统计的基础上产生，而是建立在专门向各类目标公众调查统计的基础之上。目标公众的类别、和谐度的程度档级，我们依然放在第三节加以阐述，这里，则重点介绍组织和谐度衡量的基本坐标，如图 2-5 所示。

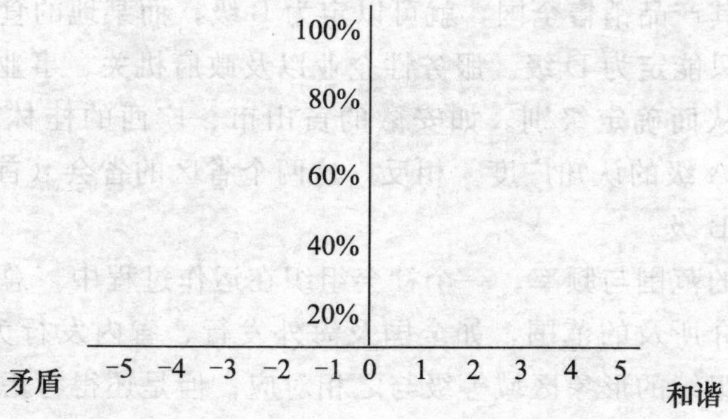

图 2-5　组织和谐度衡量的基本坐标图

该坐标图的操作使用，与“美誉度”的衡量一样，也是取其众值 M_0，然后看众值 M_0 位于哪个等级上，该等级即为组织和谐度的等级。如傻子瓜子公司的和谐度，经调查衡量，其众值 M_0——53.6%在“3”上，那么，“3”就是该公司和谐度的等级。在坐标图上我们可以看到，“和谐”与“矛盾”是对应举出的，即关系不和谐就表现为“矛盾”，就是“负和谐”。在现实中，一个状态稳定的组织，其“和谐度”不可能为负数，否则它就无法生存；但在某个危机即将来临的一段时间，组织出现“负和谐”却是可能的，它警醒组织要赶紧采取危机公共关系。

2.3.2　三大目标的分解与量化确定

认知度、美誉度、和谐度这三大目标，由于我们已经赋予它们可量化的等级，比起原有的、一般只作模糊把握的知名度、美誉度之“二度目标”，确实显得科学、清晰多了。但是，如果不对它们进行分解，它们量化等级的衡量评定，依然缺乏大量科学的数据来作依据。为此，三大目标就必须进行分解与量化把握。

1.“认知度”的内容分解与量化确定

“认知度”的内涵在前面已经指出，它有着两个衡量角度，即区域的广度、认知的深度，并分别分有 5 级、10 档。而一个组织最后确定为哪个等级，却还需要进行如下分解与量化确定。

(1) 区域的广度

区域的广度共有 A——国际、B——全国、C——大区、D——省区、E——当地等 5 个级别。而这 5 个级别如何确定，则应将组织影响力分解成以下几个主要的要素来进行衡量。

①该组织的规模、档级。企业主要看其规模，从总资产、年产值、利润、员工人数等方面确定其为大型企业、中型企业、小型企业。一般大型企业认知广度的级别为 B 级或 C 级，少数为 A 级；中型企业为 C 级或 D 级；小型企业为 E 级。如大庆油田、宝山钢铁公司无疑可定为 B 级，而某地的牛奶厂、制冰厂则只能是 E 级。政府机关、事业单位主要看其档级，从它归属中央、省、地市而相应地确定级别。

②与组织发生关系的公众分布。生产性企业主要看其产品消费公众的分布范围，如长虹电视、联想电脑，其产品销售全国，就可以定为B级；而某地的食品厂、标准件厂，其产品在省内销售，就只能定为D级。服务性企业以及政府机关、事业单位，则主要看其服务对象的分布范围，从而确定级别。如安徽的黄山市、广西的桂林市因常年接待国际旅客，就可认定其具有A级的认知广度。相反，这两个省区的省会（首府）城市合肥市、南宁市，却只能认定为B级。

③媒介传播所及的范围与频率。一个社会组织在运作过程中，总会得到传播媒介进行传播报道，而传播媒介所及的范围，如全国及海外发行、省内发行为主、地市发行为主，往往使被宣传传播的组织的形象区域等级与之相对应；但是还得考虑组织被传播的次数与频率，一个当地组织偶尔被中央级、省级的媒介传播信息，并不等于就是B级、C级或D级认知度，只有被某一级媒介频频报道且被媒介所及范围内的公众所认知，才能确定相应等级的认知度。如山东的潍坊市因举办风筝节、广东的珠海市因举办大型航空航天展览而经常被国际传媒报道、传播，因此，可认定其认知广度具有A级；而江苏的张家港市因创建文明城市、重庆的綦江县因虹桥垮塌而被国内媒介报道，则可认定具有B级的认知广度。

(2) 认知的深度

前面，我们已经把组织的10个最基本的信息要素按照由浅入深、由表及里的排序列举了出来，即已经经过了一次分解。这里，我们把这些基本的组织形象信息要素再解释一下，以便于在量化的基础上确定组织的认知度。

①组织名称，含组织名称的全称、简称。

②地理位置，含组织所处的省、城市或城镇、街道。

③行业归属，含企业、事业单位或政府机关，以及进一步分解的工业门类、服务业门类、事业的门类、机关的部门等。

④规模档次。

⑤发展历史，含组织的成立时间、发展阶段、经验与教训等。

⑥组织业绩，含组织最近的经济效益、社会荣誉等。

⑦交换物，含交换物的品牌、品种、技术含量、服务质量等。

⑧组织领导，含企业家、单位领导、首席官员的名字、性别、业绩、年龄、经历、性格、领导作风等。

⑨个性概念，含个性化的管理经验、个性化的交换物（如企业的新产品、新的服务项目）、个性化的广告词、个性化的公共关系活动等。

⑩深层文化，含组织理念、组织制度、组织风气、文化生活等。

将上面的10个要素，经过问卷调查以及统计后，再运用坐标图综合标出，就可以在量化的基础之上对组织的认知度作出准确的确定。

2. "美誉度"的内容分解与量化确定

我们已经知道，"美誉度"是一个社会组织获得公众赞美、称誉的程度，是组织形象受公众给予美丑、好坏评价的舆论倾向性指标，是一种对组织道德价值的评判。由于不同的社会组织其道德价值的体现有所不同，对其美誉度的确定也就应分解为不同内容的衡量。这里，我们主要对生产性企业美誉度、服务性企业与事业单位美誉度以及政府美誉度的不同衡量的角度进行分解。

（1）生产性企业美誉度内容分解

①产品评价，含产品性能、材料质量、技术（手艺）含量、可靠性、美观舒适性、多样性、价格因素等方面的评价。

②服务评价，含意见征询、销售服务、售后服务、信息服务等。

③贡献评价，含就业提供、纳税数量、产品覆盖、环境保护、公益赞助等。

④文化评价，含企业名称与标志、品牌名称与商标图案、包装设计、广告品位、管理风格、企业理念、员工行为素质、企业家形象、企业环境、企业重大举措等。

（2）服务性企业与事业单位美誉度内容分解

①硬件评价，含建筑设施、技术装备、服务环境等方面的评价。

②服务评价，含服务项目、制度措施、信息咨询、服务态度、服务艺术、投诉处理、服务价格等。

③贡献评价，含就业提供、经济效益、便利地方、公益赞助等。

④文化评价，含环境设计、陈设布置、服务理念、管理风格、员工行为素质、领导人形象、宣传品品位等。

（3）政府机关美誉度内容分解

①政绩评价，含政策制定、政府投资综合收益、卫生文明建设、科教实绩、政府外交、社会稳定、民众生活质量、可持续发展状态等方面的评价。

②服务评价，含服务项目、服务渠道、服务能力、服务方法、服务效率、服务态度等。

③民主建设评价，含民主制度制定与执行、沟通民众的渠道与畅通程度、政府工作透明度、决策的民主程序、民众监督力度等。

④廉政建设评价，含官员财产公开、干部任命公开、政府投资与采购招标、官员待遇公开、廉洁制度规范、廉政监督保证等。

各类组织美誉度的内容经过如上分解，再分别借助“组织美誉度衡量的基本坐标图”与“以众值 M_o（所占百分比最高的变量值）确定美誉度等级的方法”，就可以为每一项内容确定量化的目标，或者经过调查确定组织美誉度每一项内容的状态等级。

3. “和谐度”的内容分解与量化确定

前面已经强调，组织和谐度建立在专门向各类目标公众调查统计的基础之上，因此，组织的和谐度的分解首先就是对目标公众的分类，其次则是对目标公众与组织的和谐度进行程度的划分。而和谐度的程度，主要是就目标公众与组织的实际关系而言，一般可分为从“态度赞同”到“情感亲和”，再到“言语宣传”，最后到“行为合作”这 4 个档级。因此，我们可用表 2-2 表示。

表 2-2　组织和谐度内容分解表

和谐程度 / 目标公众	态度赞同	情感亲和	言语宣传	行为合作
员工（公民）				
股东（人民代表）				
顾客				
媒介				
社区				
名人				

在表 2-2 中，每一个“目标公众”与“和谐程度”相交叉的空格中，都可以用“组织和谐度衡量的基本坐标图”的正负各 5 个等级来进行衡量确定。当然，其衡量确定，是以量化统计、取众值 M_0 定等级为基础的。

这里，我们再以傻子瓜子公司和谐度的分解衡量为例（见表 2-3）。

表 2-3　傻子瓜子公司和谐度分解衡量表

和谐程度 / 目标公众	态度赞同	情感亲和	言语宣传	行为合作
员工（公民）	3	2	2	3
股东（人民代表）				
顾客	4	2	3	4
媒介	3	1	3	3
社区	3	2	3	2
名人	2	0	1	0

需说明的是傻子瓜子公司目前尚是民营独资企业，因此目标公众——“股东”这一栏暂缺。

还需说明，一个组织公众和谐度分解衡量的平均档级与组织和谐度的综合档级一般是相统一的。只是分解衡量有利于找到组织和谐度的不足出在何处。例如，傻子瓜子公司和谐度的综合等级前面已认定为“3”，而分解衡量的平均等级为 2.3，两者基本接近；但分解、衡量表中却显示傻子瓜子公司的“情感亲和”方面的公共关系诉求，针对名人公众、员工公众、社区公众的公共关系工作存在不足，均需予以加强。

分解是为了综合，量化是为了准确定性。经过上述对“认知度、美誉度、和谐度”的分解与量化确定，最后结果将导向对组织的公共关系与组织形象的综合确定，即对组织的“公共关系状况等级”进行确认。如此，便为组织的公共关系目标总体确定与量化分解提供了操作程序。

具体“公共关系状况等级”的确定归位可参见组织公共关系状况等级全表 2-4。

表 2-4 组织公共关系状况等级全表

认知度		美誉度	和谐度
深度档级	区域等级		
9		5	5
8	A	4	4
7		3	3
6	B	2	2
5		1	1
4	C	0	0
3		−1	−1
2	D	−2	−2
1		−3	−3
0	E	−4	−4
		−5	−5

学习单元 2.4

案例与实践

本项目阐述了公共关系的主体、公共关系客体以及公共关系的三大目标。通过了解公共关系主体的基本理论，选择合适的公共关系主体，正确划分公众类型，针对公共关系主要工作对象，制定灵活、有效的公共关系活动方案，并学会运用三大目标的分解与量化，分析组织公共关系现状，找出问题所在，为之创造一个良好的公共关系公众环境。本单元通过对相关案例剖析和模拟训练，使学习者对公共关系主体、客体深入了解，并对组织进行公共关系形象衡量，从而了解组织公共关系状况等级。

2.4.1 案例讨论

案例 2-1 中国康复中心救治唐胜利

真正的公共关系，要使公众受到实实在在的帮助。例如 1997 年 11 月下旬，四川煤矿工人的女儿唐胜利去成都劳务市场寻找工作，被四川眉山县天涯夜总会老板以招收餐厅服务员名义，诱骗做“三陪”接客，唐胜利宁死不从，跳楼致腰椎爆裂性骨折，脊髓严重损伤，腰以下完全瘫痪。“唐胜利事件”通过新闻媒体的报道，尤其是 1997 年 12 月 27 日《中国妇女报》在头版头条以《"唐胜利事件"惊蓉城》的特别报道，在全国引起了巨大轰动。中国康复中心得知唐胜利遭遇后，为她宁折不弯的精神所感动，认为唐胜利在绝境中，用自己的鲜血和生命向不法分子的丑恶行径坚决抗争，代表了中国女性自尊自爱的精神和不向邪恶势力低头的高贵品质，在她最困难的时候，应该伸出热情的双手去帮助她。于是，康复中心迅速作出决定：正式邀请唐胜利到北京，破例免费为其进行康复治疗。在唐胜利康复治疗的日子里，康复中心调动了最先进的康复手段、最精良的医疗护理班子、最现代化的康复设施、最好的医疗康复环境，对她提供了全方位的医疗康复服务。4 个月后，唐胜利取得了显著的康复效果，终于离开了久卧的病榻，"脚踏实地"地站了起来，并能用拐杖步行，在很大程度上恢复了生活自理能力。唐胜利来京后，康复中心附属北京博爱医院不但免去了她的医药费、治疗费、护理费、床位费、检查费等全部费用，而且，为解决其营养、生活费用和其家人在京的开销，医疗、护理、科研、教学、行政、后勤各部门职工自发地向其捐款 10 000 多元。出院前夕，康复中心又向唐胜利赠送了一台价值 8 000 多元的毛衣编织机，使她康复之后能够自食其力。再次表达了康复中心全体职工对唐胜利宁折不弯精神的赞佩、支持和对她的一片深情厚谊。5 月 15 日上午 8 点 40 分，唐胜利乘坐 7 次特快列车返回四川，中国康复研究中心的领导和医护人员代表以及被邀请的数十家新闻媒体的记者前往北京西客站送行、采访。这一事件极大地提高了康复中心的社会形象，也为我们留下了一个生动的公共关系案例。

[案例评析]

第一，从某种意义上来说，形象塑造由两部分工作构成，一是以提高美誉度为基本出发点的"做"，也就是"全心全意为人民服务"，给公众以实际的利益；二是以提高知名度为基本出发点的"说"，即对公众的传播与沟通。"做"是前提，是基础。没有"做"，没有真正的给公众实际利益，只"说"不"做"，一切"说"都只能是无源之水、无本之木，无法达成公共关系的目的。当然，只"做"不"说"，同样很难在公众心目中树立组织的良好形象。

第二，中国康复中心对唐胜利的救助行为，为树立自己的形象打下了坚实的基础。对唐胜利，不但"救"，施以免费治疗与康复，而且"助"，对唐胜利以后的生活也作了安排，把对唐胜利的帮助做得十分圆满，给了唐胜利实际的利益，体现了康复中心的强烈的人道主义精神。

第三，中国康复中心对唐胜利的救助行为，是在媒体全程关注下实施的。本来"唐胜利事件"就是在全国引起巨大轰动的事件，之后的救助行为继续被媒体关注，一直到唐胜利乘车返回家乡。这样的关注，自然极大地提高了中国康复中心的知名度和美誉度。

中国康复中心对唐胜利的救助行为，是一次非常成功的人道主义救助，也是一个生动的公共关系案例。案例说明了形象塑造过程中真诚互惠原则的重大意义，也说明了知名度与美誉度之间的关系。

案例 2-2　3M 公司给员工一个广阔空间

美国的《幸福》杂志每年都会评选十佳企业，3M 公司（明尼苏达矿业制造公司）次次榜上有名。

美国《读者文摘》评选 20 世纪最伟大的 100 项发明，3M 公司可粘贴便条纸跻身其中。

3M 公司成功的秘诀，就在于他们对内部职工的公共关系做得极为成功。在公司内部，给员工充分宽广的生存空间。

技术人员爱德·弗雷是个虔诚的基督教徒，每星期，他都要去教堂唱诗班参加唱诗，但他每次总是忘掉上次唱到了哪里。为了在赞美诗集上做下记号，他想弄出一些东西来，既不污损书页，又可十分方便地留下标记。他想到了做一些胶粘纸。当时，弗雷所在的部门忙于产品开发，他自己也常常忙得不可开交。但他还是抽出了部分上班时间，和研究胶粘剂的同事席尔沃合作，研制出了不粘胶纸条。现在，这种即用即撕的纸条已经风行于世界各个角落，为人们的生活带来了极大的便利。3M 公司也因此每年净收入 1 亿美元。

弗雷之所以能于百忙之中占用上班时间去做自己感兴趣的事，是因为 3M 公司有个规定：如果员工的新点子得到公司各个部门的认可，他可以拿出 15%的时间和精力从事于未列入计划的新产品开发及相关工作。

在 3M 公司，技术交流十分广泛，无论它是谁发明的，都为公司所共有，3M 公司的员工在这种合作的气氛中都非常乐于助人，所以当他们需要别人的技术时也会十分顺利。3M 公司有个技术会议，不同部门的人员定期讨论、交流信息，用海绵擦洗就是在这种会议中讨论出来的。3M 公司的经理级管理人员，大多数都在公司内做过 25 年左右，因为 3M 从不任用外面的人担任高级职位，这种制度是为了鼓励职工对公司的忠诚。出于同样原因，他们也极少解雇员工。

3M 公司鼓励员工进行发明创造。当员工有了好的构想之后，他可以从技术、制造、营销部门中找出志同道合者，负责设计产品，使之批量化生产及推向市场。如果这种新产品获得成功，关键人物的职务与报酬就会自动提高。

J·强生是个初级管理人员，他发明了胶带纸。当他的新产品进入市场之时，他的职位变成了“产品经理”。很快地，胶带纸在包装业大行其道，销售额突破了百万美元。这项产品成为公司的正式产品。两年之后，胶带纸的销售额攀升至 500 万美元，此时强生成为“产品线工程经理”，被派往国外任职 3 年。当这项产品销售额达 2 000 万美元时，他已荣升为“研究与发展经理”。当然，每次升迁，他的工资都呈几何级数递增。

这种激励模式，使员工们有了这样的共识：只要搞好自己的工作就可以实现自己的价值。从而，大大提高了他们的工作积极性和创造欲望。事实上，公司的几任董事长都是公司内创新做得最成功的人。

为了进一步激励员工，3M 公司每年都举行一次庆功会。庆功会气氛热烈而庄重，当受奖人员从总经理手中接过荣誉证书时，全体员工报之以热烈的掌声，在大家羡慕的目光注视下，他们从公司俱乐部经理手中接过会员证书。这个俱乐部是公司专为功勋职员成立的。

“如果在人们周围扎起篱笆，你除了得到一些小绵羊外，还能指望什么呢？所以必须给职工充分的自由空间。”这是 3M 公司的创立者凯耐特的遗言。

正是这种“自由的空间”让 3M 公司昂首阔步，稳步发展。

[案例评析]

3M 公司的内部公共关系，留给人们许多富于启发性的经验。

第一，尊重职工和他们的劳动。

在 3M 公司，15%的自由空间，是对职工的极大信任，它的前提是职工的想法及为之付出的劳动是有意义的，为公司所承认的。在这种政策下，职工的权利得到了充分肯定。而公司的升迁制度，更是从报酬上明确肯定员工的成绩。

第二，建立合作氛围。

无论是技术交流会，还是产品开发过程，3M 公司的合作精神都得到了充分发挥。这样的合作氛围更有利于集思广益，共同发展。

第三，激励措施是内部公共关系所不可缺少的。

从这个案例中我们得知：无论是从内部提升管理人员、物质上奖励有功人员还是庆功会，3M 公司都力求通过奖励，表彰员工的成就，从而带动、影响其他人，为“企业文化”的形成打下基础。

2.4.2 模拟训练

【训练项目】

为选定的组织（企业、单位、政府）进行公共关系与形象衡量，并确定它的“公共关系状况等级”。

【训练目标】

1. 强化对公共关系三大目标内涵理解。

2. 学会运用三大目标的分解与量化，确定组织公共关系状况等级。

【训练内容与方法】

根据本项目所学内容知识，通过问卷调查的形式，确定所选定组织的“公共关系状况等级”。

1. 结合该组织特征设计组织的“公共关系状况等级”调查方案；

2. 全班 4～5 人一组，分成若干小组开展调查；

3. 对调查结果在班级组织一次交流与研讨。

【标准与评估】

1. 标准：能正确理解公共关系三大目标含义并对所选定组织公共关系三大目标进行分解、量化，确定该组织的公共关系状况等级。

2. 评估：以小组为单位进行交流的表现进行评估打分。

知识测试

1. 简述公共关系主体的科学含义？

2. 简述公共关系的机构设置情况？

3. 什么是公众？具有哪些特征？

4. 公共关系工作的主要对象有哪些？

5. 公共关系人员如何协调和员工的关系？

6. 公共关系人员应该如何协调和顾客的关系？

7. 公共关系人员怎么协调和新闻媒介的关系？

8. 公共关系三大目标是什么？请解释组织公共关系状况等级“3A34”、“4B33”、“6C35”的内涵？

项目3 公共关系活动的作用机制、价值、原理和原则

❖学习目标

1. 了解公共关系活动的作用发生机制。
2. 了解公共关系活动的价值。
3. 掌握有效公共关系活动的基本原理。
4. 熟悉公共关系活动的正确原则。

学习情境

百分之百守信用

安徽省肥西县农副产品贸易公司，是被安徽省工商管理部门评定为“重合同守信用”的企业。人们夸这家企业“百分之百守信用”。

1989年11月份，安徽省肥西县农副产品贸易公司向浙江省金华市发运一批花生仁。晚上装车时突然停电，搬运工误将22包在收购途中遭雨淋的花生仁装上了车。车开走后，该公司的领导才发现货装错了。怎么办呢？有人主张等到对方察觉后，作一番解释就行了，反正我们也不是故意的。可是这家公司的领导认为，经商应当以信为本，决不能让客户的利益受到损害，于是马上发电报到金华，检讨工作上的失误，请求谅解，并要求把不合格的22包花生仁随车带回。客户接到电报后，很受感动，不仅没让司机把受潮的22包花生仁带回，而且连翻晒费和损耗也不要肥西县农副产品贸易公司负担。客户还逢人就讲：守信用单位就是与众不同！

安徽省肥西县农副产品贸易公司同四川省一个县的粮油公司签订合同，售给150吨粳稻，对方汇来10万元货款。当肥西县农副产品贸易公司等待对方前来验货装车时，对方却迟迟没有人来，连个音讯也没有。一直等了3个月，对方单位才来了两位业务员。原来，对方单位前段时间更换领导班子，这笔业务被抛到一边去了。3个月后四川两位业务员一见到肥西县农副产品贸易公司的袁经理，就说：“是我们违约，你们怎么处罚，我们都接受。”可是袁经理却说：“你们花了钱，没有买到粮食，我们也有责任，不但不能罚你们，还要从我们收到货款之日起，付给利息。”这一席话，使两位四川业务员心里热乎乎的，激动得不知该怎样道谢。从此，这家客户同肥西县农副产品贸易公司的交往就更加频繁了。

肥西县农副产品贸易公司不仅重合同守信用，而且还主动为客户着想，维护客户的利益。1990 年夏天，广东省电白县一客户来肥西县农副产品贸易公司购买 50 吨花生仁。付清货款后，客户业务员要求马上发货。肥西县农副产品贸易公司的有关领导和业务人员认为，当时气温高，花生仁水分大，如果立即装车，路途上走许多天肯定会霉烂变质，所以不同意马上发货，坚持推后 15 天再发货。15 天后花生仁装车发运，到广东后一点也没坏。广东电白县的那位业务员，对肥西县农副产品贸易公司对客户如此关心和负责的精神既敬佩又感激。事后，他专程送来了锦旗。

安徽省肥西县农副产品贸易公司，由于在同客户的交往中重合同守信用，自觉维护客户的利益，从而赢得了客户的高度信赖。客户们同这家公司打交道很放心。有些客户甚至主动汇来几十万、上百万元巨款，要求该公司为他们收购花生仁。

案例思考：

1. 安徽肥西县农副产品贸易公司因为百分之百守信用而赢得客户们的赞誉和尊敬一例说明了什么道理？对我们有何启示？

2. 开展公共关系活动为什么要遵循“求实守信”原则？该公司是如何切实遵循该原则的？你如何理解该原则？

学习单元 3.1

公共关系活动作用发生机制及价值

对一个现代组织来说，公共关系包含着两层意思：首先，它是一种管理思想，是组织的领导者为保证获得事业成功而确立的一系列思想、政策和策略，即现代经营管理和行政管理的战略；其次，它是现代组织的一种管理职能，是组织的公共关系人员为贯彻执行本组织的公共关系政策和策略进行的一系列有目的、有计划、有步骤的行动。

在现代组织中，从最高领导者到每一个普通成员，熟悉公共关系活动作用的发生机制，清楚地认识到公共关系活动的价值，树立正确的公共关系思想是该组织取得成功的基础。

3.1.1 公共关系活动的作用发生机制

任何组织和个人的生存发展，都处于人与人的社会性“联系”和“交互作用”之中，任何组织和个人在任何社会领域的社会活动中，都包含和渗透了对这种无法回避和逃脱的

“联系”及“交互作用”的处理；而这种处理的效果，不仅直接影响到实践的效果乃至成败，而且对组织和个人的生存和发展的环境建设产生直接作用。

公共关系活动，是处理人们的社会“联系”，也是积极主动地“交互作用”的最基本、最重要的手段。所以，也可以说，公共关系活动是人类生存发展的最重要的基本方式之一。

信息传播是公共关系活动最重要的基本方式。解决生存发展的某些问题，需要调整与某些公共关系对象的关系性质、类型或状态，乃至整个关系环境。根据上述需要，进行经过策划的、有控制的信息传播，可以有目的地调整和改变公共关系对象对公共关系主体、对他人、对事物的认知和态度，或者调整公共关系主体对公共关系对象、对他人和其他事物的认知态度，从而实现相互心理关系的调整和改变。通过相互心理关系的调整改变，实现相互社会关系即生存发展关系的调整和改变。

因此，公共关系活动作用的发生机制可以概括为：根据生存发展对处理和调整关系的需要，公共关系主体针对公共关系对象的需求和心理。进行有控制的信息传播，通过相互心理关系的处理和调整，力图实现与公共关系对象行为活动或物质生活关系的处理和调整，乃至实现主体生存发展所处的整个公共关系状态、条件和环境的改善或改变。

需要说明的是，这是对所有公共关系活动正常作用发生机制的一般性概括。而就某些公共关系活动而言，由于对某个环节的控制存在缺陷，或是对某个要素处理不当，造成内在机制存在问题，就会导致公共关系活动的失败或错误，并不能实现其应该实现的作用和价值。

3.1.2 公共关系活动的价值

物质生活是生存发展的基础，也是其最重要的内容。所以，服务于生存发展的公共关系活动，当然不能把物质生活需求的满足排除在自己的价值追求之外。但是，又不能把物质生活需求的满足，作为公共关系活动唯一的价值追求和价值标准。

因为人们的生存发展的内容，绝不仅仅是物质生活；人们相互间公共关系的实质，绝不仅仅是“皆为利来”的“交相利”。另外，从公共关系行为活动的本性看，它并不具有直接的物质性功能作用。公共关系活动只是运用信息传播，直接作用于人们的心理和心理关系，进一步影响人们的行为活动和行为活动关系。尽管公共关系活动也常常传播关于物质生活方面的信息，但对人们物质生活的影响作用毕竟是间接的而且是部分的。虽然这种影响作用有时很大，比如公共关系活动形式之一的广告。

公共关系活动的价值和价值实现，最主要的，还是运用信息传播。有效调整公共关系主体与公共关系对象的相互心理关系、行为活动关系，为生存发展创造适宜的公共关系状态、条件和环境。这是公共关系行为活动最根本的价值，也是其应有的价值标准和价值追求。

正确理解和确立公共关系活动的价值观，有助于公共关系活动树立科学的指导思想和正确方向目标，也有助于在公共关系活动中辩证处理和科学协调物质效果与关系效果、眼前关系与长远关系、局部关系与整体关系之间的矛盾统一问题。

学习单元 3.2

有效公共关系活动的基本原理

我们看到，并不是所有公共关系活动都能对公共关系的处理和调整产生切实有效的、理想的效果。有的公共关系活动，耗费了大量人力、物力、财力，也仅仅不过是一场热闹，对于公共关系的处理和调整并没有取得实际效果，甚至还有可能得到的是负面效果。

为使公共关系行为活动不仅有效，而且有正面效果，策划与实施时应该把握有效公共关系活动的基本原理。

3.2.1 珍视信誉、重视形象

对现代组织来说，公共关系的根本目标都是一致的。即在社会公众中树立起本组织的良好形象，为组织创造一个有利于生存和发展的内外环境，而“信誉”是良好形象的基础，所以珍视信誉、重视形象是公共关系基本思想中重要的内容。

1. 组织形象的定义

所谓“组织形象”，指的是社会公众对该组织以完整的要求和标准衡量所得的总体印象和评价。

首先，组织形象是个整体性概念。它的内容是全面的而不是单一的。组织形象可以分解为许多形象要素。以企业为例，其中最重要的有以下几个方面。

①产品形象。产品的质量、功能、名称、商标和包装等给人的整体印象。

②服务形象。对顾客的服务态度、服务方式、服务内容等在社会公众心目中的印象。

③职工素质形象。职工的文化素养、技术水平、服务水准、职业道德、精神风貌、言谈举止和仪表装束等给外界的整体印象。

④社会成员形象。一个企业作为“法人”是社会的一名成员。它对整个社会负有一定的责任和义务，在履行社会职责的过程中，给公众留下的总印象就是该企业的社会成员形象。

⑤环境形象。这主要是指企业的卫生环境和文化环境在社会上所造成的印象。

其次，组织形象的内容是客观的，而不是纯主观的印象。组织形象不是任人随意打扮的小姑娘，而必须以自身良好的社会行为作基础，有实实在在的内涵作保证。正如有位公共关系专家所说：“公共关系是90%靠自己做得对，10%靠宣传。”

2. 良好的组织形象是组织最重要的无形资产

现代社会经济活动空前复杂，信息传播量急剧膨胀，社会竞争急速加剧。商品经济的高度发展，科学技术的高度发达，政治上的高度民主化是现代社会的总趋势。在这样的开放性环境中，良好的组织形象对组织起着至关重要的作用。就企业而言，如果它在社会公众中建立起了良好的企业形象，那么企业将受益无穷。

良好的企业形象能在消费公众中创造出一种对企业所有产品和服务的消费信心，对该企业的新产品和新的服务项目的认同态度，使该企业在激烈的市场竞争中取得领先地位。

良好的企业形象能增强内部员工的忠诚感和归属感，使全体员工产生同企业荣辱与共的思想，以主人翁的姿态积极工作，保证企业能发挥出最高的工作效率。还能为保留和吸引优秀人才创造优越条件。

良好的企业形象可以增进社区对企业的了解，使企业成为社区的中坚，得到社区居民的信任和支持。

良好的企业形象有助于政府对企业的好感，使企业在处于某种不利境地或遇到某些困难时，能及时得到政府的谅解和帮助。

……

良好的形象不仅对企业有如此重大的作用，对其他组织也同样如此。因此，良好的组织形象是现代组织的无价之宝和取之不尽的资源。

3. 信誉是现代组织的生命，是良好的组织形象的基础

在商品经济高度发展、政治民主日益扩大的社会里，信誉是现代组织生存和发展必不可少的条件。以企业为例，“信誉至上”已成为现代企业经营的第一要则。在资本主义的原始积累时期，资本家的全部目标、企业的全部活动，完全集中在“利润”上。不顾一切地追求利润达到了疯狂的程度，巧取豪夺、投机欺诈是极普遍的现象。但随着商品经济的发展，市场竞争日益激烈，谁能赢得消费者，谁就能占领市场，获得企业生存发展的源泉。而消费者的赢得，不仅要靠产品的品种、价格、质量，更要依靠产品和企业的信誉。当今的市场竞争说到底就是企业信誉的竞争。信誉高的企业在竞争中取得优势，得以生存和发展；丧失信誉的企业则被淘汰。商品经济的客观要求使在现代资本主义社会中，“文明经商”、“信誉至上”成为普遍的现象。

社会主义企业的生产目的是为了更好地满足人民日益增长的物质文化需要。企业与企业之间，企业与消费者之间在根本利益上是一致的，不应该也不允许在经营竞争中采取任何不正当手段。讲求信誉既是社会主义生产目的和企业的社会主义性质的体现，也是企业在竞争中赖以取胜的有效方法。企业的信誉是企业素质的综合反映。在我国经济迅速发展的条件下，企业必须在珍视信誉上下功夫，只有这样才能具有永不减退的竞争能力。

现代组织的信誉和形象是密切相关的。良好的信誉是良好的形象的基础。具有良好信誉的组织才能取信于民，才能使社会公众对组织从了解到理解，从理解到信任，从信任到产生合作的动机和行为，从而有利于组织目标的实现。当然，现代组织要建立并保持良好的信誉和形象，并非是一朝一夕之功，需要日积月累的努力和长期的公共关系工作。

3.2.2 注重双向信息沟通

近几十年来人类知识的迅猛发展出现了前所未有的巨大飞跃，电子计算机等现代传播手段得到了极为广泛的应用，我们的社会正从工业社会步入信息社会。知识和信息成为战略资源，是生产力和竞争力，是经济成就的关键性因素。控制信息就能掌握自己的命运，失去信息就失去了主动权。因而，现代组织的领导者，必须建立和完善自己的信息系统，重视信息的搜集、储存、分析和传递工作，保证组织内外的信息交流。公共关系就是组织信息网路中的一个组成部分，注重信息交流的思想是公共关系基本思想中的又一重要内容。公共关系的本质内涵决定了公共关系信息交流具有如下特点。

1. 公共关系的信息交流是双向的

公共关系的信息交流最基本的特征是组织机构和社会公众之间的双向沟通，即把外部环境和公众的信息向组织内部输入，而把组织内部信息向外输出。

公共关系对外输出的信息应着重于组织的政策、策略、方针和措施；着重于组织的各类活动；着重于宣传组织的整体形象，而决不能局限于一般的广告宣传。这是由公共关系为建立良好形象的目标所决定的。

对外传播信息仅仅是公共关系信息交流的一个方面；另一方面是应用各种手段汲取舆论和民意，了解和掌握公众的心理和需求，以此为设计自身形象的重要依据，还要收集和研究反馈信息，使舆论导向有的放矢，保证组织对外界信息及时作出反应，调节自己的活动。从力求组织和环境平衡的意义上说，信息的搜集、反馈比发布更为重要。

为使公共信息交流能真正达到双方沟通的目的，要讲究科学性、真实性和及时性。在收集信息时要注重运用科学调查方法，做到定性和定量分析相结合；在运用信息时要注意对其可靠性、适用性的论证；在发布信息时要通过科学分析，采用适当的传播工具和传播方式。信息的交流还应坚持真实、全面、客观、公正的原则。对外发布信息时不能弄虚作假或哗众取宠，也不能文过饰非、美化自己，对反馈信息不能根据主观意愿和兴趣爱好任意处理，报喜不报忧的做法有百害而无一利。此外对信息的发布、搜集和处理应及时、迅速，充分利用信息的价值为塑造组织的良好形象服务。

只有这样，公共关系才能有效地监测和适应环境，沟通组织上下和内外的关系，才能发挥公共关系的预警和协调作用。

2. 在信息交流过程中必须强调感情作用

公共关系是为社会组织塑造良好形象的艺术，这就决定了公共关系的信息沟通过程，公共关系要强调成功的人际关系、和谐的人事气氛、最佳的社会舆论，以取得公众的好感、信任和合作，应把“人和”作为家业成功的重要条件。感情交流是公共关系双向交流的重要内容，也是区别于其他信息交流的重要特征。

感情在公共关系的双向交流中起很大作用。首先，在组织与公众交流过程中，感情的真假、浓淡和冷暖就充分体现了组织对公众的态度，对塑造组织形象起着直接的作用。感情真诚可以提高公众对组织的信任感，减少信息的失真程度。其次，感情的不同会使公众对组织采取不同的态度。感情真诚友好、热烈，会使公众感到精神上的安慰和满足，对组织持积极的合作态度；反之，感情虚伪、冷淡，可能导致公众的反感或不满，会给双方信息交流造成障碍。

3.2.3 组织利益与社会整体利益一致

美国一位公共关系专家曾经指出，30 年以前的公共关系大多是围绕推销产品而展开的，因此，公共关系与产品宣传几乎是同义语。那时公共关系的目的无非是赚钱。

此后，情况发生了很大变化，一家公司不再仅仅是经济实体了，同时也是社会实体，它面临着许许多多社会问题。这使公共关系的性质发生了很大的变化，它不仅要为组织的目标服务，同时还要为公众的利益着想。

公共关系关于组织效益与社会整体利益一致的思想，就是要求组织的行为既要给自身带来效益，同时又要给整个社会带来积极的影响。

1. 组织效益与社会整体利益

（1）组织的经济效益与社会经济效益一致

从质的角度说，组织要为国家、为社会提供更多的优质产品和服务，满足人民日益增长的物质和文化生活的需要；从量的角度说，组织不仅要为自身创造良好的经济效益，而且要给国家上缴更多的利税。

如果一个企业大量销售质劣价高的产品，它的经济利益也许一时会很高，但从整体观察，公众利益受到损害，国家利益蒙受损失，那么这个企业的社会经济效益就是差的，甚至可以说是负效益。可以断言，这个企业的经济效益只是一时的，决不会维持很久，迟早会有一天要一落千丈。

（2）组织效益与社会生态效益一致

组织的经营活动必然对社会环境、生态环境产生影响。组织的行为在获得自身经济效益的同时，要注意改善环境卫生，保护周围生态平衡。

如果一个组织的经营活动，长期加剧环境污染，严重破坏生态平衡，那么即使这一组织提供的产品或服务再优良，它的社会效益也只能是很差的。

随着我国工业化程度的提高，企业造成的社会公害出现了令人担忧的情况。据测定，我国北方的城市大气中颗粒物含量超过国家二级标准。在个别乡镇企业发达的地方，水源严重污染，无法饮用。这些企业虽暂时取得了较好的经济效益，但却损害了自身的形象，危害了社会环境，最终将会失去自身存在的理由与条件。

一个社会组织只有同周围的生态环境构成一个良性循环系统，才能获得自身长期存在和发展的好环境。

（3）组织效益与社会精神文明建设的一致性

组织的经营活动在带来自身经济效益的同时，要对社会精神文明建设起到积极的推动作用，而决不能削弱甚至破坏精神文明建设，这是有中国特色的公共关系的要求。

在我国，企业职工的精神面貌、产品设计、装潢、广告宣传、经营作风无一例外，必须对社会精神文明建设有良好的影响，对社会风气有良好的引导作用，对人民的身心健康有益。违背了这个原则，就会污染社会精神文明建设，毁坏企业自身形象，最后将彻底失去自身的经济效益，失去企业存在的理由。

如有的产品包装、电视广告、录相带出现黄色淫秽画面，不但会受到社会舆论的谴责，还会被有关部门追究责任，作出处理。又如有的旅店、浴室，为吸引顾客，追求非法利润，纵容嫖赌，最后必遭取缔查封。

以上事例说明损害社会精神文明建设者，必将损毁自己。

在公共关系中，赞助文化、体育、教育、社会福利事业，能很好地体现组织效益与社会精神文明建设的一致性，值得我们大力倡导、推广。

一个组织机构是否从公众利益出发办事，公众是最好的监督者与裁判员。

美国联合碳化物公司设在印度博帕尔市的杀虫剂厂，忽视社会整体利益，不注重安全生产，酿成毒气泄漏的事故，致使当地居民 2 500 人中毒丧生，3 000 人生命垂危，10 万人终生残废，引起了世界舆论的谴责。印度政府出面干预交涉，要求赔偿 15 亿美元的损失。联合碳化物公司严重损害社会公众利益，最终落得害人害己、名声扫地的不光彩下场。

成功的事例也有不少，例如天津无线电厂发现进口滤波电容器在质量上有问题，毅然作出决定，主动找用户换回已售出的 8 万台电视机中的这种零件。该厂为此虽损失了 100 万元，但保护了组织形象与信誉，这是不能用金钱来衡量的效益。

又如广州白云山制药厂发现部分产品质量不过关，便主动出面收回并销毁了这批劣质药品。这样做虽然使组织自身经济效益在短期内有所下降，但维护了公众及社会整体利益，建立了信誉，树立了良好的组织形象。从长远来看，这是一笔无形的巨大财富。

又如日本东芝电器公司急公众之所急，为公众排忧解难，提供新产品以树立公司形象。日本每天乘坐地铁的人数有近千万，在上下班高峰时刻，乘客拥挤不堪。冬天还好，夏季闷热难受，车厢温度经常在 38 ℃以上，空气污浊，令人不适。为此，东芝公司组织力量，研制出“地铁之友”微型电扇，重 93 克，采用电池供电，转速为 4 600 转/分钟。这种产品为广大乘客解除了乘车之苦。不到 3 个月，售出 20 万台。这一行为影响很大，东芝公司为社会公众造福的形象，随之树立了起来。

2. 组织的公共关系部门与公共关系人员应注重社会效益

(1) 明确社会使命

社会主义企业是为最大限度地满足人民日益增长的物质和文化生活需要而服务的。提供合格产品和优质服务是组织应尽的社会责任和义务。组织的一切活动都应遵守国家的政策法令，杜绝违法的现象，不允许任何损害公众利益的现象发生。

(2) 防止环境污染

这是企业一项重要的社会责任。企业在这方面注意不够，就会带来社会公害，损害公众利益。

(3) 积极热情地参与社会服务

组织应在力所能及的范围内热心参与社会公益活动，关心城市建设，支持社区公共事务及地方公用事业，积极为社会提供就业的机会。

(4) 赞助社会公益事业

赞助活动的形式很多，如赞助文艺活动和体育竞赛。NEC 公司赞助中央电视台的“世界体育”；柯达公司赞助“柯达杯”足球赛，可口可乐公司赞助我国全运会，在我国广大公众中都有很大的影响。这些外国企业由于赞助社会公益事业，扩大了影响，树立了良好的形象与信誉。

近几年来，由于公共关系意识的强化，国内许多企业都开展了赞助活动。如赞助电视台的《春节联欢晚会》，赞助拍摄电影与电视剧，赞助体育运动的开展等。由于我国企业界目前还缺乏专门的公共关系人才，在计划与组织这类活动中，还有许多需要改进的地方。

(5) 主动接受社会监督

组织应该加强透明度，应当把自己的方针、政策、经营管理活动向社会公开，使公众了解自己，自觉地置身于社会监督之下。国外有许多企业实行门户开放政策，不仅通过传播媒介向公众作信息传播沟通，而且还开放公司、工厂，欢迎公众参观监督。国内许多企业主动搜集社会对本企业的意见与评价，用来修正自己的政策、行为。有的还设立监督电话、意见箱、群众来访接待处、定期座谈会，并邀请公众代表参与组织的咨询决策工作等，使组织的行为更加符合公众利益和社会整体利益。

美国王安电脑公司创始人王安认为“和顾客一起工作，可以了解顾客的需求，提供更为完善的服务”，这是十分有见地的。

3.2.4 尊重公众利益和要求

公共关系是一种公众关系，它不是以血缘、地域为基础，而是以商品经济条件下社会组织和公众双方的共同利益为基础的。公共关系的实质就是一种互利关系。公共关系处理公众关系的核心就是平衡组织与公众的利益，注意两者的互惠互利，达到利他和利己的统一。而在追求组织与公众利益的统一中，首先要尊重公众的利益和要求。

1. 公共关系追求的是组织利益和公众利益的统一

任何组织都有自己的利益目标，社会组织的一切活动归根到底都是为了能更好地实现自己的利益目标。公共关系作为组织的一项重要管理职能，必然也要以有利于组织利益目标的实现作为自己的根本任务，因此，公共关系活动必须“利己”。然而，公共关系的“利己”并非“急功近利”，不能从某一件事、某一项活动或某一段时间来定论，而要从最终目标设置中体现出来，即为了有利于自身的生存和发展。离开了这一点，公共关系就毫无存在的意义。

公共关系是一种公众关系，是以双方的利益为纽带，特别强调平等相待、互惠互利。公共关系不仅要“利己”，而且要“利他”，要注意公众利益的满足。“和自己的公众对象一同发展”，这是公共关系中利益关系的重要原则。如果不顾公众利益，为本组织利益不择手段，不顾后果，不尊重，甚至损害他人的利益，就毫无公共关系可言。

公共关系强调组织利益和公众利益的平衡协调，根据双方利益的共同点来建立平等互利的真诚合作关系，这是现代公共关系的基本特征。公共关系追求的利益目标是“利他”和“利己”的统一，是组织利益和公众利益的统一。

2. 公共关系应考虑公众的要求，尊重公众的利益

公共关系在实现组织利益和公众利益统一的过程中，必须首先考虑公众的要求，尊重公众的利益。现代公共关系明确要求在实现组织与公众的互惠互利时，必须首先尊重公众利益的满足。为此，社会组织要了解公众的心理和需求，把着重点放在满足公众要求的基础上。

公共关系工作不能仅仅以“不损人的利己”为满足，任何公共关系活动都必须对公众的利益有所贡献。

公共关系要求社会组织的一切决策和行为，在为自身争取利益的同时，必须首先“利他”，而“利己”应是组织“利他”行为的自然结果。公共关系是在不违反道德原则和法律的前提下，以“利他”的方式来实现“利己”，达到“利他”和“利己”的协调统一。“让他人先得益，最后对自己也有利”是公共关系的重要原则。

在某些情况下，组织利益和公众利益也会出现不能两全，或出现矛盾甚至产生对立，这时社会组织就必须“先人后己”，作出“自我”让步。因从一事一时看，组织的利益是受到了一定损失，但从长远观点看，这是组织的一种效益投资，可以赢得公众的信任和赞誉、支持和合作，使组织获得更多的、更长远的利益。

在许多情况下，组织还应主动地“让利”，以满足公众的利益来博取公众的好感。从“争名”和“争利”角度看，公共关系更侧重于“争名”。这正是为了使组织能有一个有利于生存和发展的环境，能在未来的竞争中“争利”时有潜在的稳固基础，保证有一定的后劲和耐力。在社会主义制度下，任何组织都必须把“为人民服务”作为自己的宗旨，组织的公共关系更加需要把尊重公众利益放在首要的地位上加以考虑，切实做到“我为人人，人人为我”。

3.2.5 持续性和连贯性

公共关系的目标是树立良好的组织形象和信誉，创造最佳的社会环境。实现这个目标非一朝一夕之功，要靠持续和连贯的工作，具有战略的持久性。

只要组织存在一天，树立形象，建立信誉，双方传播沟通等工作就一天也不能停止。这一问题可以从下面几个方面来理解。

1. 树立形象和信誉要靠长期努力

一个组织机构对自身形象的期望以及社会公众对组织形象的认知、评价是不断变化的。组织对自身形象的要求随着时间的推移逐步升高。公众对组织的评价也不能保证一成不变。因此，组织的公共关系工作必须始终伴随着组织，为它的发展创造良好的社会环境。树立形象和信誉要靠长期的努力，这是不言而喻的。

2. 公共关系成果要不断积累

公共关系工作应该有长远的计划与短期的安排。每一项公共关系计划的实施，必须是以往计划的延续，还要考虑与以后数个计划的衔接，为以后的公共关系活动创造有利条件。

公共关系工作不能散散漫漫，零敲碎打，否则就不能在公众心中留下深刻的印象。

每一项工作与活动，不可能立竿见影地看到明显效果，要等待一个时期；加之已经取得的效果如果不去维护与巩固，也会得而复失。

这说明公共关系成果要靠不断地积累，这就决定了公共关系工作的持续性和连贯性。

3. 公众意见要随时了解

改变公众对组织的看法与态度，不是一件轻而易举的事，也不是短时间内能做到的。因此，随时了解公众意见，掌握公众的态度，就成了公共关系工作的一项基本任务。这项任务不能是临时性的、权宜性的，不能凭兴趣出发，随心所欲，而应使之经常化、制度化、专门化。

4. 保持与公众的良好关系靠坚持不懈的工作

公共关系的公众涉及各个领域。公众的范围、组成，公众对组织的态度都是经常变动的。要保持与公众的良好关系必须做大量的工作，时时加以维护、调整与发展。如果产生间断脱节，关系就会日益疏远。因此，持续性与连贯性是开展公共关系工作，保持与公众之间的良好关系所必须遵循的原则之一。

学习单元 3.3

公共关系活动的正确原则

并不是所有的有效公共关系都是科学、高效的，并不是所有的有效公共关系都能使我们与社会和谐相融，并不是所有的有效公共关系都真正有益于我们更好地生存、更长远地发展，也并不是所有的有效公共关系都是健康文明的、符合我们的良知和社会责任感的。一些污浊、腐败、畸形的社会现象中，或许都存在有效公共关系；有效公共关系中也有腐败公共关系。

所以，不能仅仅以“有效”为尺度，还必须与“正确”一起，共同组成坐标系，对公共关系活动予以规范和限制。

3.3.1 公共关系必须以事实为基础

美国公共关系协会制定的公共关系职业标准中提到："我们保证以真实、正确、公平，以及负责的态度服务群众。"

1. 坚持真实性原则的意义

真实性原则，是指组织在开展公共关系活动时，必须建立在组织良好行为和掌握事实的基础之上，向公众如实传递有关组织的信息，同时向组织决策者如实传递有关公众的信息。

公共关系是建立信誉、塑造形象的艺术，但它又不是一种纯粹的艺术或宣传的技术，而是以事实为依据的科学。公共关系不能"制造"，只能"塑造"良好的形象，这种塑造所用的材料就是事实。所以说，真实是公共关系的基本原则，也是对公共关系人员的根本的道德要求，是公共关系的生命。隐瞒、歪曲、推诿是公共关系的大敌，坦诚、亲切、负责的态度是公共关系成功的要诀。

组织如实传播有利于组织本身或社会大众的讯息，大概没有什么问题，因为利人或利己。比较有争议的问题是：如果讯息本身不利于组织，组织是否也应该实事求是地传播此讯息呢？如在产品推介活动中，既向顾客报告该产品的功能、优点和对顾客带来的好处，是否也要提醒顾客留意该产品的某些缺陷，为顾客提供防止该缺陷影响消费的建议？其实这样，就比较容易赢得顾客的信任和认同而树立起良好的形象。如果只报"喜"不报"忧"，反而可能导致更大的问题。

以大陆非典型肺炎 SARS 病毒的传染为例。卫生单位如果一开始不隐匿疫情，如实公布病例数字，并提醒民众注意个人卫生习惯，这样的做法，虽然有损颜面，但因为讯息公开反而会让民众有所警惕，民众知道如何防范病毒、如何保护自己的情况下，疫情应该不至于蔓延扩大。所幸有关单位后来采取实事求是的做法，让病例数字透明化，并采取一连串积极有效的防制措施，终于控制住疫情，并取得了不错的"抗击非典"成绩。

公共关系更忌讳的是，组织为了争取公众的好感或产品的销路，竟不惜以虚假伪造的讯息欺瞒公众（例如许多保健品厂家为了提高销售量，产品标识不实的成分或夸大治疗的效果），甚至制造假事件来吸引公众的注意或同情（例如某商家为了吸引人潮，对外宣传举办特价优惠或超值赠品的促销活动，可是当消费者满怀希望前来"享受优惠"时，却发现优惠或赠品是限量发行的，而且早已经被抢购一空）。这样的做法或许能够得逞于一时，但终究有水落石出的时候。当公众察觉出组织的欺骗行为时，不仅组织的形象将毁于一旦，再也无法取信于公众，更可能因为诈欺行为而吃上官司。这如同是搬石头砸自己脚的行径，公共关系人员千万不可以身试法，或昧于客户的要求，而做出这种损人损己的愚昧行为。

公众有"知"的权利和欲望。公共关系人员应充分掌握受众这种知晓心理需求，供给受众想要知道的讯息。问题是，什么样的讯息是受众想要知晓的？以空难事件为例，出事原因、伤亡数字、伤亡名单、航班机型、航空公司过去的飞航纪录等，可能都是媒体和公众想要了解的讯息，航空公司应尽快掌握这些讯息，并提供给社会大众。如果航空公司无法迅速提供这些讯息，很可能会让公众产生“组织好像无法掌握情况、组织似乎没有能力处理危机”的印象和认知，从而使组织的形象受损，并由于公众对组织产生信任危机，导致组织在后续的沟通中，陷于不利的位置。更值得注意的是，灾难及意外事故发生时，组织除了应该迅速、如实提供相关讯息外，更应该告知公众一些避难或防护自身安全的行动准则或须知。这样的讯息提供，可以充分展现组织关心受众、站在受众立场设想的诚意，将有助于公众对组织产生认同和信任。

总之，“诚实”原则强调组织不应该说谎、不应该欺瞒或者不揭露公众想要知道的讯息。但是诚实并不意味“知无不言或言无不尽”，当真有难言之隐或基于某些原因无法说明情况时，组织应该说明理由，并承诺一经证实或得知进一步讯息之时，立即对外交代或说明。相对的，组织也不应该一味地以业务机密为由，不愿对外透露任何有关讯息。组织应以开放、诚实的作风赢得公众的信任和谅解，从而建立组织可信赖、易接近、好交往的形象。

2. 如何坚持真实性原则

坚持对外宣传的真实性原则，要求在宣传中既做到真实、客观，又要全面、公正。不全面的宣传，也是一种不真实，全面就是既报喜也报忧。那么如何坚持真实性原则呢？主要体现在以下两个方面。

(1) 尽可能全面客观地掌握事实

由于事实（这里所说事实应看做与信息同一个概念）在公共关系活动中具有极重要的意义，所以，全面、客观地掌握有关事实就对公共关系活动开展具有决定性的作用。在这里，全面掌握事实含有两层意思。

一是对各种有关事实掌握的宽广度。比如说，某单位不久前向市场上推出了一种家电新产品——微波炉，但一段时间过去后，此产品销路却不怎么好，完全出乎该厂对市场预测之外。原因究竟在哪儿呢？为了扭转这种不景气的销售形势，厂方将这一探寻任务交给了公共关系工作人员。为找出这一原因，他们不得不进行调查，但这种调查绝不能在小范围内进行，也不能只限于单方面的调查。具体地说，他们的调查不仅要在本地进行，也应在该厂产品已打入的外地进行；不但要调查有关商店的反映，也应重视对消费者的调查。而且对消费者应作多层面的了解（比如工人、农民、知识分子、机关干部等）。另外，他们的调查问题的覆盖面也应广泛、全面。具体可包括调查市场与消费者对其产品性能、使用方法、价格、造型、色彩等多方面的看法。不难想象，如果该厂公共关系部门能如此全面、广泛地进行调查，那他们应该能找得到产品滞销的原因。

二是对某个特定事实所了解的充分度。所谓充分度，就是指深入程度，实际上也就是指对某件事本身各阶段、各层面的情况有全面的认识。例如，某地区商业部门多年来一直是某酒厂的订货大户，但近几年来订货量连续下降，且下降幅度一年比一年大。这一情况当然引起了某酒厂的重视，他们理所当然地委派厂公共关系部门去了解情况，以求双方搞好关系，更好地合作，然而要真正了解到这一情况背后的真相，就不是走马观花、蜻蜓点水式的调查能办到的。因为随着对内搞活、对外开放的改革深入，各地对某一商品的需求标准已有了新的看法，而且由于本地的经济发展，本地酒厂所产酒类的品种、质量也提高了，加上各同行酒厂对某地商业部门在接待礼仪上的不同，以上各方面因素集中在一起，就导致了某地区商业部门对某酒厂订货量的连年滑坡。毫无疑问，某酒厂公共关系部门如不能深入、充分地调查到上述一系列情况，并有针对性地在今后工作中进行调整，要扭转形象、改变局面就不可能了。

所谓客观地掌握事实，那就是指公共关系工作人员在调查、了解有关事实时，应不带偏见，而且必须杜绝主观随意性。

(2) 实事求是地传播信息

公共关系活动的一项主要工作就是传播信息，一方面将组织的信息向其公众传播，另一方面将公众的信息向组织传播，目的自然是使双方相互了解、相互适应。一般说来，传播信息这一工作本身并不难，难的是如何实事求是地传播信息。为何这样讲呢？因为信息传播是否实事求是与组织及公众皆有利益关系。具体地说，每一个信息的功用都不外乎三种情况：一是对双方都有利；二是对双方都无利；三是对一方有利而对另一方无利。这样，在具体传播信息时，如果是第一种情况，那问题很好办，比如某市一百年老饭店在获知上级主管部门同意该店恢复老招牌及传统拿手菜肴、糕点的信息后，当然会如实而又及时地将此信息传播出去。但如碰到第二、三种情况，问题就较麻烦，传播时势必权衡利弊、考虑取舍，从而影响到信息传播的实事求是。然而，从职业道德着想，为了对社会、公众以及本身负责，又应该而且必须实事求是地传播信息。因为信息传播的主要前提不是看其是否符合人们的利益，而是看其是否有助于人们真正了解事实真相。基于此观点，人们也就能理解，即使某一信息的传播会对有关方面利益有所损害，那也必须实事求是地予以传播。

需要指出的是，我们强调在信息传播应遵循实事求是的原则，并不是要人们机械、呆板地执行，而是应该灵活、辩证地去掌握它、贯彻它。换句话说，实事求是地传播信息中有技巧可言，在不违反实事求是这一原则前提下，传播时可以采取不同的方式、方法。若运用得法，其传播效果亦可能有利于传播者，尽管这一信息本身是不利于传播者的。

先就第二种情况来说，某一信息的如实传播对双方利益皆有损害，那应怎样遵循实事求是原则呢？这里以北京某刊物为例，鉴于市场纸价与印刷厂工价皆大幅度提高的事实，其刊物从 2009 年起亦需提价。这一信息的传播对双方皆不利，刊物提价一方面势必导致其发行量下降，对经济效益产生影响；另一方面刊物提价增加了读者的经济负担，对其生活有一定影响。毫无疑问，如只是简单地宣称何时提价、价格多少，其结果必然会令双方沮丧。但此刊物在不违背实事求是原则的前提下，历数其为何提价的客观原因，并诉说其刊物在前一段时期为争取不提价所尽的努力及为此而造成的经济损失，最后道出其提价是出于不得已外，还谈到他们在提价后如何在保证原有质量的基础上，再加以提高的种种设想与措施。应该承认，该刊物确实较好地按实事求是原则传播了有关信息。因而，他们的提价之举获得了广大读者的理解，尽管事后统计，订量较以前还是有所下降，但仍超过了预先估计，而且，该刊物的形象在读者中更加完美了。

再就第三种情况来说，信息传播者应如何实事求是地处理对一方有利而对另一方无利的信息。这里我们仍以商品提价为例。2010 年，某食品厂得到上级通知，自 2 月 1 日起，凡使用糖、蛋为原料的食品皆提价若干。当时该厂仓库还储存不少原价购进的糖、蛋，另外还有不少待运出厂的这类食品，如到时按新价销售，该厂无疑可增加较大的意外收入。但该厂很好地向公众传播了这一不利于公众利益的信息。该厂在市报、省报上登了一则启事，文中明确告诉人们该厂将奉上级通知自2月1日起提高某几种食品价格，同时该厂又向大家表示：已生产好的若干食品维持原价，售完为止；用原价购进的糖、蛋为原料加工的食品，其价格不提或少提。该厂在传播不利于公众一方的信息时，不但没有违背实事求是的原则，而且借传播这一信息的机会成功地塑造了自己在公众中的形象，获得了公众的信赖，提高了自身的经济效益。

3.3.2 公共关系必须以公众研究为依据

公共关系从业人员在缺乏时间和资源的情况下，经常会以不完整、不深入或不正确的讯息作为拟定公共关系计划的基础或来源。这样的情况无异于“瞎子摸象”，就算公共关系计划做的再完美、再有创意，对于沟通工作也可能无济于事！因为我们没有“对症下药”，就算有再好的药，也无法治愈病症。更不可思议的是，有些公共关系策划人员竟然不做任何讯息的收集或调查，完全以个人的主观好恶，来推断受众的想法或感受，而据以作为公共关系策划的依据。这种“想当然、差不多、好像就是这样”的心理，是导致公共关系失败的最主要因素。公众是公共关系的客体，公共关系就是公众关系，因此，全面、客观地收集正确的公众讯息、分析公众讯息，进而找出真正的问题或需求，然后才能够“对症下药”，才能成功地完成公共关系的任务或目标。公众研究通常要注意以下几点。

1. 研究公众的构成

社会组织必须对本组织的公众作横向方面的研究，即对社会公众的构成做到心中有数，研究公众的范围、类型、数量、活跃程度等。

在组织与环境的交往过程中，各类公众对组织所起的作用是不尽相同的。有的公众对组织的合法生存起着支撑性的作用，如国家各级各类的权力机构，企业的董事会及股东等。如果组织与这类公众产生不平衡、不协调，就有可能使组织的生存受到威胁。对这些公众的研究，于组织的生存、发展都有根本性的意义。有的公众对组织正常的投入产出的功能运转起着作用。如内部员工，能源、材料供应单位，各类协作单位，消费者和用户等，尤其是内部员工和消费者更对组织的生存、发展起决定性的作用。一旦与他们发生冲突，得不到他们的理解、支持与合作的话，组织的功能就不能得到正常、有效的发挥，组织就没有生命力。有的公众是组织的竞争对手，但在某些方面又与组织有着共同的利益点。这类公众最常见的是行业协会或联合会等，与他们的关系更多地涉及到组织的直接利益。有的公众对组织形象的树立和保持起着极大的舆论作用，如社区居民、新闻媒介等；新闻媒介还是组织与各类公众联系的中介，对社会舆论起着一定的控制作用，更应引起组织的重视。

只有了解公众的构成以及各类公众的特点相对组织所起的作用，组织才能制定有针对性的公共关系工作计划。

2. 研究公众的变化

公众具有可变性的特点，不仅公众的数量在发生着变化，而且对组织所持的态度、所采取的行为及所起的作用也一直在变化之中。要研究公众的变化就必须从公众的变化过程入手，采取动态的纵向研究方法来进行。

从动态的变化过程来看，公众可分为四类：非公众、潜在公众、知晓公众和行动公众。这四类公众从“非公众”到“行动公众”是一个不间断的变化过程。公共关系人员通过公众调查掌握了变化的公众的有关资料和确切数据以后，才能把他们归入某个公众类型，从而制定出切合实际的公共关系计划来。

掌握了非公众可帮助公共关系人员减少工作的盲目性，避免在人、财、物和时间上的浪费。正确了解和分析另外三类公众，对我们策划公共关系活动更具有直接的意义。任何社会组织都应采用各种公共关系方法、手段和技巧争取更多的对组织有益的公众，尽量减少对组织不利的公众。在对组织有益的公众中，行动公众越多则对组织越有利，所以制订公共关系计划应努力促使潜在公众向知晓公众、行动公众转化；反之，在不利于组织生存发展、不利于组织良好形象的树立、保持的公众中，行动公众越多，给组织带来的损失和危害就越大，公共关系从业人员应竭尽全力阻止知晓公众向行动公众的发展，也应采取各种有效手段防止潜在公众向知晓公众转化。只有这样，才能维持组织所处的公共关系状态，使其不受损害。

3. 把对公众的研究与对问题的研究相结合

公众是与组织发生相互作用并面临共同问题和共同利益的社会群体。研究公众就应与研究公众所面临的问题相结合，从研究组织行为可能引起的问题入手，具体探讨因问题而产生的特殊公众。这对我们制订公共关系计划更具有实用意义，尤其在制订关于某个问题的公共关系计划时，更应由问题的研究来确定公众的研究。

任何时候组织所面临的问题都是繁多的，从研究每个问题入手来研究与该问题相关的公众，再结合问题的轻重缓急，我们就能有效地了解各类公众在该时间段对组织的重要程度，从而制订出相应的对策。一旦原有的问题得到解决，那么与该问题有关的公众就不再存在。然后新问题的产生又将带来新的公众，则组织又必须对其面对的新公众的结构情况，制订新的公共关系计划，策划新的公共关系活动。

总之，组织存在一天，就有研究公众的需要，它是组织开展公共关系的依据。

3.3.3 公共关系必须以公众利益优先，互惠互利为目标

公共关系活动以传播信息来展开，其目的是使组织与其公众相互了解与适应。这是不错的，但这种“了解与适应”的最佳共同基础是什么呢？是以公众利益优先，互惠互利。公共关系只有以此为目标，方能开展得圆满、得法，组织因而也就能获得社会的认可、赞赏，在公众心目中树立良好的公共形象。

在公共关系中，要贯彻公众利益优先的原则必须做到：

①以满足公众的需求为出发点，既要满足公众物质方面的利益需求，也要满足人们知

晓心理和自主人格的需求，以满足人们不断升华的精神需求。

②真诚地、全心全意地对待公众，对公众负责。这就要求组织开诚布公地向公众说明实际情况；真心听取公众的意见和建议，主动改变组织的行为；全心全意为公众服务。

③站在公正的立场上考虑问题，多为公众着想。要想公众所想，急公众所急，考虑每一次活动能否得到公众的认可，站在公众的立场上有计划地开展公共关系实务。

④关心由组织行为所引起的问题，帮助公众解决困难，不让公众蒙受损失。

互惠互利原则，亦即以公众利益为基础的互惠互利原则，是指在公共关系中，充分满足和保障公众利益，不要求组织利益和公众利益在短时间内或同一内容上的均衡，多寻求两者的共同点、一致性，最终达到组织和公众的共同发展。

具体地说，首先，在时序上，公众利益为先，组织利益为后；其次，在重要性上，公众利益为重，组织利益为轻。

从博弈论的角度来说，互惠互利的原则是一种“正和博弈”，也就是希望组织与公众的利益达到“双赢”，这种双赢是物质和精神两个层面的。

物质层面的互惠互利，一方面要求企业、政府部门等社会组织要不断地为公众提供优质的产品和周到的服务，多关心社会问题，参与福利事业，增加社会福祉。另一方面，要求组织在处理危机的时候，以公众利益为先，努力使公众的损失减少到最低限度。

精神层面的互惠互利，一方面要求组织在日常的公共关系活动中，能与公众进行融洽的情感沟通，以此得到公众的认同感和归属感等精神上的回报。另一方面，还要求组织在面对一切突发事件时，以诚恳、认真、善意的态度来对待公众并立即进行处理和善后，这样才能争取到公众的谅解和社会各方面的支持。

3. 3. 4 公共关系必须以科学理论为指导

“公共关系”是一项专业化程度很高的技术工作，它拥有丰富的专业技能和手段，所以在工作中必须以科学的理论为指导原则。

1. 公共关系学为公共关系提供理论指导

我们知道公共关系学是一门综合性的边缘应用学科，它涉及的学科十分广泛，社会学、社会心理学、经济学、新闻学、传播学、管理学、广告学等应用性学科都与公共关系学密切相关。可以说，公共关系学的形成和发展就是汲取、融合了这些学科的相关内容。但这并不是说公共关系学是这些学科的杂糅，没有自己专门的理论和研究方法。事实上，它是在这些学科的基础上建立了自己的学科体系，所以公共关系学应该而且能够给予公共关系工作以本学科出发的理论指导。除此之外，还需要对公共关系学的各个领域进行更为纵深的研究，才能使公共关系学为公共关系提供更好的理论支持。

2. 公共关系活动必须在与公共关系学相关的多种社会科学的指导下进行

公共关系活动的开展需要涉及相当广泛的学科知识，需要接受这些学科的科学指导。比如公共关系活动要达到使一个组织与其公众相互了解、相互协调的目的，就必须了解和研究社会的组织和各类的群体，就必须了解、研究社会学中的关于社会组织、社会群体的理论。公众的态度、行为是由每一个人的态度所组成的。组织要有效地影响公众的态度和行为，就不得不深入了解处于这一社会环境中人的需求、动机等心理活动规律，这就涉及到社会心理学。公共关系活动本质上是一种信息传播活动，新闻学和传播学对于公共关系活动有直接的指导意义，它们为公共关系工作提供了优化信息交流和沟通的方式。广告学则同样提供了进行公共关系宣传所必需的知识和技能。只有充分运用好这些学科的理论知识和方法，才能更好地开展公共关系活动，才能保证公共关系工作更具有科学性。

3.3.5 公共关系必须以满足公众需求为出发点

按照现代行为科学的观点，人的任何行为的产生皆出于他的个体需要。人的需要可以划分成不同层次，由低层次向高层次递进，但高层次的需求以低层次的满足为前提。人是公共关系的工作对象，故人的需求以及与此相关的人的态度、情感、认识等因素当然也应纳入公共关系的研究范围。换言之，公共关系要使对象——人在信息传播中产生合作行为，那就必须把满足人的需求作为一个基本准则。

人的需求是无限的、多样的，既有物质需求，又有精神需求；既有一般需求，又有特殊需求，而且，随着环境及自身情况的改变，人的需求同样也会随之不断变化。公共关系活动的开展当然应以满足公众需求为出发点，但由于这一工作本身的性质与特点，它不可能面面俱到地满足人的各种需求，它主要立足于满足公众的各种心理需求。

1. 满足人们的知晓心理需求

衣、食、住、行四项人们的基本物质生活需求以外，就是人们的心理或精神需求，而知晓需求又是其中的首要表现。所谓知晓需求，也就是人们了解周围事物真相的要求。从古到今，无论什么人，只要他心理健康正常，无不有探求其周围事物真相的愿望，可以说这是一种本能。

一般地说，人们的知晓需求皆表现为欲了解真实、客观、公正的事物真相。这一点正好与公共关系所主张的“运用传播行动使公众与有关组织间相互了解、相互适应”基本一致，照道理说满足公众的知晓需求没什么问题，但实际执行中还不是尽如人意，与理论上的要求还有一段距离。其实，从科学的经营角度来看，尽可能满足公众的知晓心理需求是十分有益于组织的。因为组织将有关事物的真相传播给公众，这不但可以满足他们的知晓心理需求，而且能够增加他们对组织的信赖感，从而促使他们有可能成为组织的长期、稳定的公众（具体为顾客、旅客、乘客、观众等）。有的人也许认为，如将不利于组织的有关事件真相披露出去，以迎合公众的知晓心理需求，那不是家丑外扬、拆自己的台吗？甚至有少数人还认为，如将低劣商品当正品推销出去，不是可增加本组织经济效益吗？其实，他们的看法是完全错误的，如从长远的观点看问题，将不利于自己的事物真相公之于欲了解它的公众，不但不会影响自身经济效益，反而会增进自身经济效益。而靠欺骗、蒙混公众手段推销商品的组织，即使一时得逞，长此以往却会搬起石头砸自己的脚，最终会受到公众舆论的抛弃。

组织公共关系在开展活动时，应充分考虑如何切实地满足公众的知晓心理需求，力争做到“百问不厌，有问必答”，而且是如实传播，不弄虚作假。如能做到这点，其效果将是很可观的。例如，某服装厂将一批积压已一年多的服装上市销售，价格仅为原价一半，众顾客不知内情，看见价格低便怀疑其质地是否有问题，接待人员详细地解答了他们的疑问，指出质地是不错的，之所以降价是因为样式陈旧，另一方面是为了筹集一笔资金进口设备。经过如此一番推心置腹的解释，消除了顾客的心中疑团，获得了顾客信赖，于是许多不很赶时髦的顾客纷纷购买，结果比预定日期提前销完。假如接待人员面对众顾客询问，不愿吐露事情真相，支支吾吾，含糊其辞，那结果也就可想而知了。

2. 满足人们的独立自主的人格需求

一般说来，任何一个正常人都有独立自主的意识与需求，随着社会的日益进步，人们在社会交往中则更普遍地希望受到他人的尊重，他们在待人处世时也往往会表现出明显的独立性、自主性、主动性。人们的这种人格需求，不但在较重大、正式的场合中会表现出来，而且还会表现在社会交往的一些具体入微的细节中，只不过是其表现有程度强弱之分罢了。

公共关系是专门代表组织与其公众打交道的一项工作，说到底就是与各种各样的具体人打交道。因此，从本组织的形象与效益出发，也出于职业道德和对公众负责的考虑，公共关系从业人员在工作中理应满足人们的独立自主的人格需求。从总体上讲尊重公众的人格要求较容易，比如提出“顾客是上帝”、“顾客至上”之类的广告口号就是一种方式，但难的是如何在具体的接待交往中满足公众的独立自主的人格需求。此事对于组织的公共关系部门及人员来说就不同了，因为他们的工作就应该是以满足公众需求为出发点，并贯彻到组织与公众发生交往的每一个细小环节中。只有如此，他们的工作才可以说基本上体现了这条准则。

在代表组织与公众打交道的过程中，对公众的独立自主的人格需求满足与否，其效果是大不相同的。如果能设身处地为公众着想，接待中注意礼节，对公众一视同仁，不以衣帽取人，而且又能虚心征求与听取公众意见，尊重公众自己的选择及风俗习惯，不强人所难，不夺人所好，那么，完全可以肯定，他们必将获得公众的赞赏，双方真正能相互了解、相互适应，组织的基本任务定会完成得很好，组织形象也会在公众中树立。反之，与公众打交道时，盛气凌人，呼三喝四，甚至挖苦、奚落公众的方言、习俗、职业，那结果当然是一团糟，组织形象不但受损，其经济效益也肯定不会好。因为，对公众来说，他们的独立自主的人格需求不但未受到尊重，反而受辱、受气，那他们要么与该组织争吵一番、论说长短，要么采取“此处不留我、自有留我处”的策略，“惹不起，总躲得起”吧！这方面的典型事例很多，如美籍华人、美国少数民族事务委员会主席陈香梅就因为在北京友谊商店购物受到售货员的不礼貌对待，而感到人格受辱，一气之下，直接上书我国最高领导机关。又如在上海某名牌大学留学的某美籍华人，也因在上海某些涉外宾馆、机构常被人误认为是国内人而受不公正对待，因而提前肄业，愤愤回国。这一事例是很可以给公共关系人员以启发的。

3. 满足人们不断转移、升华的精神需求

与人们对物质产品有不断提高的需求一样，随着社会文明的不断进步，人们在物质层次上的需求得到满足后，还会不断在心理上向更高层次转移或者升华。既然人们或社会在客观上有这种不断增长的精神需求，那么，以对社会负责和对公众负责为工作依据的公共关系当然应该跟上其节拍，设法予以满足，从而使本身的工作做得更圆满。

与有形的物质需求不同，精神需求一般比较抽象，难以捉摸，比如精神上的享受欲、轻松欲、探险欲、好胜欲、表现欲、好奇欲等，这都没有一个具体的定性或定量标准。然而，作为专门代表组织与公众打交道的公共关系部门又必须去专门了解它、研究它，否则，其工作就无法顺利开展，效果也不可能很好。其实，只要科学地对待它，认真地加以分析、研究，我们还是能找到解决这一问题的钥匙。比如，首先，我们可大致分析出公众中的有关精神需求是积极的，还是消极的，是符合法律、道德的，还是违反法律、道德的。如属前者，我们就予以满足；若属后者，则予以拒绝或劝导。当然需指出的是，判别时应掌握好界限、分寸，切不可任意上纲上线。其次，我们还应衡量公众有关精神需求的强与弱、外向或内向，高文化层次的或一般文化层次的，以便工作实施时区别对待，因人而异。最后，我们在了解、把握了精神需求的特点之后，应针对性地采取适宜的方式予以满足，既可使公众精神愉快，又能使组织提高效益，而且又于社会有利。

学习单元 3.4

案例与实践

本项目阐述了公共关系活动作用发生的机制及价值，有效公共关系活动的基本原理，以及公共关系活动的原则。公共关系活动的基本原理和原则，是企业公共关系工作人员在处理公共关系事务或公共关系活动时所必须遵循的行为准则和应达到的基本要求。只有切实把握这些原理，遵循这些原则才能真正搞好各项公共关系活动。本单元通过对相关案例剖析和模拟训练，使学习者进一步领会公共关系活动作用发生的机制，把握公共关系活动的基本原理和原则。

3.4.1 案例讨论

案例 3-1 电梯出了故障以后

上海电梯厂是国内一流的生产各类电梯的专业厂家，其产品以质量稳定、性能优越、安全可靠蜚声海内外，在用户中享有良好的声誉。

天有不测风云。安装在上海仙霞宾馆的三部电梯在使用时突然上窜，随后不时出现进得去出不来的状况，五天内就有上百人体验了被关在电梯内的感觉，顾客使用电梯时提心吊胆，意见很大，纷纷向新闻界反映。《文汇报》对此进行了批评性报道。消息见报后，国内外用户思想波动很大，对电梯的质量产生了怀疑，有些已订货的单位要求中止合同，已提货的要求退货，而且《文汇报》在海外有大量读者，如不及时处理，将直接影响国外用户。一篇报道使上海电梯厂的形势顿时紧张起来。

该厂领导对此十分重视，在消息见报的当天下午，立即派出一名副厂长和总工程师带领技术人员、公共关系人员到现场听取用户意见，对电梯进行全面检查“会诊”，一面对失控的电梯进行维修，一面调查事实真相。调查事实表明，仙霞宾馆的电梯事件是由于××电梯安装队安装质量低劣，致使宾馆消防龙头失灵，电控设备两次进水，电器原件受到了严重影响。尽管责任不在上海电梯厂而在于安装队，但该厂领导既不责怪报纸，也不指责用户，而是抓住这一典型事件，举一反三，狠抓售后服务，搞好系列服务，受到用户的好评。《人民日报》、《文汇报》、《羊城晚报》、《社会报》对此事故真相及电梯厂展开系列售后服务作了联合报道。这样，通过新闻媒介消除了社会公众的误解，同时又树立了上海电梯厂坚持顾客至上的良好形象，证明上海电梯的产品质量是令人满意的，是可以信赖的。该厂并未因受到不公正的批评而与新闻界争个水落石出，而是严于责己，坚持实事求是，主动协助，大力配合新闻单位消除因误会而带来的影响，收到了良好的成效，当年销售额达历史最高水平。

[案例评析]

沟通与协调是社会组织通过各种形式的活动和手段，实现内外和谐，求得融洽统一的一种公共关系职能。沟通和协调的作用在于保持组织生存和发展系统的整体平衡，使各个局部步调一致，以利于发挥优势，确保计划的落实和目标的实现。上海电梯厂是国内一流的生产各类电梯的专业厂家，其产品以质量稳定、性能优越、安全可靠蜚声海内外，在用户中享有良好的信誉。这说明电梯厂与用户之间是平衡的、协调和谐的。但安装在上海仙霞宾馆的三部电梯在投入使用过程中事故频繁，危及乘客，被海内外具有较大影响的《文汇报》曝光。这一事件使上海电梯厂形象遭到极大损害，用户纷纷中止合同或者要求退货，电梯厂与用户关系严重失衡。面对如此局面，上海电梯厂采取了一系列值得其他社会组织借鉴的沟通协调方法。

首先，电梯厂用积极的行动、热情的态度进行协调。立即派出领导、工程师、公共关系人员进入现场，听取意见，查明原因。通过全面检查“会诊”，确认电梯失控事件是由于安装质量低劣，致使宾馆消防龙头失灵，电控设备两次进水，电器原件受到影响所致，而非电梯质量问题。

其次，上海电梯厂在查明原因之后，以宽容的态度对待相关公众。厂方既不责怪用户，也不责怪新闻单位，而是抓住这一典型事件，举一反三，狠抓售后服务，搞好系列服务，从而受到用户好评。

再次，上海电梯厂利用传播媒介，消除社会公众误解，重塑企业形象，以真实的、深受用户欢迎的态度和行动，协调了与用户的关系。通过《人民日报》、《文汇报》、《羊城晚报》等新闻媒体连续报道之后，不仅消除了社会公众的误解，而且强化了电梯厂坚持顾客至上的良好形象，收到了良好的成效，当年销售额创历史最高水平。

案例 3-2　形象、声辩、创新

锦江集团的前身锦江饭店是一家名闻遐迩的高级宾馆。随着商品经济的发展、国际交往的增多和旅游业的兴旺，锦江越来越成为社会交际、信息扩散、贸易洽谈、学术交流乃至高级外交活动的场所。社会的需要、公众的关注、企业自身的发展向锦江提出了这样一些重要的课题：如何打造自身形象？如何提高锦江声誉？如何协调内外关系？等等。这些课题不仅与宾馆已有的各职能部门有关，而且需要有一个专门的机构来协调处理，锦江公共关系部就是为了适应这种需要而成立的。

刚开始，公共关系部的职能仅限于维护宾馆信誉，接受并妥善解决旅客投诉，做的工作大多与服务质量有关。虽然这些工作是必需的，为补救信誉损失也起了一些作用，但这毕竟是消极防守型的。为了变消极为积极，变被动为主动，公共关系部在调查研究的基础上，确定了“全方位公共关系”的工作方针，努力增强主动服务的意识，争取公众，争取舆论，争取业务，使锦江的形象趋向完美。

形象——企业立足之本

公共关系部要完成的第一项公共关系任务是：让公众了解锦江，也让锦江熟识公众，树立“锦江是属于公众的”这一形象。

长期以来，锦江由政府直接经营，接待对象级别高、层次高、规格高。在一般公众的心目中（其中包括国外一般企业、旅游人士），锦江的形象是庄严有余，亲切不足。这对在新的经济形势下扩大业务、提高经济效益是不利的。因此，公共关系的任务是充分掌握公众的心理及其消费结构的变化，在发挥锦江原有高贵豪华形象的优势的同时，再赋予亲切平和的情调色彩。

公共关系部提请决策层采取措施，打破森严的壁垒，开门迎客，使锦江园内的新南楼、锦丽厅、北楼西餐厅、中楼蝴蝶厅等曾令普通市民望而却步的地方，成了门庭兴旺的场所。为此他们还大做广告，使“锦江是属于公众的”这一信息广为传播。

声誉——企业兴盛的标志

1985 年，锦江先后接待了比利时首相、马耳他总统、西班牙首相、新加坡总理等 52 批国宾。1986 年接待国宾 100 多批；他们为接待拥有 240 人之多的荣氏亲属观光团作了精心的安排，使服务质量达到一流水平，他们又承担了接待举世瞩目的英国女王来沪访问的任务。每次接待国宾，公共关系人员都进行周密的准备，采集、提供各国风俗人情资料和来宾个人的生活特点，设计室内装饰，制定饮食起居服务规程。如马耳他巴巴拉女总统到上海时，他们根据女总统的特点，组织楼面经理在总统房内化妆台上放置全套高级“露美”化妆品、吹风机和珠花拖鞋等，同时又放置了一架钢琴。女总统对精心装饰的卧房大加赞赏，高兴地弹起钢琴，临别时亲笔留言：“在上海逗留期间，感谢你们给予我第一流的服务，祝你们幸福，前途美好！”

对新闻人物的接待他们也是一丝不苟。如加拿大残疾人哈姆森坐轮椅周游世界。他到锦江时，宾馆早有准备，在底层铺上地毯，并安排了经验丰富的服务员，准备了营养好又容易消化的菜肴，使残疾人感到锦江的温暖。随行记者团对此作了采访报道，使锦江的声誉传扬海外。

一个宾馆的信誉还维系在与常住客户的关系上。他们留意每个客居宾馆的外籍驻沪人员的情趣爱好，尽可能为宾客安排喜欢的活动。公共关系人员常常在外国朋友生日的那天把宾馆部经理的贺辞和生日蛋糕送到宾客面前，使他们惊喜不已。深沉的情感交流融洽了宾馆与客户的关系。充分利用在宾馆历史上有重大纪念价值的事件，也是提高锦江声誉的一个公共关系手段。如锦江是《联合公报》签订的场所，当有关方面来拍摄录像时，公共关系部门积极配合，以达到既宣传历史事件又宣传锦江的公共关系目的。

创新——企业活力的象征

宾馆要有活力，就必须不断开发潜在的“资源”，如设备资源、环境资源等，这要求公共关系人员树立创新意识，广泛地介入社会生活。他们积极联络社会，承办了各类酒会、招待会、新闻发布会、学术研讨会和各种联谊活动。以前他们仅以向社会提供活动场所为满足，现在逐渐发展成为各种组织进行公共关系活动的媒介，甚至成了社会的公共关系枢纽。

他们还发挥了锦江外宾集中的优势，主办具有民族艺术风格的演出活动，向来沪的外商、旅游客人介绍中国的优秀文化艺术，继而牵线搭桥，促成中外文化艺术团体的互相交流。他们主办的民族音乐会和京昆精华献演，受到客人的交口赞誉。

公共关系部常常被看成是一个花钱部门，比如广告、宣传、请客、送礼都要花钱。但有了创新意识，公共关系部可以变消费为盈利。他们积极主动地与香港、日本等地企业和广告部门取得联系，用赞助和协作的形式印制了大量公共关系宣传品。《店庆三十五周年》纪念画刊（2 万册）、《锦江指南》（30 万册）、《锦江菜谱》等，所需巨额费用均用外资解决。公共关系部承办的几次外商企事业团体的招待会、酒会和文艺演出都为自己赢得了一些经济效益。

[案例评析]

上海锦江饭店公共关系活动的成功是与该饭店公共关系部的出色工作分不开的。案例本身给我们提供了以下几条可供借鉴的经验：

第一，设置公共关系部，这是一个组织公共关系工作发展的必然要求。塑造形象、传播沟通、协调关系、决策咨询，这些公共关系工作的基本职能，客观上要求与之相适应的专门的公共关系机构来执行。有的组织在开展公共关系活动时，并没有建立专门的公共关系机构，而是将该项工作交给传统的职能部门去做，这很容易使公共关系工作出现诸如缺乏计划性、系统性和连续性的弊端，不能适应日益发展的公共关系工作的需要。只有建立专门的公共关系机构，才可能为公共关系工作的持续发展提供组织保证，才可能制定出组织公共关系发展的长远战略，卓有成效地开展公共关系工作。锦江饭店的公共关系实践充分证明了这一点。

第二，公共关系部应成为组织的情报部、决策参谋部和外交部。

公共关系部起着组织“耳目”的作用。内部公众对组织的意见和建议，社会政治、经济、文化的发展变化现状，外部公众对本组织方针、政策、行为所作出的反应，公众的心理状况等方面的信息，需要公共关系部及时进行搜集，并提供给组织领导和有关部门，作为他们决策的依据。上海锦江饭店很重视信息的搜集工作，如充分掌握公众的心理及其消费结构的变化，采集各国风俗人情资料和来宾个人的生活特点、情趣爱好资料，甚至连在饭店住宿的外国朋友的生日也了解得清清楚楚。正因为有这些可靠的信息作为客观依据，所以使得锦江能为宾客提供最好的服务。

公共关系部不是一般的管理部门，而是组织的“智囊团”，因为公共关系工作直接关系到组织的形象和信誉，关系到与公众的沟通。公共关系部及其人员在搜集、整理、分析各方面信息的基础上，为组织决策层及时提供可供选择的决策方案，并协助决策层进行决策，可以有效地改进组织的工作，塑造组织的良好形象。从案例中可以看出，锦江公共关系部在调查中发现，在一般公众的心目中，锦江的形象是庄严有余，亲切不足。要改变这一形象，需要在发挥锦江原有高贵豪华形象的优势的同时，再赋予亲切平和的情调色彩。于是，公共关系部提请决策层采取措施，打破森严的壁垒，开门迎客，使原本令普通市民望而却步的地方，成了门庭兴旺的场所，从而在公众中树立了“锦江是属于公众的”这一形象。如果没有公共关系部提供决策参谋意见，这一形象就难以树立。

公共关系部还起着组织的“喉舌”和“外交部”的作用。通过各种途径，运用各种方法，协调、沟通组织内部和外部公众之间的关系，传播组织的有关信息等等，这是公共关系部要做的重要工作。锦江公共关系部在这方面的工作是做得很出色的，如印制大量公共关系宣传品，向社会公众传播锦江形象；承办各类酒会、招待会、新闻发布会、学术研讨会和各种联谊活动；主办具有民族艺术风格的演出活动等等，广泛地与社会各界进行联络，使锦江逐渐发展成为各种组织进行公共关系活动的媒介，甚至成了社会的公共关系枢纽。同时，也提高了锦江的社会声誉。

3.4.2 模拟训练

【训练项目】

组织的公益形象传播设计。

【训练目标】

1. 培养初步运用公共关系原理的能力。

2. 培养灵活运用公共关系原则开展公共关系活动的能力。

【训练内容与方法】

根据本项目所学知识，查找相关资料，研讨并设计某社会组织的公益形象传播方案。

1. 结合该组织的特征，分析论证其公益形象定位的理论依据。

2. 设计该组织公益形象传播的方案，充分体现公共关系原则。

3. 在班级组织一次交流与研讨。

【标准与评估】

1. 标准：能正确运用本项目知识加以指导，并结合社会组织的特征设计科学可行的方案。

2. 评估：①每位同学写出一份简明的方案设计构想；②以小组为单位进行稍详细的方案设计；③对每位同学和各小组编写的材料，以及以小组为单位进行交流的表现进行评估打分。

知识测试

1. 简述公共关系活动的作用发生机制。

2. 有效公共关系活动的基本原理指的是什么？

3. “求实守信”的基本含义是什么？如何才能做到“实”与“信”？

4. 公共关系为什么必须以满足公众需求为出发点？

5. 如何理解“以科学为指导”的原则？

7. “以双向信息交流为条件”的基本含义是什么？坚持该原理有什么现实意义？

8. 企业公共关系人员在处理公共关系事务或开展公共关系活动时，怎样才能把握好公共关系活动的正确原则？

项目 4　公共关系传播

❖学习目标

1. 了解公共关系媒介传播的性质特征。
2. 掌握运用科学的传播方式开展公共关系工作。
3. 了解现代公共关系沟通管理的类型及特点。

学习情境

"谨防假冒"的新闻发布会

1987 年 7 月，广州佳丽日用化工厂邀请广州和外地的多家新闻单位在广州举行了一次新闻发布会。这个发布会的主题是向新闻界披露该厂生产的产品被不法厂商假冒并造成重大损失之事。在发布会上，该厂负责人详细介绍了已在国内一些地区及香港、菲律宾等地出现的大量仿冒该厂"神奇药笔"的伪劣产品，这些产品大都也取名"神奇药笔"，并在商标和装潢上模仿该厂产品。他还拿出各不法厂商仿冒产品给记者看和拍照，指出目前最大规模的仿造者是广东阳江县某厂和北京某单位，他们在市场上低价倾销伪劣产品，给该厂的生产、销售及信誉都带来了极大的损失。这次发布会以后，多家新闻单位都及时作了报道。《羊城晚报》还特意刊出真品和假品的外观照片，方便公众识别。由于得到广泛的新闻报道，使广大公众了解到事情真相，恢复了对该厂的信任。同时，新闻界和公众要求惩处不法厂家的强烈呼声，也引起了有关部门的关注。国家工商局及商标局就此事作了答复，并对有关厂家作出了立即停产等初步处理意见。

案例思考：

1. 广州佳丽日用化工厂为何要召集"谨防假冒"的新闻发布会？
2. 广州佳丽日用化工厂召集新闻发布会有什么作用？

学习单元 4.1

公共关系传播概述

4.1.1 公共关系传播媒介

作为以树立组织自身形象为最终追求的公共关系活动，其目的就是要在社会公众心目中展示组织存在的价值，传递组织的各种信息。这种价值的显现和信息的传递所依赖的唯一手段就是传播，离开了传播，一切的形象均无法确立，所有的信息将不存在。事实上，失去了传播也就失去了我们生存的社会，因此，传播之于社会是至关重要的。当然，对于公共关系的具体活动来说，传播是一个核心问题，离开了传播，也就不会有公共关系活动存在。公共关系传播媒介种类繁多，概括起来主要有以下几大类。

1. 语言媒介

语言既是人际传播的载体（如写信使用文字，面对面的交谈、打电话使用口语），又是大众传播的载体（如报纸、杂志多使用文字，而电影、电视、广播多使用口语）。语言媒介是现代社会运用最广泛的传播媒介，也是公共关系传播中最主要的媒介，被许多人称为“公共关系的第一媒介”。语言媒介分为“有声—无声”和“语言—非语言”两个类别。

（1）有声语言媒介。有声语言即自然语言，是发出声音的口头语言。公共关系活动大量运用了有声语言媒介：答记者问、与员工谈心、电话沟通、内外谈判、各类演说、各类口头报告、为宾客致迎送词等。有声语言媒介的特点是信息反馈迅速，形式灵活多样，传播效果明显等。

（2）无声语言媒介。无声语言媒介在公共关系中，通过印刷文字进行信息传递：各种文字材料、报刊、书籍、照片、图画、商标、徽章、谈判决议、会议纪要、社交书信、调查报告、电文、通知、通讯、公共关系简报等。无声语言媒介的优势是能够超越时空，语言表达便于斟酌，便于保存，弱势是其信息反馈不及有声语言媒介迅速。

（3）有声非语言媒介。有声非语言媒介是传播过程中的一种有声不分音节的语言：说话时的重谈、语调、笑声、掌声等。其特点之一是无具体的音节可分，其信息要在一定的语言环境才得以传播。其特点之二是同一形式的语义不固定，比如笑声可以负载正面信息，也可以负载负面信息；再如掌声既可以传递欢迎、赞成、高兴等信息，也可以传递一种礼貌的否定等。

（4）无声非语言媒介。它是以人的动作、表情、界域等来传递信息，是公共关系广泛运用的沟通方式，可以分为动态、静态两类。动态无声非语言媒介以身体在某一场境中的动态姿势来表达信息：首语（点头和摇头）、手势语（握手、招手、手指和手掌动作）、目光（视线接触的长度、视线接触的向度、瞳孔的变化）、微笑等。静态无声非语言媒介以身体在某一场境中的静态姿势来表达信息，包括人的姿势、界域（位置界域和距离界域）等。在日常生活的人际传播中，我们可以感受到大量的无声非语言符号，如一个人的姿势、表情、眼神、以及某种气味、服饰、个人所处的空间等。据统计，大多数人实际上每天所讲的话仅仅只有10～11分钟。在一般的两人会话中，语言所表达的社会意义平均不到35%，而65%的社会意义是用无声非语言符号传递的。我们在与他人沟通时获得的信息，很大一部分来自于暗示，而不是来自于字句。

2. 实物媒介

实物媒介是指以物体来传递某种语言和非语言信息。实物媒介包括产品、象征物、公共关系礼品等。

产品本身就是一种典型的实物媒介。它运载的信息要素有品牌、商标、包装、外表形态、内在质量、售后服务、广告设计等。

礼品媒介以物质作为载体。它不是用于等价交换的商品，而是带有浓厚感情色彩的社交工具。公共关系礼品具有以下四个特点。

(1) 它具有非商品化。大多数公关礼品都是不进入或尚未进入市场流通的物品，有专门设置的物品，有名特产品的样品，也有宣传品，还有其他物品。

(2) 它具有不等价性。公关礼品都是有价值的，但它的感情价值往往大于其物质价值，它的交际价值也大于其使用价值。它一般都是价格比较低廉的物品。如果用价格昂贵的物品送礼，就会成为一种变相的行贿，也就失去了感情交流的意义。

(3) 它具有浓重的人情味。公关礼品是一种心意的表达，向公众传递着组织的深情厚谊，充满了人情味的色彩。

(4) 它具有纪念意义。公关礼品大都具有纪念意义而不具有消费意义，其目的是使组织在公众心目中留下永久的美好的印象。开展公关活动，馈赠礼品的机会很多。适当送份礼品表达心意，会取得比较理想的效果。如果没有礼品，总有些美中不足。

实物媒介除了产品和公关礼品外，还有象征物（例如上海宝山钢铁总公司的不锈钢铸像，象征着中国钢铁工业的起飞）、购物袋、宾馆内的藏物袋、餐厅内的烟缸等。

3. 人体媒介

人体媒介借助人的体态、服饰、行为、社会影响等来作为传送信息的载体，它包括组织成员的形象、社会名流、新闻人物、能够影响社会舆论的其他公众等。人体媒介在公共关系传播中有其独特的形象影响力。

人体媒介的优点如下：①亲切直接，既便于沟通，又便于及时反馈公关信息；②不容易受时间、场合的限制，有较大的自由度，能充分发表意见；③利于发挥感情优势，利于拉近人们之间的距离；④传递信息的方式比较多，可以用表情传达喜怒哀乐；可以用目光表示爱憎亲疏；可以用语言传递情感；可以用动作表达态度。人体媒介的不足之处是：范围较小，影响面较窄，深受交往者距离的限制。人体媒介适用于解决员工思想问题，处理各种矛盾纠纷，进行社会联络、业务洽谈、社会对话、征求意见等公关活动。

人体媒介中的体语很重要。体语就是人体语言，包括动作、姿势、体态、表情等。体语在公共关系的人际传播中运用非常广泛。它具有有声语言的替代作用和辅佐作用，还具有表露作用。表露作用主要体现在面部表情上。公关人员对公众笑脸相迎，则有利于双方的交流合作。服务行业开展的微笑服务，能够给所有顾客带来良好服务的感受。

人体媒介中的服饰是人的第二皮肤。服饰的质料、款式、颜色具有亦大亦小的功能：大到可以传达出国民气质、国民精神风貌、时代风俗、文化特色、组织理念；小到可以传达出个人的文化素质、社会地位。服饰作为人体媒介，具有传递信息的功能，因此公关人员在一般社交场合应注意服饰与大众的协调，进而增强亲切感、认同感。

人体媒介中的员工形象，是组织形象的重要组成部分，包括员工的内在素质、外表行为（谈吐举止、面部表情、服饰等）、隐于其中的行为规范、交往技巧等。比如一个商业公司让员工的服饰统一得体，这传递给公众的就不仅是一种整体的视觉识别，而更重要的是在向公众传播一种企业的精神。

4. 大众传播媒介

（1）大众传播媒介的功能。大众传播媒介主要指报纸、杂志、广播、电视。它们在公众生活中的主要功能有以下几方面。

①报道的功能。大众传播媒介又称“新闻界”，负责将社会生活中发生的新闻事件及时、公正地告知公众。新闻报道是对事实的公正陈述，依靠其时效性和公正性来树立新闻传播界自身的信誉。公共关系运用新闻报道必须遵守这种时效性、公正性。

②教育的功能。大众传播媒介承担了大量的社会教育任务，面向大众普及教育，将政治、经济、文化、科技、历史、生活等知识传播给公众。公共关系运用大众传递信息必须注意知识性、教育性。

③娱乐的功能。大众传播媒介为公众提供了大量的娱乐性服务。报纸的文体娱乐版，杂志上的小说、趣闻等，广播中的音乐，电视上的电视剧等，是公众日常文化娱乐的主要来源。因此，娱乐性越强的大众传播媒介，阅读率、收听率、收视率就越高。公共关系运用大众传播媒介向公众宣传时也必须注意趣味性和娱乐性。

④监督的功能。大众传播媒介及其所形成的公众舆论，对政府、企业及各类机构的政策、行为、人员、产品起着社会监督的作用。公共关系工作必须将这种公众信息的反馈作为传播工作的重要依据。

（2）印刷类大众媒介。印刷类大众媒介主要指以文字、图片形式将信息印刷在纸张上进行传播的报纸、杂志和书籍。

①报纸。报纸是受众面最大的一种印刷类大众传播媒介。报纸具有三大优点：一是可选择性。读者可按自己的需要、阅读习惯，在许多“并时性”排列的消息中迅速选取自己最感兴趣的阅读。二是周详性。同样一则消息，报纸报道要比电视报道深入细致、周密详尽，读者甚至可以反复阅读、细细琢磨。三是制作容易，成本较低，读者接受不需要特别设备。

②杂志。杂志是受到普遍欢迎的一种印刷类大众传播媒介。按照内容，杂志可分为知识性、趣味性杂志和专业性杂志两大类。知识性、趣味性杂志以一般社会大众为读者对

象；专业性杂志以特定专业人员为读者对象。杂志有三大优点：一是读者群比较稳定。二是内容比较灵活多样，伸缩性大。三是便于读者在不同的“单位时间”内阅读，也容易携带。

③书籍。图书是历史最为悠久的一种印刷类大众传播媒介。图书的容量大，除了以其规范化的形式便于人们阅读和保存外，还具有一定的权威性，在传播和积累人类知识、文化中起着重要的作用。

印刷类传播媒介，它的读者受到文化水平的限制。没有一定文化水平的人无法利用它。时间性极强和形象性极强的信息，都不宜依靠印刷类传播媒介来传递。在公共关系传播中应考虑印刷类传播媒介的局限性。

（3）电子类大众传播媒介。电子类大众传播媒介是指以电波的形式传播声音、文字、图像，运用专门的电器设备来发送和接收信息的媒介。电子类大众传播媒介可分为广播和电视两大类。

①广播。广播是覆盖面最广的一种电子类大众传播媒介。广播的优势表现在五个方面：一是及时。广播上的信息不受时间、空间的限制，通过电波可以在转瞬之间传遍地球的各个角落。二是机动性强。收听广播几乎不受空间和工作条件的限制，听众可以一边听广播一边工作，这更有利于信息的广泛、及时传播。三是感染力强。四是可普及率高。广播节目的制作成本低廉，接收广播的设备简单、廉价，使用长久，家家户户都能买得起。五是广播最大的优点是不受文化水平限制，只要有听觉就能接收，因此普及率最高。

广播的主要缺点是：不便检索、不便保存；广播的信息和效果稍纵即逝，难以把握，收听时稍不留意便无法追寻；其内容的生动性不如电视，信息的深度不如报纸。因此，广播适用于时间性强、涉及面广和普及性强的信息内容。

②电视。电视是现代最强有力的一种新兴的大众传播媒介。电视的优势表现为：第一，电视集音响、图像于一身，在传播信息过程中，能同时诉诸人的听觉和视觉，形象生动，真实感强，最易激发人的兴趣和抓住人的注意力。第二，电视的时效性较强。由于电视摄像、传播技术的发展和卫星接收电视技术的采用，电视台基本上可以做到随时传播新发生的事件实况，再加上电视新闻的整点滚动播出，都使电视传播更为迅速及时，其时效性直逼广播。

电视也有其局限性，主要表现在以下方面：一是缺乏深度。电视由于表现形式的限制，在内容上容易肤浅，深度不够，难以表达抽象思维、逻辑思维的内容。二是电视不便携带，观众在接收电视传播中还受到种种条件的限制，不便随时随地收看，选择余地较小。

公共关系常将大众传播媒介用于新闻宣传和公共关系广告方面，借以向大众提供信息，树立组织形象。

4.1.2 影响传播效果的因素

所谓“传播效果”，是指传播发送者通过传播媒介对信息接收者心理、行为、态度和观念等所产生的影响程度。要提高公共关系传播的效果，必须把握其影响因素，从多角度入手，更好地发挥公共关系策划传播的职能。

1. 传播发送者因素

传播发送者是公共关系传播沟通的主体。从广义上看，它指的是社会组织。从公共关系的角度来看，它具体指的是组织的公共关系部门及公共关系人员。在实施传播沟通的过程当中，传播发送者本身的形象、态度、行为以及传播信息的内容真伪等都直接影响着传播的效果。

(1) 传播发送者的已有形象。一个诚实、人缘好的人所讲的话，人们会100%地接受；相反，一个“老奸巨猾”的人传出的消息，人们总是将信将疑。社会组织也是如此。如果某个社会组织形象颇佳，那么它所传播的信息，人们将不假思考地接受；反之，一个声誉不佳的组织所传播的消息，人们往往谨慎行事，以免上当受骗。

(2) 传播发送者的态度、行为。传播发送者若以诚恳的态度客观地宣传、介绍所要传播的信息内容，就会“诚招天下客”。盲目吹嘘、夸大其词，自称“世界第一”“誉满全球”“包医百病”，甚至不择手段地欺骗公众，其结果只能是搬起石头砸了自己的脚。因此，传播信息时一定要诚实无欺、客观公正、留有余地。

(3) 传播发送者的“代言人”。受传者对传播发送者的印象和看法直接关系到传播效果。据此，社会组织可以选择“代言人”来提高传播效果。例如：组织可以请享有盛誉的专家、名流、权威人士等发布信息。这样，受传者会产生“认同感”，认为是自己人在传播信息。这样做会缩短传播发送者与接收者的心理距离，因而比组织自己出面效果更好。

传播发送者对传播效果的影响，除了以上三点之外，还受到传播体制、经费等方面限制。因为大众传播媒介都从属于政党和政府机构，尤其是传播面广、有影响的传播媒介，其传播的内容大多是有条件限制的，并且费用昂贵，这对经济力量不雄厚、公共关系经费缺乏的传播沟通活动无疑设置了一些障碍，这些都或多或少地会直接影响到传播效果。

2. 传播接收者因素

从对传播效果理论的分析中，我们已得出一个这样的结论：传播接收者即公众并不是唯命是从、任意摆布的木偶，而是在传播沟通过程中起能动作用的客体。传播接收者由于是传播发送者的工作对象，他的心理活动以及表现出来的态度、行为等都与传播效果息息相关，因此传播接收者是影响传播效果的客观因素。

传播接收者的心理素质、文化素质、职业、个性等各不相同，使得传播接收者因素更加复杂。传播接收者影响传播效果的因素主要是由于公众对传播的信息具有选择性，这种选择性包括选择性接受、选择性理解和选择性记忆。

(1) 选择性接受。公众愿意接受与自己固有的立场、观点和行为相一致的自己关心和需要的信息。我们以收看电视为例：一个关心时事、关心政治的人，总是不愿错过新闻节目；足球迷常常为观看一场足球比赛实况而欣喜若狂；喜欢歌曲的人总愿意收看文艺节目。

(2) 选择性理解。公众总是用自己的世界观去解释某一信息，接收者不同，对信息内容的理解往往也不同。这主要是由于接受信息者受教育程度、知识结构、生活阅历等各不相同而形成的。例如：在现实生活中，如果你称某女性为“公共关系小姐”，她也许不愿意接受，因为在公共关系仍然未被中国人正确理解和熟悉之前，“公共关系小姐”曾被人们误以为是那些以脸蛋和外表换取金钱或得到某些男士欢心的轻佻女子。如果你称电视剧《公共关系小姐》中的主人翁周颖为“公共关系小姐”，她会觉得很自然，因为她的确称得上是一位真正出类拔萃的“公共关系小姐”。

(3) 选择性记忆。公众总是容易记住自己感兴趣的信息，忽视或忘记那些与自己兴趣相悖的信息。这与公众的个性、情趣、职业等无关。人们对自己关心、感兴趣的事总是记忆犹新，回味无穷，甚至终生难忘；对那些平平常常的小事总是忽略不记，时过境迁，自然失去记忆；尤其对自己不感兴趣的信息，不但容易忘记，而且不愿意记忆。

传播接收者的选择性因素又一次证明了传播效果有限的理论，它说明对传播发送者所传播的信息，公众总是有选择地加以接受、理解和记忆。传播的效果一般只是增强了公众的固有观念，而不是改变公众的固有观念。但是，传播发送者并不能因此而放弃传播，可以从接收者的其他因素中寻找突破口。

3. 传播功能性因素

功能性因素主要是指信息接收的时效性。功能性因素主要包括延缓性因素和即时性因素。

(1) 延缓性因素。延缓性因素是指信息能在受传者身上较长时间内发生作用的因素。由于传播接收者所处的社会环境不同，因而长期以来，不同的国家、地区，不同的民族，形成了各自的伦理道德、风俗习惯、宗教信仰，人们的心理素质、文化素质、道德水准等各不相同，这样就使不同区域的公众对某些信息已形成了固有观念。作为传播发送者，要想获得良好的传播效果，就必须注重延缓性因素的作用，否则容易陷入传播的误区。

例如，据路透社报道，美国一家伯格维里联号快餐馆利用闭着双眼、戴着耳机正打瞌睡的时任美国总统里根的照片作噱头，为餐馆的营养早餐做广告。照片下面有一句说明：“一个人没吃早餐，通常一眼就可以看出。”广告说，该连锁快餐馆卖一种营养早餐，吃了令人精神饱满、体力充沛。这张照片是里根出席波恩的一次会议时拍下的，被伯格维里快餐馆采用。这则广告引起了许多人的不满，人们纷纷指责这则广告损害了总统的形象，也损害了美国的形象，差劲得很。当这家快餐馆接到许多投诉后，取消了这个广告，并把刊于俄勒冈州、华盛顿州的4家报纸上的广告全部收回。又如：在西方国家，裸体广告并不稀奇，这是由其社会制度和生活方式决定的。在我国，由于不同于西方国家社会制度和文化传统，因此完全照搬西方的宣传方式是行不通的。前几年，国内有一家电扇厂，在电视上用一名女士为其做广告，由于该广告故意将这位女士的裙子用电扇风吹起，结果遭到了来自各方观众的非议，该广告不得不将此镜头删掉。

(2) 即时性因素。即时性因素是指信息在短时间内及时满足受传者的需求并即刻发生作用的因素。这就需要传播发送者注意观察和分析公众的思想、感情和生活规律，抓住时机开展传播沟通活动。比如：当某一公司庆祝新产品问世或进行周年活动时，传播发送者便可以前去祝贺，并随身带去礼品或宣传品。由于此时环境氛围较好，因此几乎所有的礼品及宣传品公司都可能愿意接受，这就是即时性因素在起作用。

4. 传播结构性因素

按系统论观点，结构是诸要素在系统内部的恒定分布和排列并形成确定的相互关系。公共关系传播的结构因素是指传播者将具有相互作用和关联的信息传播要素采取不同的匹配和耦合方式影响接受者。结构性因素包括信息刺激的强度、对比度、重复率和新鲜度。

(1) 信息刺激的强度。信息刺激的强度是指传播发送者运用一些超乎常规的做法来传播信息，以引起受传者的注意。比如：生产吉他的乐器厂，将厂房盖成吉他形状；在川流不息的车海中，突然出现了救护车的尖叫声；一些小品演员常运用小品里的声调为企业及产品做广告；挚友久别重逢时的紧紧握手、热烈拥抱等。这些做法都会引起公众的注意。可见，高强度的刺激容易引起受传者的注意。

(2) 信息刺激的对比度。信息刺激的对比度是指传播发送者在传播信息过程中，运用类比的方法，强化传播效果，吸引公众的注意。比如，制作一幅宣传义务献血的公共关系广告，在以白色为其基调的整幅画面中，用几滴鲜红的“血”色加以渲染，增强对比度，使人们一下子就明白了其中的道理。

(3) 信息刺激的重复率。信息刺激的重复率是指传播发送者将同一信息多次重复传播，以扩大接收面，增加公众对该信息的印象，引起人们的注意。信息的重复出现，势必增加其刺激强度，并且同出现频率低的信息形成鲜明对比。因此，信息刺激重复率是信息刺激强度和对比度的综合运用。比如，“可口可乐”、“松下”等公司广告的重复制作与传播，几乎无人不晓，这就是信息重复刺激的效果。

(4) 信息刺激的新鲜度。信息刺激的新鲜度是指传播发送者将所传播的信息在内容形式上不断地调整、创新，给接收者以新鲜感。信息的传播方式如果总是一味地重复，久而久之会使公众厌倦、麻木。因此，在信息传播过程中应不断改变、调整和创新，以引起社会公众的注意。

4.1.3 公共关系传播手段

公共关系传播的手段很多，这里着重介绍一下编写新闻稿、举办新闻发布会和记者招待会、制造新闻三大公共关系传播手段。

1. 编写新闻稿

公共关系人员向新闻界提供新闻稿件，是当今社会组织与新闻界交往的一种重要形式和渠道，也是组织与新闻界保持密切联系的纽带。因此，公共关系人员必须学会编写新闻稿件，还要学会投递新闻稿件。

(1) 编写新闻稿件的一般要求。公共关系人员首先要明确编写新闻稿件的一般要求，这样才能运用好这一公共关系传播的基本方式。

①明确主题。编写新闻稿件之前，首先明确所编写的新闻主题是什么，要做到意在笔先。一篇新闻稿件提出的问题和体现的中心思想，是选择和组织新闻素材的主要依据，同样也是写作过程的主要线索。选择主题要从新闻事实的特性出发，并注意当前形势迫切需要的、具有普遍意义的思想倾向和观点。在编写新闻稿件之前，还应考虑到新闻的由头，

即新闻发布的依据和契机。新闻事件发生的时间或事实的出处是该事实成为新闻的依据，特别是对延续性的新闻，更要注意寻找新闻根据，如从何处获悉等。

②写好新闻导语。导语是新闻的开头，是全文的概括，是新闻独有的结构语言。在新闻的首段，先用极简要的语言概括新闻的主要内容，揭示新闻的主题，唤起公众的注意，引起阅读全文。假如后面的内容不能发表，仅发表开头这一段也能达到传播信息的目的，这样的导语才是成功的。所以，导语的基本要求是简洁、凝练、生动、醒目、开门见山以及突出最新鲜、最重要的事实。导语的表达形式可根据新闻事实的特点，采用提问式、议论式、叙述式、描写式、摘要式、对比式等写作手法。开头要引人注目，并用简练的语言写明新闻事实发生的要素——何人、何事、何地、何时、何故及如何等。

③结构严谨，逻辑性强。新闻结构的主要内容是导语、主体和结尾。新闻主体是导语后面的主要部分，对导语中披露的新闻要素作进一步的解释、补充和叙述，是发挥和表现主题的最重要部分。要求：观点要鲜明，层次要清楚，精心选材，生动活泼。主体的顺序可以以时间为序，也可以以内在的逻辑为顺序。总之，结构要严谨，逻辑性要强。

新闻的结尾要简短，要言尽而意未尽，要发人深省或设置悬念，为以后的连续报道埋下伏笔。新闻往往采取“倒金字塔”式，就是以重要性递减的顺序来安排新闻中的各种事实，要把最新、最动人、最精彩的内容写在前面，这是纯新闻报道的基本结构特征，即头重脚轻。

④介绍背景材料。在编写新闻稿件的过程中，公共关系人员还应注意写好新闻背景，即要介绍新闻事件发生的历史、环境和原因，解释事件发生或人物言行的实际意义，主要是为烘托和发掘新闻主题服务。新闻事件的发生，既有纵向背景，即事件发生的来龙去脉，也有横向背景，即此事与周围事物的关系。因此，要介绍背景材料。介绍新闻背景材料的方式，有比较式、解释式和穿插式。背景材料有时是穿插于新闻导语、主体或结尾之中的。

⑤运用新闻语言。编写新闻稿件，必须运用新闻语言。其具体要求如下：

第一，必须具体实在。因为新闻是在用事实说话，事实由时间、地点、人物、事件经过、事件起因、结果等因素构成，因而表达事实的新闻语言必须具体实在，不宜用空洞抽象的概念，而且应回避模糊性词语，尽量使用确切性词语。

第二，必须简练精确。新闻要求迅速及时，决定新闻语言要简明扼要、开门见山、直截了当。新闻要做到真实，语言必须精确，即对事实的性质、程度、空间、时间的叙述或描写要准确无误，不能含糊其辞。

第三，必须通俗易懂。新闻拥有最广泛的读者、听众和观念，而且层次复杂。人们都要读报纸、听广播、看电视，了解国内外大事。所以，新闻必须通俗易懂、浅显明白，使更多的人能够接受。

第四，注意生动活泼。新闻的语言还要注意尽可能地生动活泼、饶有风趣。比如，适当地穿插些知识性、趣味性的背景材料，穿插些风俗、典故、逸事、常识等，使读者听之有声、视之有形、尝之有味、触之有感、呼之欲出，以增强新闻的感染力。

(2) 编写新闻稿件应注意的问题。组织的公共关系人员在编写新闻稿件时，除了要掌握一般的程序技巧以及遵循一定的原则要求外，还要注意以下问题。

①公共关系人员在编写新闻稿件时，要考虑到为本组织树立良好的社会形象。作为新闻机构，发布信息是“中立”的，但公共关系人员不是为写新闻稿而写作，而是代表一定的组织或团体，扩大其社会知名度和美誉度，或为某些问题作明白的解释和说明。

②公共关系人员在写新闻稿件时，应站在社会的高度，至少要站在社区的高度来分析问题，不能只局限于本单位的小圈子。因为有些事实在小范围内是轰动性的，但在全局范围内却是微不足道的。因此，要善于研究那些正在萌芽的事物，发掘出真正的“新闻”，还要设法在旧事物上翻新。一般说来，刚萌芽的新事物往往带有指导全局的意义。

③公共关系人员在编写新闻稿件时，要注意根据不同的新闻媒介，介绍不同类型的新闻，编写不同体裁的文章。有些高深、生疏的专业内容和技术术语要尽可能地用公众对象能接受的方式表达，还要注意避免用形容词的最高级，如“世界最好的”“最著名的”“领导世界最新潮流”等，以避免给人自吹自擂的感觉，也不要使用带命令口吻的语言，以免引起记者和公众的反感。

④公共关系人员在编写新闻稿件时，应注意标明新闻的来源，以利于记者能进行更深入详细的采访。同时，还要写明组织的名称、所在地和联系人姓名，最好还应附上新闻照片。这会对记者是否应该对该事件进行深入采访产生影响。另外，每张照片都应附上简短的说明，以便于参阅。

2. 举办新闻发布会和记者招待会

从政府工作部门来讲，现今中央政府及其所属各部门以及地方政府往往都设立专门的新闻发布机构和专门发布新闻的官员。发布新闻的机构一般称新闻局、处、办公室，发布新闻的官员称新闻发言人。新闻发布对政府来说，就是协调和加强政府各部门同新闻单位和公众的联系，沟通情况，传递信息；解释政府发布的法令、条例、规章及有关方针政策，传达政府的施政意图；协助新闻单位了解政府的各项工作，并从政治上、政策上予以准确地反映，为新闻单位更及时、更丰富、更活跃地宣传提供服务。新闻发布对社会组织来说，其目的在于协调和加强同新闻媒介和公众之间的关系和联系，沟通情况，传递信息；公布和解释本组织的重大决策、行为及有关的规章制度，传达本组织的施政意图，协助新闻单位及时了解本组织各方面的情况。新闻发布会和记者招待会都是当今社会组织新闻发布的一种重要形式，也是当今社会组织重要的公共关系活动。

(1) 新闻发布会和记者招待会的区别。新闻发布会是指由政府、企业、团体或个人把新闻记者、有关公众召集在一起，由专人发布消息、回答问题的一种会议形式。记者招待会是只召集新闻记者，而不包括一般社会公众，虽然也发布信息，但更多的是回答记者们问题的一种会议。

新闻发布会和记者招待会虽然相互有一定的区别，但两者还有很多共同之处。比如：两者是组织与新闻界交往的重要形式，两者都要发布信息，人们往往对两种会议的程序以及形式方法上都有共同的要求。

(2) 新闻发布会和记者招待会的基本要求。由于举办新闻发布会和记者招待会不仅是向社会发布某种信息，也是组织形象的一次“亮相”。因此，各类组织都重视新闻发布会和记者招待会的举办，都要经过周密的研究、精心的策划和准备。一般说来，举办新闻发布会和记者招待会有以下三个方面的要求。

①准备阶段的基本要求。首先，确定会议主题和对会议进行可行性分析。要明确会议将宣传什么。是对一桩事情进行解释还是公布有关信息？如果是发布信息，则需要对发布的消息进行分析研究，看其是否具有广泛传播的新闻价值以及是否合乎时宜，然后决定是否召开。同时要对记者们将在会上提出哪些问题进行预测，在内部统一口径，以免说法不同而引起与会者的猜疑。其次，确定会议的时间和地点。为了获得良好的传播效果，召开会议一般要避开重大节日，也不宜与社会公众普遍关心的社会重大活动相重合。地点一般应选择在交通便利、场地较舒适的市中心某处，但有时也可选择主办单位或某一事件发生的现场。再次，准备好各种会议材料，包括口头材料、文字材料、实物材料等。必要时还可播放录像、展示实物、示范表演、图表解释，以增加记者的感性认识。最后，选好发言人和主持人及落实有关会务事项。发言人应具有一定的权威性。发言人应思维敏捷、口齿清楚，具有应变能力和较强的口头表达能力。主持人应稳重、大方，具有一定的组织能力、控制能力、应变能力和表达能力。有关会务事项包括发请柬、拟定会议程序、准备会议器材、确定工作人员、布置会场等。

②会议进行过程中的基本要求。首先，搞好会议的签到工作，然后按事先的安排把与会者引到会场就座。其次，会议进程要严格遵守会议程序。主持人要充分发挥主持者和组织者的作用，宣布会议的主要内容、提问范围及会议进行的时间，一般不要超过两小时。再次，记者招待会应以记者提问为主，主持人及发言人讲话时间不宜过长，以便记者提问。对记者所提问题逐一予以解答，不可与记者发生冲突，如有外国记者参加，应配好翻译人员。最后，会议主持人要始终把握会议主题，维护好会场秩序。主持人和发言人会前不要单独会见记者或提供任何信息。

③会议结束阶段的要求。首先，尽快整理出会议记录材料，对会议的组织、布置、主持和回答问题等方面的工作进行回顾总结，从中吸取经验和找出不足。其次，收集与会者对会议的总体反映，检查在接待、安排、服务等方面的工作是否有欠妥之处，以便今后改进。最后，统计各到会记者在报刊上发表的稿件，进行归类分析，找出舆论倾向。同时，对各种报道进行检查，若出现不利于本组织的报道，应作出良好的应对策略；若发现不正确或歪曲事实的报道，应立即采取行动，说明真相；如果是由于自己失误所造成的问题，应通过新闻机构表示虚心接受并致歉意，以挽回声誉。

（3）新闻发布会和记者招待会应注意的问题。新闻发布会和记者招待会的举办，除了要符合上述各项要求外，还必须注意以下问题。

①无论何种组织，在举办新闻发布会和记者招待会之前，都应征得所在地区新闻主管部门的同意，办理好报批手续。

②新闻发布会和记者招待会，无论发布什么新闻，都应充分地、慎重地考虑到它对社会的各种影响，不能违背国家的法规，避免出现偏差。

③发布会和记者招待会自始至终都应坚持实事求是的原则。无论是会上发布信息，还是会后与记者交谈，组织所发布的信息内容必须客观、真实，若发现与事实不符应及时纠正。

④举办新闻发布会和记者招待会还要注意经费预算，要考虑组织的经济承受能力，要

视组织的财力、物力和人力而为，不可为追求规模和形式而不顾一切，否则适得其反。

3. 制造新闻

制造新闻也是与新闻界交往的一种重要形式和方法。所谓“制造新闻”，是指制造具有新闻价值的事件和报道材料，即由公共关系人员以健康正当的手段，以组织内部发生的真实事件为基础，有计划地推动和整理出来既有利于组织，又使社会、公众受惠的新闻。

制造新闻虽然也是要以真实的事实为基础，但它带有浓厚的人为色彩。它需要公共关系人员具备广博的知识、丰富的想象力、一定的技巧和敏锐的观察力，即敏感的“新闻鼻”，能在纷繁复杂的社会现象中迅速地发现新闻线索和发掘新闻素材。

(1) 发掘新闻。制造新闻的前提是发掘新闻，寻找带有新闻价值的事件，而发掘新闻的前提在于公共关系人员要有很强的新闻敏感性。

①新闻敏感性。新闻敏感性是指对新事实中新信息的发现和辨别能力、对有价值的新闻敏锐的认识能力和准确迅速的反应能力。新闻敏感性是公共关系人员必备的素质，也是制造新闻的根本前提。新闻敏感性包括：第一，对政治形势的洞察力，即迅速判断客观事实的政治意义以及预见可能产生的政治作用的能力。政治洞察力强，就是善于从政治上考虑问题，善于鉴别和选择政治性强的事实进行报道，并能很好地体现党的政策。第二，对实际工作的关注力，即判断某项工作在全局中的地位以及对全局工作影响大小的能力。关注力强，就会努力深入实际，熟悉实际工作的发展，对全局情况了如指掌。第三，对公众兴趣的审视力，即判断某些事实能否引起公众兴趣的能力。对公众的审视力强，就能代表公众来观察，寻找他们欲知而未知的有趣材料，从而满足他们的新闻欲。

新闻敏感性并不是某些记者、某些公共关系人员的天赋灵感，只有经过长期的努力，刻苦的学习，不断积累和磨炼，才能逐步提高新闻意识，增强新闻敏感性。具备了新闻敏感性，并不等于就可以发掘新闻、制造新闻了，还必须广泛地搜集新闻素材。

②收集新闻素材。在组织的生存和发展过程中，有可能成为新闻的事件很多，大致可以概括为以下几个方面：一是组织的经济效益和社会效益有明显的提高，工作成效显著，甚至在国内、国际、同行业、同地区处于领先地位，有可能成为新闻。二是组织在某一方面有了重大突破，比如某一企业产品质量提高、数量扩大、新的品种诞生，引用了新技术、新设备或者重要发明获取专利，新的科技成果通过鉴定，获得重要荣誉称号、重要奖励，或者为国家节约了大量能源，这些都有可能构成新闻。三是组织在深化内部改革、理顺关系、调动各方面积极性、提高劳动生产率方面有了新的经验、新的做法和新的措施；或是组织在人事方面有了重大变动，撤换了不称职干部，大胆重用了有能力的年轻人，顶住了来自各方面的压力等。这些也有新闻价值。四是组织的职工对社会和组织作出了重大贡献，涌现出富有时代精神、高尚情操的先进人物等也是重要的新闻素材。五是组织在参与社会公益活动、热心社会福利及慈善事业、承担社会责任方面有良好的表现。例如，给残疾人捐款、捐赠生活用品，支持我国的体育事业、教育事业、希望工程、航天事业等，这些既能很好地塑造组织形象，也是很好的新闻素材。六是组织因被诬陷等原因导致组织形象受损，企业优质产品、名牌商标被假冒。或者由于其他原因使组织声誉受损也应作为新闻素材，通过新闻媒介传播予以澄清，恢复声誉。七是组织在经营管理上出现失误，在

公众中造成不良影响，组织知错改过后也应及时通过新闻媒介向有关方面和社会公众表示歉意，并承担责任，赔偿损失，以挽回影响。八是组织举办各种专题活动，如奠基典礼、开业典礼以及各种有意义的纪念活动或庆祝活动。这些活动本身对组织的发展具有重要影响和深远意义，若能邀请知名人士参加则更能吸引新闻媒介的注意，从而达到提高组织知名度和美誉度的目的。

③挖掘新闻线索。在广泛收集新闻素材的基础上，公共关系人员还必须探寻、挖掘有价值、有意义的新闻线索。探寻和挖掘新闻线索，通常有以下途径：第一，认真学习党和国家的一系列文件和有关领导同志的讲话，吃透精神。因为这些文件和讲话一般都集中概括了当前的政治、经济和文化生活中的主要情况和问题以及政策动向和新的任务，既是我们进行新闻报道的思想依据，又直接预示着一个时期内将要发生的重要事情，能为我们提供大量的新闻线索。第二，积极参与组织内部的各项活动。组织内部的有关会议和活动，往往是情况、问题、意见和建议集中的场合，公共关系人员要尽量多参与，而参与的目的不能只是为了报道会议本身，而应通过会议中所反映的情况，集中各方面的意见以及会议从有关问题所作出的决定中去发现有意义的新闻线索。第三，掌握动态，善于研究。公共关系人员要通过查阅有关报刊、剪贴和复印有价值的部分，将其分类汇编成册，并注意收听和收看广播、电视节目，必要时还应录音、录像。以及时了解和研究各个特定时期新闻机构报道的动向、热点，从已掌握的各种情况中寻找线索，也可以根据报道的动向，有意识地去收集材料，取得更多的新闻线索。第四，广泛交往，开拓思路。我们每天都接触传播媒介，信息每天都像洪水一样涌来，稍加留意，就会受用无穷；随意放过，不但可惜，还可能给组织经营带来后患。所以，公共关系人员应在社会上广交朋友，并通过对周围的密切观察分析，从日常生活中挖掘素材，并在此基础上提出新问题、选择新角度、发现新线索。第五，丰富知识，积累经验。公共关系人员应尽可能地多掌握生产知识、经济知识、科技知识和其他业务知识。只有熟悉这些知识，才能更深入地了解从事这些活动的人，更敏锐地发现新闻线索。

④确认新闻价值。新闻价值是指某种事实得以实现传播从而产生效果的各种因素的总和。一般说来，无论是公共关系人员，还是新闻记者、编辑以及社会公众，他们衡量、确认、选择新闻价值的标准大致相同。确认新闻价值要注意以下问题。

第一，注重新奇性。新奇性是新闻价值构成的基本要素。它通常包含两个意思。一是指时间上要新。新闻报道与新闻事实发生的时间要尽可能接近，时间差越小，新闻价值越大；时间性越强，新闻价值越高。所以，新闻报道要有强烈的时间观念，才能增强新闻的可读性和可信性。二是指内容上要新。现实生活中有许多为广大群众欲知而未知的新鲜事，如新情况、新成就、新经验、新风貌、新问题等。

第二，讲究指导性。新闻是否具有指导性，也是衡量新闻价值的重要标准。在任何时候，新闻都要以指导性和思想性为尺度去衡量所观察到的一切事物，从而确定它的新价值，恰当地运用它。

第三，强调重要性。事物越重要、越显著，关心的人越多，新闻价值也就越大。有些事的重要性和显著性是一下子就能看出来的，有些却是淹没在大量的一般性事实之中，这就需要公共关系人员下工夫筛选、辨别。新闻事实与人们的利害关系越密切、涉及面越广、影响越大，重要性就越显著，也就必然引起人们的普遍关注。重要性与显著性常常是连在一起的。显著性是指那些著名的、非同一般的事物，比如邀请著名人士参加组织的重要纪念日活动等。这些事实知名度高、影响面广、吸引力强，最能激起人们的兴趣。

第四，考虑接近性。这是指新闻事实与公众在心理上、利益上、地理上、职业上的关联与接近。其关联接近程度越紧密、公众越关心，新闻价值也越高。如恰当地选择社区内的新闻事实予以报道，有助于引起社会公众的兴趣和改善组织形象。

第五，注意趣味性。趣味性也是衡量、确认新闻价值不可缺少的标准之一。搞新闻的人都知道一句话，叫做“狗咬人不是新闻，人咬狗才是新闻”，说的就是这个意思。但是，对趣味性不能做庸俗理解，不能做片面理解。公共关系人员在做新闻宣传工作的时候，不能有片面猎奇的小市民心理，专门去追求怪招、选奇闻、耸人视听。所以，新闻除了“新”、“奇”外，还应该从社会生活中人们所关切的具有积极意义的事情中去寻找。

公共关系人员在广泛收集新闻素材、挖掘新闻线索、分析和确认了新闻价值之后，就可以通过健康正当的手段制造新闻了。

（2）制造新闻。我们这里所说的“制造新闻”是指以事实为根据，通过健康正当的手段，制造既有利于组织本身又有利于社会公众的新闻。它与那些利用不法手段肆意歪曲事实、哗众取宠的新闻有着根本的区别，它有助于推动社会公益事业和文化活动的发展，有助于推动社会主义精神文明建设的发展，有助于促进组织经营管理水平的改善与提高，对社会进步与发展有着积极的意义。

制造新闻需要有广博的知识、丰富的想象力和一定的实际工作经验，同时也要掌握如下普遍适用的技巧。

①应该就公众在某段时期最关注的话题制造新闻。公众在不同的时期所关心的话题不同。对公众兴趣审视力较强的公共关系人员应该时刻关注这个问题，以便把握时机。

②要注意抓住“新、奇、特”这三点制造新闻。一个事件的新闻价值往往就在于它的“新、奇、特”上。在激烈的组织形象竞争中，要成功地制造新闻，公共关系人员必须独具匠心，使公共关系活动具备“新、奇、特”的条件。

③为了强化新闻的效果，应事先制造一些热烈气氛，使公众心理上有所准备。

④应有意识地把组织和某些权威人士或社会名流联系在一起，利用他们的知名度吸引记者前来采访。

⑤制造新闻还要尽可能地与传统的盛大节日或纪念日联系在一起，每年的传统节日、纪念日往往都是新闻报道的重点。

⑥应注意多与报社、电台和电视台等新闻机构联合举办各种活动，以增加本组织在传播媒介中亮相的机会。这是因为新闻机构自己举办的活动自然会在自己的新闻媒介上报道，组织也会因此得到与广大公众见面的机会。

公共关系本身既是一门科学，也是一门艺术。公共关系实务更是这样，其艺术性体现得更为明显。制造新闻同样如此，没有一套固定不变的原则和方法。上述介绍的也只是一般性的技巧，公共关系人员要成功地制造新闻还必须通过大量的实践，不断地总结经验，使自己的技巧日臻完善。

学习单元 4.2

网络公共关系

4.2.1 网络公共关系概念

据统计，在美国发展最快的五个行业中，公共关系业就是其中之一，所有全球性公共关系公司都以每年增长20%～25%的速度在发展。未来的时代是一个人和计算机共生的网络时代，这一时代的到来进一步提升了公共关系的作用和地位，给公共关系人员提供了一个长袖善舞的发展空间。网络时代是公共关系业充满希望和机会的时代。网络为公共关系业带来了又一个春天。网络世界中的一些著名品牌，如雅虎、亚马逊等在几年时间里建立起来，与可口可乐等传统品牌用一个世纪才建立起来的知名度相比，不能不说其中有网络公共关系的功劳。据统计，财富百强公司100%地拥有自己的网站，它们已成为公司对外公共关系的主要工具。如微软网站有很多自己的新闻；耐克网站有关耐克公司的所有讨论和公司动态等。因此，各种组织正在抓住机会开展网络公共关系，以迎接“注意力经济”时代的挑战。

网络公共关系或者称作E公共关系，是适应时代要求，以互联网为手段，沟通企业内外部信息，加强企业与社会公众的交流，从而提高企业的知名度和美誉度，塑造良好的企业形象的新型公共关系活动。网络公共关系是数字环境下的公共关系，是传统的公共关系活动在网络中的新发展。网络公共关系有三大构成要素：网上的各种社会组织、社会公众和传播。

(1) 各种社会组织是网络公共关系的主体，是指建立自己的网站，利用网络及其技术实现特定的公共关系目标的各种组织、团体、企业、个人等，主要是指网上的各种社会组织，包括营利性组织和非营利性组织。

(2) 社会公众是网络公共关系的客体，是指能够接触到网络，并同一个网上社会组织发生直接或间接关系，与该组织的发展有现实或潜在影响的个人、群体或团体的总和。

(3) 传播是把二者联系起来的纽带。目前网络公共关系的传播手段主要有各类网络论坛、BBS、新闻组、电子邮件、网上会议等。由于网络传播方式和技术仍在不断的发展和变化之中，因而必然会导致网络公共关系在网络技术发展的不同阶段有着不同的方式和技术。网络公共关系人员的任务就是把这三者和谐地统一起来。

4.2.2 网络公共关系特点

1. 互动互通性

首先，因为网络具有互动互通的特点，使得信息传播的交互性大大增强，从而使网上公共关系主体拥有了在传统公共关系（这里指通过报纸、杂志、电视、广播等传统新闻传播形式进行的公共关系）中所没有的主动性，使网上组织在公共活动的几乎所有环节中都能发挥主动作用。这一特征是网络公共关系与传统公共关系相比更具优势的根本原因所在。

在传统的新闻传播中，编辑、记者、导演等人往往充当了“守门员”的角色，他们决定一组织的新闻、消息是否能见诸报纸、杂志或电视，他们甚至还决定这则消息的表达风格和隐含内容等。与传统新闻的这种局限相比，网络的加入给组织的公共关系活动提供了巨大的机会。网络使企业可直接面向消费者发布新闻而不需要其他媒体为中介成为可能，这是一个极为重要的革命。这项革命克服了传统新闻传播中存在的消极人为因素，使组织能有效地掌握公共关系的主动权，能对公众产生直接影响。

同时，网络即时互动的特性使网上公共关系还具有创建组织和公众“一对一”关系的优势，增加了组织和公众间的直接交流与沟通，使组织能及时、充分地接收公众的反馈信息，了解公众的个性化需求，把握公众对组织的评价，维护和组织的良好关系，从而提高了公共关系活动的实效性。

2. 即时性

“给我两分钟，我让全世界找到你。”这是一家网络公司的广告词，形象地说明了网络公共关系的跨越时空性。网络信息传播的高速度使得组织的公共关系活动具有即时性的特点。传统传播媒介有一定的发行周期，如一般报纸和杂志每天或每月才发行一次，而在网上可以全天 24 小时随时发布消息，且可随着形势的发展随时更新消息，公众也可以全天候随时地进行点击。网络的这种特点对组织公共关系活动的开展既是机会又是挑战，组织有了机会随时发布消息，但也使公共关系工作的节奏大大加快，一些不利于组织形象的负面信息可能因为在网上曝光，几分钟就传遍世界各地，这就需要公共关系人员同样利用网络的即时性对事件做及时而有效的处理。2010 年的 10 月，美国一家生产果汁的欧瓦拉果汁公司发生一起突发事件。该公司生产的一批苹果汁不慎被 0517 大肠杆菌污染后流入市场，导致 61 人中毒，其中一名儿童死亡。一下子舆论哗然，公司的良好形象受到了严重损害。面对这一突发事件，公司开展了强大的网络公共关系，请网络专家在 24 小时内建立了公司的全球信息网站，向公众传达了公司的道歉声明和补救措施，并且帮助消费者联上相关的医药保健网站，获取有关大肠杆菌的最新医学信息，以求对策，从而避免了事态的进一步恶化，挽救了公司的形象损失。

3. 广延性

网络的全球互联性使得网络公共关系在空间上拥有了传统公共关系所没有的广延性，组织公共关系活动的受众无限扩大，全世界 160 多个国家和地区的上网公众都有可能接收到组织在网上发布的新闻，克服了传统公共关系活动在地区上的限制。同时，网络给组织的公共关系活动提供了巨大无比的活动空间，组织可以通过网络论坛、当地电子公告板(BBS)、新闻组、网络会议、网络广播台及节目、网络电视台等各种形式向公众发布新闻或开展其他公共关系活动，从而扩大了组织活动的范围。

4.2.3 网络公共关系的活动方式

组织开展网络的方式是多种多样的，关键是要在网络公共关系实践中灵活运用。网络公共关系的活动方式主要有如下几种。

(1) 建设公关型的企业网站。企业网站是帮助企业树立形象的最佳工具之一。网站上的企业背景资料、商标、广告语、经营理念、企业视觉形象识别系统等公关信息元素可以源源不断地向公众进行传播。公众也可以通过网站提供的联络方法提出自己的疑问、咨询及投诉，并快速地得到企业的答复。以上的过程使公关活动的本质即组织和相关公众之间的双向信息传播和沟通得到最好的诠释，这也要求企业在设计网站时充分考虑网站的公关功能，不仅把网站作为一个销售平台、服务平台、采购平台、广告平台，也要把其作为企业公关活动的平台，使网站融入企业的文化、精神和理念。在利用网站公关的过程中，企业公关人员必须明确两个问题。首先，网络公关的对象包括客户、供应商、经销商、投资者、企业内部员工、媒体、金融机构、政府机关、社会团体等，这些公众对企业的经营管理活动都会产生直接或间接的影响，需要受到企业的重视。其次，网站需要根据这些公众的特点为其提供各种信息服务。企业的背景资料、组织结构、管理技术水平、新闻是向上述全体公众提供的，此外企业也应该注意提供针对特定公众的特定信息服务。

(2) 借助网络媒体发布新闻稿。近几年，以新闻传播为重要任务的网络媒体发展速度惊人。新浪、搜狐、网易等站点在新闻传播方面的影响力已经丝毫不亚于一些传统的电视、报纸、杂志媒体。通过这些网络媒体来发布关于企业的新闻，无疑是行之有效的公关方法。不仅如此，如果企业网站有足够的访问量，网站本身就可以在一定程度上代替传统媒体的新闻发布功能。企业还可以通过公共论坛、与企业业务相关的新闻组来发布这些新闻，同样也可以达到较好的效果。网上新闻稿的制作应注意以下几点。

①注意稿件的链接问题。网上新闻稿的制作不同于现实生活中的新闻稿。在真实世界中，新闻稿通常不超过两页，因为有篇幅限制，许多信息只好删去。在网络上则没有这种限制，而且还可将新闻链接到其他相关信息上，使得公众在搜寻信息时可以从中寻找更有用的信息，既方便了公众，又大大增加了组织的信息发布量。因此，在进行网上新闻稿的制作时要特别注意稿件的超链接问题，应创建新闻稿与各种相关信息的链接，如创建新闻稿与站点中过去的新闻稿及相关信息的链接，使公众能获知事件发展过程的概貌及更多的信息；创建新闻与其他站点中相关信息的链接；创建新闻稿与有关图片的链接，使公众有可能获得相关的图片资源。

②注意稿件的形式问题。为了提高公众对组织网上新闻稿的浏览率，新闻稿的形式应力求生动、活泼，富有新意，能抓住网上公众挑剔的眼睛。形式千篇一律，语言枯燥乏味的新闻稿在任何时候都是无人问津的，在强调“注意力经济”的网络时代尤其如此。因此，为吸引公众对组织新闻的注意，组织在设计网上新闻稿时，公共关系人员可运用Flash动画、音乐等多媒体技术，增强新闻发布形式的趣味性，从而加深公众对新闻的印象。

③加强新闻稿的互动性。网络区别于传统媒体的一大特征是它的互动性，我们在制作新闻稿时也应充分增强它的互动性，从而使组织及时得到公众的反馈信息，为组织的下一

轮决策提供依据。首先，应该在新闻稿页面的顶部或底部添加联系信息，使公众一旦有疑问，能和公司的相关人员快速取得联系，实现公众与组织公关部门的即时互动；其次，应在新闻稿后设立专门的评论区或设立常规性的电子论坛，使公众可以自由发表自己的读后感，参与讨论。

(3) 通过电子邮件发布个性化信息。面对不同的信息需求者，企业可以通过电子邮件为他们提供各种类型的信息服务，使他们及时了解企业的各种新闻、产品、销售政策，而相应公众也可以通过电子邮件将对企业的要求、建议传回企业。维护企业与传统大众媒体的关系。传统大众媒体和新兴网络媒体绝对不是简单的对立关系，而是相互渗透、相互融合的。企业公关人员可以进入相应的公共新闻组和论坛，或者进入媒体的论坛和聊天室与记者、编辑交流，也可以利用电子邮件向他们发送新闻稿、提供新闻线索，这都将帮助企业公关人员建立与媒体人员的良好沟通，促进企业公关活动目的的实现。

(4) 刊登网络公关广告。公关广告是企业推销自身形象的一种特殊手段，是一种特殊形态的广告，亦是一种特别的公关活动方式。而网络广告所具有的超时空、低成本、内容可扩展等优势，无疑使它成为一种理想的公关工具。在网络上做的形象广告、公益广告、观念广告，都能有效加强公众对企业的理解，融洽企业与公众的关系。

(5) 赞助公益事业。在网上赞助有益的社会事业，可以在推动公益事业发展的同时，为企业赢得良好的声誉，是一种有效的网络公关手段。

(6) 开展网上社会服务活动。在网上举办各种专项社会服务活动，无偿地为相关的公众提供服务，以行动和实惠吸引公众的兴趣，获得公众对企业的好感，也是一种较好的网络公关活动方式。举办网上公众代表座谈会。企业在做出影响相关公众利益的政策决定之前，需要了解相关公众对此项政策的详细意见或是企业在相关政策实施一定时间以后，想收集公众对此项政策的态度和反映，都可以通过网上公众座谈会的方式来进行。在操作过程中，可以通过各种途径，如电子邮件、企业网站、电话等发布邀请函，其中应注明座谈会的时间、网址、参会人员、讨论主题等重要信息。

(7) 召开网上新闻发布会。在传统公关活动中，新闻发布会是组织和公众沟通的例行方式。它是一种两级传播：先将消息告诉记者，再通过记者所在的媒体告知公众。企业将这种方式放到网站上，通过聊天系统或视频会议系统进行，可大大降低新闻发布会的成本，提高效益。

(8) 网上软件搭载发布。通过网上 OICQ、Foxmail、Netants 等绿色软件的搭载形式完成对新闻稿的发布。绿色软件的下载率非常高，因此，组织可与这些软件的生产商联系，以搭载的形式发布新闻稿，从而扩大组织的最新动态、产品资料等信息的受众面。

在发布工作完成以后，组织还有一系列相应的善后工作需要做，如给有关记者打电话告知新闻稿的发布情况、认真回复公众或记者读完新闻稿后的疑问等。

4.2.4 网络公共关系的新发展

近年来，随着网络技术的发展，网络公共关系又有新的发展，其中博客公共关系和微博公共关系日益受到人们的重视。

1. 博客公共关系

博客是近年来发展最快的互联网工具，它从2001年正式登陆中国，便以星火燎原之势迅速发展。博客作为一种媒介，一种网络交流方式，其个人性、即时性、共享性和交互性、可信性等特质已开始显示出了其在公共关系应用方面的价值。

(1) 博客的概念和特点。学界一般将博客（Blog）描述为：“一个Blog就是一个网页，它通常是由简短且经常更新的Post所构成；这些张贴的文章都按照年份和日期排列。Blog可从有关公司、个人、新闻，或是日记、照片、诗歌、散文，甚至科幻小说中发表或张贴。许多Blogs是个人心中所想之事情的发表，也有非个人的Blogs，那是一群人基于某个特定主题或共同利益领域的集体创作。Blog好像是对网络传达实时信息。撰写这些Blog的人就叫做Blogger或Blogwriter。”简单说来，Blog是在网络上的一种流水记录形式，所以也称为“网络日志”，或简称为“网志”（Web log）。

最初的博客出现于20世纪90年代，1993年博客软件工具的测试版发布了；1999年，网络日志被正式命名；2002年，国内最早的博客服务提供商开始出现，博客中国与BlogCN相继建立；到2006年左右，博客作为一种新的媒体现象，其影响力大有超越传统媒体之势。博客的发展如此迅速，这与其突出的个性特点是分不开的。博客有如下六个特点。

第一，零进入壁垒。博客是“零进入壁垒”的网上个人出版形式，“零进入壁垒”主要是指满足“四零”条件，即“零技术、零编辑、零成本、零形式”。

第二，共享性强。对博客而言，分享是博客赖以存在的基础。当每个博客以自己的网页组成博客们的共同主题时，博客们便在这个虚拟的空间中共享观点、思想、知识、信息。此时便体现出“梅特卡夫定律”即网络的价值，随着用户数量的平方数增加而增加，或者说信息共享的价值是以博客数量的平方来计算。

第三，交互性。在博客中，Blogger通过自己发布的日志来同读者进行交流，读者通过在博客中发布评论与其他读者或者Blogger进行沟通。这样便形成了一个围绕着博主与博主、博主与读者、读者与读者间交互的开放的沟通圈。

第四，可信性。或者说是“权威性”，一个受欢迎的、点击率很高的博客，往往在大众心目中具有较高的权威性，其发布的内容具有可信度。因为一旦其发布虚假信息被大众察觉，失去了可信性，该博客的大众访问量就会大大降低。

第五，个性化。在博客中由于没有上司领导，没有工作要求，没有内容主题和文体的限制，博主们在毫无思想压力的轻松状态下畅所欲言，将自己认为最有价值的东西以个人的独特方式展现出来，让公众尽情感受以“个人大脑”作为网络搜索引擎和思想发源地的魅力。

第六，信息形式多样。博客作为一种网络媒体，可以记录各种形式的信息，也可以随时查询，具有档案的作用。而报纸虽然能够记录文字信息，被人们多次浏览，但却记录不了视频和声音；电台和电视台能够播放声音和视频，但很难记录下来，人们看过一遍想看第二遍就得等重播。博客则不然，文字、声音和视频都能记录下来，无论什么时候想要查询都很容易办到。因此，博客传播的速度和效率在很多时候能超越传统媒体。

（2）博客公关的概念和目的

博客的出现，打破了原有传播体系中媒体导向占据主导地位、用户反馈和参与占从属地位的局面。而当受众真正参与到企业传播体系中后，企业传播方式也开始了全新的构建。

所谓博客公关，就是利用博客的“口口”传播功能，将公关消息“病毒式”传播出去，并且利用博客宣传公司的观点，降低公关成本，提高信息的传递效果，从而达到公关的目的。

博客公关应用的最根本的依据是博客的聚合效应，也就是我们所说的“圈子”概念，即具有相同的爱好、相近的职业领域或相似的生活背景的人所形成的一个人际关系联结的群体。相对于这个群体而言，写作者是一个意见领袖、一个意见发布的核心，他们对于特定商品、服务乃至特定企业的看法，对于这个小群体而言具有相当的辐射与渗透作用。博客圈子的蓬勃发展使口碑效应愈发加速和放大。

博客公关的主要目的有两类：第一类是利用博客传播的特点，迅速建立和组织当事人的博客，快速将企业动态及相关事件的内容传播给受众，以消除猜疑和负面消息，建立起正面引导；第二类是通过建立起切实可行的博客作者检测机制，对博文和博客进行有重点、有目的的检测，以避免负面、误解的信息在网民和博客中扩散，从而达到维护企业形象的目的。

（3）博客公关的价值

博客在企业公共关系中的应用涉及了包括从协调组织内部关系、发布信息、处理公共事务，到获取消费者反馈信息、促进投资者关系、辅助危机公关，再到企业形象的塑造等诸多公共关系领域。博客公关的应用，为企业带来相当可观的有形和无形收益。博客公共关系的应用价值表现为如下方面。

①协调内部关系。一个企业要获得自身的发展，首先要协调好企业与员工以及员工与员工之间的关系。博客很好地扮演了企业与员工、员工与员工的“关系居间者”的角色，在企业与员工、员工与员工之间架起了一座沟通的关系桥梁，为企业实行以人为本的软管理提供了一个良好的平台。

②减少公关成本。首先，企业可以利用博客影响意见领袖而降低公关成本。新的品牌和服务推出，广告到达率较低，而通过意见领袖或媒体的公关影响力传播则会引起大众的关注，收到很好的传播和营销效果，而且成本低廉。Stormhoek 葡萄酒厂家由于受资金限制，没钱投广告，因此他们就创造出一种崭新的传播方式：2005 年，他们开始给英国、爱尔兰和法国的博客中坚人士（长期坚持写博客的人）送去了 100 多瓶免费的葡萄酒，收到酒的博客作者们对此颇感意外，于是纷纷在自己的博客上撰文谈及此事以及品尝酒后的感受。因为这些博客本身具有相当的影响力，而且博客与博客之间又有大量的链接与互访，他们之间的交流便辐射到更广泛的博客群体。在不到一年的时间里，Stormhoek 葡萄酒的销量便陡增一倍。

其次，企业可以利用博客提高搜索引擎收录而减少广告投放成本，从而达到减少公关成本的目的。公共关系对目标对象发生作用的前提是，企业信息得到目标对象的关注，在人们把越来越多的目标投向互联网时，搜索引擎对于人们检索信息的重要性便凸显出来，在搜索引擎上取得优先排名位置成为企业取得地位的不可或缺的手段。一些企业通过购买关键词或者投放广告的形式争取排名位置。由于博客在技术上较好地融合了搜索引擎，因此为企业节省了一笔不小的开支。

最后，企业可以通过博客做线上产品市场调查、测试而降低公关活动成本。市场调查是企业满足消费者个性化需求增强竞争能力的有效途径。众多企业面临的困惑，都是不了解顾客的需求，所以无法有针对性地开发、营销产品。市场调研机构可以量化相关需求，但在一些急需个性化设计的产品领域，及时得到客户反馈至关重要。与传统的定性研究如访谈、座谈相比，通过博客做线上市场活动不但成本低廉，而且信息准确。

③强化公众沟通。企业通过博客可以与公众，尤其是目标消费者进行密切沟通。企业公共关系的一个重要途径就是使“零关系”转化为“弱关系”，使“弱关系”转化为“强关系”，而关系转化的关键是信息的沟通与交流。企业博客的兴起为消费者和企业搭建了一个交流与沟通的平台，企业可以通过博客与消费者对话，了解消费者对产品的反馈以及需要，解答消费者的疑问，这些形式可以保持甚至巩固企业与特定消费者的关系。此外，还可以通过博客做市场前期调查、新产品测试，对于企业来说，这不仅是十分方便的方法，而且能节约时间和资金。

④提升企业形象。“新媒介即关系”，博客这一媒介传递的不仅是信息，还传递着传播者与受众相互信任的关系。在企业建立的企业博客中，博客的写作人员很多是本企业的员工，他们对本企业的产品与服务更了解，有一定的专业性。因此，他们的发言具有权威性，受众在心理上会认为企业博客值得信任，这就是为何受众会很容易接受企业博客上发布的商品信息。

⑤强化新产品推广。在品牌或产品推广上，博客往往能起到“润物细无声”的作用。通常，拟人化或拟物化的切入点更容易使消费者引起共鸣。宝洁 SecretSparkle 系列的身体喷雾产品就成功地使用博客进行线上传播。这款产品在推广过程中采用的电视和平面广告的形象都是四个各具个性的“女孩”来代表四种香型。宝洁根据对目前青少年的网络行为方式的研究，采用了博客的网络传播方式。每个香型以一个“女孩”为外在表现，在博客上用代表她们鲜明个性的语气进行沟通。在专门为这“四个女孩”开辟的博客上，每个“女孩”的写作和表达方式都十分接近青少年的表达方式，包括各种促销信息、明星八卦、时尚等话题，也同时推荐诸多优秀的网络资源，起到实际的“门户”作用。对于小规模的商户，博客也是性价比很高的传播手段。

⑥化解企业危机。企业在发展过程中总会出现潜在的或现实的危机，而危机的出现往往是因为信息的流通不畅造成的。博客对企业危机的预防和处理，以及改变企业危机中出现的不良状况都发挥着重要作用。一方面，企业不仅可以从本企业开设的博客上了解本企业员工和产品，消费者对自己的评价，还可以在企业博客的搜索引擎上输入本企业或者相关产品或服务的名称，迅速地搜集连接到博客中的大众的评论，通过对这些评论的分析找到企业的危机所在，从而在企业决策中采取措施加以预防。另一方面，博客具有很好地呈现事实真相并对之进行快速散播的特性，这对于企业在出现危机之后掌握话语权，化被动为主动大有益处。沃尔玛堪称是成功利用博客化解危机的典范。据报道，“由于工资低以及员工医疗待遇问题，沃尔玛在美国国内受到前所未有的抨击。为了应对空前的批评并改

善形象，沃尔玛将目光投向主流媒体之外，开始直接向博客们提供沃尔玛正面新闻资料，邀请博主们访问其公司总部，以此博得博主们的好感与支持。”沃尔玛这一做法成功地得到了博主们的回应，很多博主开始在自己的 Blog 中为沃尔玛说好话，从而帮助沃尔玛重新获得了舆论的支持。

2. 微博公共关系

今天，微博作为新媒体环境中的重要传播方式，已成为组织公共关系的重要形式，越来越多的组织利用微博这一公共关系传播的有力工具，塑造组织形象，实现公共关系目标。

（1）微博公关的概念

什么是微博公关呢？简而言之就是组织以微博为手段，针对网络公众进行的公关活动。其主体是网络化的社会组织，传播媒体主要是指微博，客体是网络公众，目的是树立、维护和改善网络化的社会组织的形象，塑造和提升网络化的社会组织的知名度，以获得更多利益及群众基础。

微博公关的主体是网络化的社会组织，而企业主体是微博公关主体的重要组成部分，但却不是唯一主体，还包括政府等各种社会组织以及个人。而企业微博公关是现代企业网络公关发展的新趋势。微博公关的媒介是微博，从技术角度来看，微博传播公共关系的途径比较单一，因此，微博公关的媒介不只包括计算机网络，也包括手机网络。微博公关的客体是网络公众，首先只有注册微博的网络用户才有可能成为网络公关的对象。公关对象具有针对性的特征，同样网络公关也不例外。网络公关的客体就是已注册微博、经常浏览微博的、与网络组织有实际或潜在利害关系或相互影响的个人或群体的总和。

（2）微博公关策略的类型

微博的实时性、互动性非常考验各类组织应用其公关水平的能力，运用得好可以在短时间内获得足够的关注，而运用不好则门庭冷落。组织使用微博进行公关的类型大致可以分为宣传型、交际型、服务型和活动型。

①宣传型微博公关。宣传型微博公关是指企业利用微博作为其信息发布的媒介，宣传企业的产品形象和组织形象。宣传型微博公关的主要信息策略又可分为产品信息以及组织信息。并非所有的信息在微博上都能获得关注，要塑造良好的企业形象，需要巧妙地筛选与发布受众感兴趣的信息。以厦门航空为例，厦门航空在微博上以提供航空信息为主，发布出行航班信息、购票信息、打折信息、相关航空资讯和特殊天气情况下航班状况等。由于更新及时、信息丰富、内容亲民，截至 2010 年 12 月 31 日，厦门航空微博数量虽然只有 800 多条，但粉丝超过 36 万人，远超过其他航空公司，排名第一。

在宣传型的微博公关中，如果只是简单地围绕企业自身发布新闻简报，则难以吸引公众的注意，如三星电子，微博公关仍然采取传统的信息单向发布方式，微博内容为“三星精品翻盖手机 S6888 上市”、“三星与美国运营商联合推出 GalaxyTab”、“中国三星总裁为男子田径比赛颁奖”等，采用传统新闻式的标题，让人感觉只是单纯地将同一信息机械地发布于不同媒介，这种生硬的信息传递方式使得三星的粉丝还不到 1300 人，远低于同期同类型的诺基亚，其粉丝超过 6 万人，而 LG 的粉丝也接近 2 万人。

由此可见，利用微博进行信息发布，需要考虑到微博受众的接受心理，选择跟受众密切相关和感兴趣的实用性资讯比较容易获得受众的关注和认同，仍然采取传统枯燥单调的新闻发布方式、过于注重自身和产品的单向宣传则无法吸引受众的注意力。

②交际型微博公关。与博客相比，微博更新迅速、字数精短，有更强的人际互动性。利用微博与受众进行沟通，人情味强，能迅速拉近与受众距离。交际型微博公关主要是指企业将微博作为与受众交际的渠道，与受众进行交流，拉近情感距离，建立良好关系。企业应用微博进行交际，其特点是沟通直接、形式灵活、信息反馈快、富有人情味，在加强感情联络方面效果突出。

例如，美宝莲始终将微博作为与客户交流的重要渠道，它以友好的态度与消费者交流，对于消费者的问题基本上有问必答。其范围涉及美妆护肤，也涉及美宝莲自身产品性能以及价格等，美宝莲还在微博中积极寻找产品使用者发布的相关内容，主动转发并表示感谢，注重与消费者互动。在充满亲和感的同时，使受众具有参与感和被重视感，在微博这个信息加以放大的空间里，吸引了更多的受众参与其中，提升了美宝莲的关注度，提高了受众对该品牌的美誉度，更塑造了良好的企业形象。

③服务型微博公关。服务型微博公关主要是指以实际的服务吸引公众，使组织与公众之间的关系更加融洽、和谐，为组织提高社会信誉。服务型微博公关实在实惠，容易被公众所接受，特别有利于提高组织的美誉度。

以相宜本草为例，其微博内容多数围绕女性消费群体而展开。提供大量有关女性保养护肤的常识，如冬季补水的小贴士、睡眠面膜小知识、熬夜皮肤保健等女性关注的信息。这些专业的护肤信息吸引了很多受众的注意。根据自身企业产品定位，发布相关领域的专业信息，可以使一个品牌或者企业在专业信息发布方面拥有话语权，从而获得受众的青睐，吸引受众的关注。也有一些品牌，把微博作为其售后服务的重要沟通渠道之一。例如戴尔，其微博的重要功能之一就是提供客户服务以及售后服务。在重要位置提供了戴尔维修点的查询网址链接，同时提醒用户对购买、报修戴尔计算机有任何疑问或建议皆可以用微博与戴尔中国或者发私信给戴尔中国进行交流。

④活动型微博公关。活动型微博公关是指企业利用微博平台实施精心策划的网络公关活动。微博传播速度快、参与面广、关注度高、互动性强，迅速吸引了一些企业进行尝试。微博不仅可以作为公关活动的信息发布平台、报名参与渠道，也可以让受众直接参与到活动之中。

以中粮集团为例，其于 2010 年 7 月 19 日开通中粮美好生活页面，同时“美好生活@中粮”的微博活动随之展开。点击进入活动页可以直接参与活动的各个板块。例如，“发现美好”、“粮呈美景”、“相约世博”、“世博闪拍”、“发现中粮”等。通过设置过去、现在、未来等主题，受众可以通过文字或图片展示童年记忆等美好的生活记忆；作为世博会高级赞助商，中粮集团提供了“相约世博”，让用户点对点选择与自己同一天去世博的伙伴；“世博闪拍”则为世博园的参观者提供了美好图片的分享平台，而对于世博园外的用户，则可以在“粮呈美景”中，将世博图片转发至个人微博。中粮集团将“美好生活”这个理念融入一系列的公关活动之中，让受众在信息的发布与接收过程中深入领会到这一理念。截至 2010 年 11 月 28 日，中粮美好生活的微博粉丝数已将近 25 万人，除此之外，中粮生产队、中粮我买网等中粮集团的微博用户粉丝数量也都达到万人以上。活动期间揽入大量粉丝积极参与活动，极大程度地提高了品牌的关注度和认知度。

又如艺龙旅行网，其转发微博赠送奖品活动十分频繁。奖品多以高端产品为主：2010年11月26日赠送Zippo黑冰链打火机，2010年11月24日赠送爱国者新品U悦4G MP3，奖品还有“指定地点的免费往返机票＋四晚星级酒店”、32G超豪华iPad等。仅2010年11月，艺龙旅行网就推出了至少4项重磅级转发抽奖活动，总价值上万元。在活动过程中，艺龙旅行网只要求转发微博内容并成为艺龙旅行网的粉丝，同时抽奖过程由北京东方公证处进行公证，保证了过程的公众性。这使得艺龙旅行网的粉丝数量节节攀升，截至2010年11月27日粉丝数量已超过15万，11月3日的iPad抽奖微博更是创下超过17万的转发量。从而赠送奖品活动所带来的关注度为艺龙旅行网的企业形象塑造提供了巨大的机会和空间。

通过与明星微博的合作进行网络公关也是目前十分流行的一种做法。在2010年南非世界杯期间，联想乐Phone联合著名足球解说员黄健翔的微博进行了有奖竞猜的活动。黄健翔的微博除了发布世界杯资讯和评球的信息之外，还以球赛结果竞猜的方式给随机抽取的猜中比赛结果的微博用户赠送礼品，礼品就是联想乐Phone一台。这些竞猜引来无数微博用户的关注和参与，联想乐Phone收到显著的宣传效果。2011年3月，粉丝超过500万的“微博女王”姚晨应香奈儿的邀请参加巴黎时装周，连续几日姚晨都在微博上积极地发布与香奈儿有关的信息，如参观其店铺、羽饰工坊等，使其品牌获得了极高的关注度与美誉度。

学习单元 4.3

案例与实践

本项目将组织公共关系传播中运用的各种媒介、公共关系传播的主要手段进行了系统的分析。通过了解、掌握各种媒介和传播手段的性质、特征、传播功能、运用规律和技巧，为学习者进行科学、有效的公共关系传播活动打下了基础，这不仅直接关系到组织公共关系管理的效绩问题，也是公共关系人员必须具备的知识与基本能力。

4.3.1 案例讨论

案例 4-1　法国白兰地的精彩亮相

20世纪50年代，法国白兰地酒已在国内享有盛誉。为开辟国外市场，法国酿造业的公共关系专家研究了大量信息，首先把拓展市场的目标投向了美国。为了打入美国市场，他们的公共关系策略是“寓物于情”，公共关系宣传的基点是借助法美人民之间的友谊做文章，选择的时机是美国总统艾森豪威尔的67岁寿辰。他们大力宣传法国人民为了表示对美国总统的友好感情，将赠送两桶极为名贵的窖藏长达67年之久的白兰地酒作为贺礼，并由专机送抵美国，白兰地酒公司为此付出了巨额保险费。美国公众在总统寿辰一个月前就从不同的传播媒介获得了这一消息。一时间，法国白兰地成了新闻报道、街谈巷议的热门话题。

总统寿辰这一天，华盛顿的主要街道上都竖起了大幅标牌："欢迎您，尊贵的法国客人!""美法友谊令人心醉!"各大报纸的显著位置频频出现"总统华诞日贵宾驾临时"和"美国人醉了"等大标题。在白宫的花园举行了隆重的白兰地酒的赠送仪式，四名英俊的法国青年身着法兰西传统的宫廷侍卫服饰，抬着两桶白兰地正步前进，步入白宫。装着白兰地的酒桶也是法国著名艺术大师的精心之作。霎时，群情沸腾，欢声四起，甚至有人还大声唱起了法国国歌《马赛曲》。当天，为了观看这个送酒仪式，华盛顿出现了万人空巷的罕见景象，机场通往白宫的沿途街道、挤满了数以万计的观众，盛况空前；关于名酒"驾到"的新闻报道、专题特写、新闻照片挤满了全美当天各报的头版版面。

从此，法国名酒白兰地在轰轰烈烈的氛围中，昂首阔步地迈进了美国市场、走上了美国的国宴和普通市民的餐桌。

[案例分析]

这是一则公共关系广告中的活动类广告案例。

法国白兰地在美国的精彩"亮相"不同凡响，一鸣惊人，整个过程策划周密，干净利落，可谓是公共关系的精品杰作，公共关系传播活动的目的就是为了吸引公众的注意，从而在公众中树立良好的形象。把白兰地酒与美国总统寿辰联系起来，就自然成了新闻界和公众关注的热点，在整个事件的发展过程中，一举一动自然成了媒介报道的中心。

一般而言，公共关系的传播活动是在四个层次上进行的，即信息层次、情感层次、态度层次和行为层次。在这个案例中，白兰地公司采用了"寓物于情"的公共关系策略，使传播的作用在情感层次上得到了充分发挥。古语云：人非草木、孰能无情。在美国总统寿辰之际，献上法国白兰地酒作为贺礼，这本身就是一种真情厚意的表示。以酒为媒介沟通了法美两国人民的联系，在法美人民内心激起一种浓厚的友谊之情，从而缩小了法国白兰地公司和美国公众之间的心理差距。有了这份情义做铺垫，法国白兰地酒走上美国国家宴会和普通市民的餐桌就变得很自然了。

案例 4-2　本店绝不食言

香港一家经营强力胶水的商店，座落在一条鲜为人知的街道上，生意很不景气。一天，这家商店的店主在门口贴了一张布告："明天上午九点，在此将用本店出售的强力胶水把一枚价值4 500美元的金币贴在墙上，若有哪位先生、小姐用手把它揭下来，这枚金币就奉送给他（她），本店绝不食言!"这个消息不胫而走。第二天，人们将这家店铺围得水泄不通，电视台的录像车也开来了。店主拿出一瓶强力胶水，高声重复广告中的承诺，接着便在那块从金饰店定做的金币背面薄薄地涂上一层胶水，将它贴到墙上。人们一个接着一个地上来试运气，结果金币纹丝不动。这一切都被录像机摄入镜头。这家商店的强力胶水从此销量大增。

[案例分析]

“制造新闻”是指社会组织为吸引新闻媒介报道并扩散自身所想传播出去的信息而专门策划的活动。我们说“制造新闻”是一种积极主动的传播方式，是因为“制造新闻”是在社会组织充分认识新闻媒介的地位、作用和特点的情况下，为扩大知名度和美誉度，抓住一切可利用的契机“制造”新闻，以激起新闻媒介采访、报道的兴趣，从而达到使新闻媒介自觉不自觉地为组织作宣传的一种积极主动的、创造性的新闻媒介公共关系活动。

我们认为“制造新闻”是一种最为有效的传播方式，是因为新闻媒介所作的新闻报道、专题通讯等都具有客观性、公正性和可信性，它比直观的商业广告更容易被公众接受、相信和记忆，其效果要比王婆卖瓜式的商业宣传好得多。

我们说“制造新闻”是一种最经济的传播方式，是由于“制造”出来的新闻具有报道价值，所以能被各媒介主动报道，对组织或企业来说这种宣传是免费的。

这家胶水店的高明之处在于：通过“制造新闻”引起公众及媒体的注意，这种宣传与商业广告相比，新奇刺激，引人入胜，使公众在不知不觉中认同了强力胶水；而商店则借事件的影响，借助新闻媒体名扬四方，扩大了强力胶水的销量。

4.3.2 模拟训练

【训练项目】

媒介传播技巧。

【训练目标】

1. 掌握公共关系传播沟通的基本方式。

2. 根据组织传播的需要，选择正确的沟通管理方法。

【训练内容与方法】

根据本项目所学内容知识，针对某次公共关系活动，指出其符合哪些公共关系媒介传播要求，运用了哪些沟通管理技巧。

1. 全班4～5人一组，分成若干小组。

2. 每组派代表在全班做总结发言。

【标准与评估】

1. 标准：能正确掌握公共关系媒介传播的基本方法，针对某一公共关系活动，正确分析其传播沟通管理的技巧。

2. 评估：对以小组为单位进行交流的表现进行评估打分。

知识测试

1. 信息传播一般由哪些要素构成？

2. 公共关系传播有哪些媒介？

3. 影响传播效果的因素主要有哪些？

4. 撰写新闻稿件一般有哪些要求？

5. 组织如何制造新闻？

项目5　公共关系调查

❖学习目标

1. 了解公共关系调查的作用。
2. 熟悉公共关系调查的内容和范围。
3. 掌握公共关系调查的一般程序。
4. 熟练应用公共关系调查的主要方法。

学习情境

企业致胜的先行官

某地一家饮料厂，被当地政府作为重点来支持，投入了上千万元资金，生产出来的产品却无法推向市场，工厂资不抵债，濒临倒闭。后来，新领导班子上来抓的第一件事就是搞市场调查。在调查中他们发现，在瓶装饮料市场上，国外的名品有可口可乐、百事可乐，国内的名品有健力宝、海南椰子汁，这些都是深受消费者喜爱的名饮料，要正面发起冲击，无论从质量、口味、包装等各方面都无法与之抗衡，败下阵来也是理所当然。他们在调查中还惊喜地发现，多数消费者喜欢冷饮，而冷饮市场却无名牌占领，于是他们大力开发冷饮产品，短时间内就推出黑芝麻、美人鱼、西瓜汁等十多个品牌的冷饮系列，迅速抢占了冷饮市场的大半个天下，产品供不应求，厂子也因此起死回生。

一段时间以来，房地产公司如雨后春笋般涌现，房地产开发热遍及神州大地，但真正取得非凡业绩的却为数不多，究其原因，也是缺少广泛的市场调查。见人家搞别墅群，自己也不甘示弱；见人家盖写字楼，自己马上仿效，生怕被人家抢了先，一个城市有十家八家房地产公司已不是稀奇事。结果是造好的房子售不出去，资金被占用，再发展困难。即便是房地产销售广告"狂轰滥炸"，也很难有多大起色。

上海万科房地产有限公司不跟着起哄，他们注重市场调查，发现中外合资的房地产公司凭借雄厚的资金，把开发重点放在高档外销房上，本地的房地产开发商则在近郊兴建一般中低档新工房，看上去似乎无路可走，但他们却别具慧眼，眼光放在另一个潜在的消费群体上——外国打工者、个体户、高级白领阶层、普通港澳台同胞、事业成功人士以及未来五年将迈入中档收入阶层的一大批市民。

案例思考：

1. 上海万科房地产有限公司及某地一家饮料厂的成功说明了什么？
2. 试分析上述两家企业采取了什么样的市场调查方法，对你有何启发？

公共关系调查是公共关系工作的第一步骤，它对于社会组织来说具有重要的作用。社会组织开展公共关系活动，无论出于何种动机、基于什么水平，总有一个起始的过程，而它是以现状为基础的。只有对现状有了准确的把握，才能使公共关系活动具有针对性。

学习单元 5.1

公共关系调查的内容

公共关系调查的内容及范围主要涉及组织的基本状况、组织形象、公众评价和组织开展公共关系活动条件调查等。

5.1.1 组织情况调查

组织的基本情况是公众评价的首要对象。要正确地评价公众的意见，公共关系人员必须对组织的基本情况了如指掌。关于组织基本情况调查，主要有两方面的内容。

（1）组织的经营发展情况。这主要包括组织创建的时间、组织经营发展的目标（包括近期、中期、远期的目标）；组织发展过程的重大事件及在社会上、舆论界的反响；组织对社会的贡献；企业组织的市场分布、市场占有状况以及市场竞争状况；企业组织的产品、服务及价格特点；组织的管理特点；企业组织的外观、厂名及商标特点等。

（2）组织成员的基本情况。这包括组织成员人数的变化、组织成员的精神面貌、一般成员的状况以及对组织发展做出重大贡献的成员的情况和组织领导者的总体情况。员工的一般状况包括：年龄、文化程度、专业特长、兴趣爱好、家庭生活等；为组织做出重大贡献的员工、劳模的成就与经历；组织主要负责人的一般情况。

5.1.2 组织形象调查

组织是通过评价和衡量组织形象的两个指标——知名度和美誉度来完成组织形象调查的。

（1）知名度。知名度表示有多少公众知道和了解组织及对其知道和了解的程度，包括机构的名称、标识、经营内容、历史、规模、产品、服务等。组织的知名度在一定意义上决定着组织获得公众理解与支持的范围，所以该调查的公众范围一般比较广泛，可以是对组织诸多因素的综合考察，也可以是对其中的单项因素进行调查。通过知名度调查，能明确显示组织在公众心目中排名榜上的地位，而且可以详细了解组织的诸多构成因素对其知名度形成的具体作用，同时，也能为其他项目的调研工作提供基础资料。

(2) 美誉度。美誉度表示有多少公众信任和赞赏组织及对其信任和赞赏的程度，包括对机构名称、标识、经营方式、产品或服务是否喜欢、信任等。组织美誉度的高低，基本上反映了组织的信誉与社会形象。该项调查一般是在组织知名度调查基础上进行的更深层次的调查工作。通过美誉度调查，在一定程度上能为组织指明努力的方向。一个组织可能会为自己的高知名度而沾沾自喜，然而如果美誉度调查显示出反向结果的话，则表明这是一种臭名远扬。组织要及时追根寻源，努力修正不良影响，以免后患无穷。

表 5-1 和表 5-2 是组织知名度、美誉度的调查表，可供组织在公共关系调查实践中参考。

表 5-1　知名度调查问卷设计

项目	1	2	3	4	5	6	汇总
机构名称							
地点							
标识							
代表色							
历史							
规模							
经营内容							
产品 A							
产品 B							
服务							

（低）————→（高）

注：请被调查者对准项目在空格中勾“√”，根据总分及各项得分，综合评价机构知名度。表中 1～6 分别表示不知道、好像知道、知道、有些了解、了解、非常了解。

表 5-2　美誉度调查问卷设计

项目	1	2	3	4	5	6	汇总
产品 A							
产品 B							
售前服务							
售中服务							
售后服务							

（低）————→（高）

注：请被调查者对准项目在空格中勾“√”，根据总分及各项得分，综合评价机构美誉度。表中 1～6 分别表示很怀疑、怀疑、一般、比较信任、信任、非常信任。

5.1.3 公众评价调查

所谓“公众评价调查”，就是通过评估公众的意见和公共关系活动的效果，了解社会公众对组织相关行为的具体反应和建议。

(1) 公众意见。公众意见表示社会公众对组织有关问题的反应以及形成反应的具体原因，包括组织的产品、服务、价格、管理、人员素质等问题。

公众意见调查要探明组织在目标公众心目中的形象以及他们之所以会有如此评价的形成原因。该项调查一般可以对相关公众广泛地了解，也可以聘请一些熟悉业务、具有经验和综合分析能力的专家，运用座谈、信函的形式，请他们对组织面临的问题进行诊断并提出解决问题的建议。

公众意见调查不仅需要针对不同公众的知识水平、理解能力等多方面多层次进行有的放矢的调查，而且对各方面意见的汇总、整理也需要花费比较多的精力。例如，某个企业在消费者心目中形象不佳，那这种不信任究竟源于何处？是产品质量不过关，还是推销方式不适宜？是不相信企业的经营水平，还是对企业存有偏见？只有追根寻源，才能找到解决问题的关键。

(2) 活动效果。活动效果是了解社会公众对组织实施的公共关系专门活动的评价。正确评价公共关系活动的真实效果并不简单。作为一种长期为组织树立良好形象、为组织获取最大经济效益创造条件的公共关系活动，相当多的情况下是无法要求它直接创造利润的，所以，对组织实施的公共关系活动，往往不能用数量式的硬性指标来衡量，必须考虑到它所产生的滞后效应。

然而，通过公共关系调查，可以在一定范围内用定量分析的方式了解组织的公共关系活动是否达到以最少的投入使信息传递到最大空间的目标。

$$接触率=\frac{目标公众接触媒体人数}{目标公众人数}\times 100\%$$

$$单位宣传费用=\frac{宣传费用}{受众人数}$$

$$单位宣传费用效果=\frac{宣传后销售实绩-宣传前销售实绩}{宣传费用}$$

5.1.4 公共关系活动条件调查

所谓“公共关系活动条件调查”，是指在开展公共关系活动之前，组织对开展活动的主客观条件进行调查研究。为了避免闭门造车，给组织带来不必要的损失，组织的公共关系人员在开展公共关系活动之前或是在公共关系活动策划时，对支持公共关系活动的具体条件进行调研工作。其内容主要包括以下三个方面。

(1) 公共关系活动主体的人力分析。组织要使公共关系活动达到预期的目的，应该考虑由哪些人员参加，人力是从组织内部挑选还是由外部公共关系公司承担，人员具备哪些特长、工作能力、经验和业绩如何、能否胜任工作等。

(2) 公共关系活动主体的财力分析。从某种意义上讲，这是一种投入—产出比分析。

针对公共关系活动来说，就是组织所能投入的资金和活动所产生的效益是否成比例，资金的使用是否合理等。

(3) 公共关系活动的客观环境调研。客观环境分为宏观调研和微观调研两部分。宏观调研是对组织的经济环境、政治法律环境和社会文化环境的认识。组织在开展公共关系活动之前应对社会、政治、经济形势进行冷静分析，对市场和公众的社会心理进行认真研究。在市场活跃或疲软的不同环境下，公共关系活动的内容和效果是大不一样的。微观调研是对开展公共关系活动的具体条件进行调研，对活动的场地、设备以及各类有关规定等进行调研。公共关系活动的场地分为室内和露天。事先要调查场地面积、人员交际、食宿场所和流动的通道等。公共活动设备的调研一方面要调查清楚活动所需家具（桌椅、餐具、茶具）的数量、质量和档次；另一方面要调查清楚电子设备（电话、电视、音响、扩音器、投影仪、照明设备、话筒等）的数量及使用效果。

学习单元 5.2

公共关系调查的程序及方法

5.2.1 公共关系调查的程序

公共关系调查研究是一门艺术，既有科学性，又有技巧性。掌握公共关系调查的科学程序是提高调查艺术、强化调查效用的基础。

1. 确定公共关系调查的选题

确立公共关系调查选题，实际上就是确定调查的方向。对于公共关系人员而言，需要调查的情况十分繁杂。但是，在一次具体的调查活动中，由于时间、人力以及调查容量自身的限制，不可能也没有必要进行全方位、大规模的调查，通常只能开展有针对性的、专题性的、围绕某一个方面内容的调查活动。

(1) 确定公共关系调查选题的原则。公共关系调查选题的确立，是一项科学性与艺术性很强的工作，需要遵循以下几个原则。

①需要性原则。所谓“需要性原则”，即根据社会组织的需要来选择和确定调查选题。根据社会组织的发展战略与规划，优先选择的调查选题应当是公众问题、市场问题、内部自身问题和环境问题。公共关系调查具有很强的功利性和服务性，应当针对社会组织当前迫切要解决的问题进行调查。例如，在开发新产品时，企业亟待了解的是公众的需求、对老产品的意见、经济承受能力等，故多以公众愿望、经济生活情况为调查选题。在处理经营危机时，社会组织亟待了解的是造成危机的原因、危机事件的动态情况、公众受损害的情况、危机事件的影响范围等，以便制定消除危机事件不良影响的对策，故此时多以危机

事件本身作为调查选题。

②创新性原则。对于公共关系调查而言，创新不仅可以提高公共关系调查成果的社会价值，而且可以提高公众参与调查、回答问题的积极性。这就要求我们在选择公共关系调查课题时，善于运用新理论、新思维、新方法，从新的角度提出有别于以前的调查选题和有别于竞争对手的新选题，确保公共关系调查活动的顺利开展。当前，公共关系调查有自己的独特性，不同于一般的公共关系宣传活动，"创新求异"有自己的"度"，不能一味地求新求异，而应以社会组织需求为前提。也就是说，在公共关系调查选题确立的过程中，需要性原则与创新性原则相比，需要性原则是第一位的。

③可行性原则。所谓"可行性原则"，即社会组织所选择的公共关系调查课题在规模上、深度上要符合社会组织现有的调查工作的能力水平。如果公共关系调查选题规模过大，社会组织没有相应的人力、物力、财力条件，就不可能达到预期的调查目的。如果公共关系调查选题既深又难，而社会组织没有具备相应知识和文化素养的调研者，同样也不可能完成公共关系调查的任务。

④科学性原则。任何事物都有其内在的科学规律性。在确定公共关系调查选题过程中，要进行科学分析和科学假设，运用相关学科、专业知识判断公共关系现象之间的内在联系，提出源于科学判断的课题，以保证公共关系调查活动的科学性。

(2) 确定公共关系调查选题的过程。公共关系调查选题的确定不是一蹴而就的，它需要经过筛选、判断、分析的过程。该过程由一系列环节构成。

第一步，根据社会组织需要，尤其是公共关系决策的需要，明确公共关系调查选题的基本概念与内涵，指出公共关系调查的方向和必须达到的目标。

第二步，运用文献调查方法和直觉判断方法，明确公共关系调查选题的中心内容。公共关系人员在明确了选题概念以后，可以运用文献调查方法，了解以往相关的调查研究成果，为确定本次公共关系调查选题的中心和重点内容提供参照体系，以便找出本次公共关系调查选题的关键所在。

第三步，运用相关的学科理论和方法，形成公共关系调查选题的假设命题。在收集了与公共关系调查选题概念相关的文献资料的基础上，公共关系人员即可根据相关的学科理论进行推理分析，在科学理论指导下，围绕选题概念，撰写本次调查选题的假设命题。

第四步，运用比较、判断方法，对调查选题的假设命题进行综合评估。评估的标准有实用性、创新性、可行性、科学性等。如果判断结果表明：假设命题对社会组织亟待解决的问题具有实用性，与以往课题相比具有新颖性，同社会组织人力、物力、财力等条件又相符，用学科理论来衡量又具有科学性，那么选题就有价值，应当及时据此撰写调查问题，开展调查活动。反之，就说明选题工作有问题，需要重新设定标准，重新选择公共关系调查的重点，重新设定调查选题。

2. 制订公共关系调查方案

为了使公共关系调查工作能够顺利、系统并且有针对性地进行，拟订调查计划方案是必不可少的。它是公共关系调查的总体方案，是进行实际工作的行动纲领。

(1) 确定公共关系调查的目的。公共关系调查的目的是了解社情民意，通过征询公众意见，分析社会趋势，研究公众的社会需要，寻找建立信誉、协调经济效益和社会服务效益的途径。调查的任务是：寻求解决问题的具体办法，了解公众有哪些具体看法、具体要求和具体建议、希望解决问题的实际内容，达到解决问题的目的。例如，确定了产品换代问题是企业组织中长期的最大的问题，就应围绕这一问题搞清以下情况：①企业所面临的经济、政治、技术、社会等因素的变化趋势。②企业应采取哪些行动影响公众在产品换代问题上取得成效，并适应环境变化。③社会公众对产品换代问题的关心程度、紧迫感和提出问题所考虑的因素。

(2) 确定公共关系调查的对象。对象是调查的客体。明确了公共关系调查的目的后，就应该确认调查的对象。调查对象首先是“公众”。这些个人或团体具有一些共同的特征，受相同关系或问题的影响。例如，面对相似的问题，对该问题有各自的看法、态度、主张，试图处理解决这一问题。确定了调查对象后，还要注意以下两点：一是对目标“公众”进行分类，借以确定调查对象的类别及其组合；二是考虑到目标“公众”数量的大小、分布集中与分散程度各不相同，“公众”的背景、对问题的知晓程度和参与的积极程度也各不相同。应该考虑决定公共关系调查对象的具体构成，包括调查对象的总量、分布地区、涉及的“公众”类型、涉及的社会领域、对象的知晓度和积极性。

(3) 确定公共关系调查的项目。项目是调查内容的具体化。按照一定的逻辑顺序在调查项目下面注明需要调查的具体问题。公共关系调查主要有四项内容，即组织情况调查、组织形象调查、公众评价调查、公共关系活动条件调查。

(4) 确定公共关系调查的方法。公共关系调查的方法是公共关系调查所采取的手段。确定公共关系调查方法的根据是：①有利于定量与定性分析。②能达到公共关系调查的目的。③考虑现有条件。公共关系调查多以统计、社会测量、抽样和民间测验为主，这就要设计好统计表和问卷。

3. 实施公共关系调查方案

实施公共关系调查工作方案，实际上就是调查者根据调查方案的既定计划，在既定的范围和时间内，利用既定的调查方式、方法，向既定的公众收集信息资料。这是整个公共关系调查过程中最重要的环节。公共关系调查实施过程中的主要工作有以下几项。

(1) 组织公共关系调查对象群体。公众是分散的，而且数量庞大。我们要根据公共关系调查工作计划中的抽样方案选择调查样本，把符合调查样本要求、具有代表性的公众挑选出来，作为本次公共关系调查活动的调查对象。

(2) 积极协调各种公共关系。公共关系人员根据抽样方案选择的调查对象，一般与企业没有任何直接的关系。即使存在一定的关系，多半也是顾客关系，公共关系人员对他们没有任何行政约束力。因此，在调查工作中，公共关系人员是否积极主动地协调好各种公共关系，取得公众组织、群众网络、公众代表的配合与支持，就成为整个调查工作成败的关键。

(3) 发放问卷引导调查对象回答问题。为了提高问卷资料的可信度，在公众填写问卷前，公共关系人员应做好动员、教育工作，使调查对象理解本次调查活动的价值以及他们填写问卷的注意事项，提高他们填写问卷的主动性和规范性。

(4) 回收、清理问卷。调查对象填写完问卷后，公共关系人员应及时回收问卷，并进行初步的问卷整理，把不符合要求的问卷作为无效问卷清理出来，归档另外收藏。一般出现以下情形的问卷都应列为无效的问卷：①常规项目填写明显失误的问卷。②只对少数问题作出回答而对大多数问题没有作出回答的问卷。③问卷回答带有明显不认真标志的问卷，如整张问卷中所有问题都填写一个答案序号，这说明调查对象是未加思考、随意填写，虽有答案，但并未反映出调查对象的真实状况。

(5) 观察、记录公众的言行。在公共关系调查中，调查者要认真观察公众的言行，收集公众在言谈举止中流露出的真实信息资料，并及时做好记录。利用这种方式收集到的资料比用问卷收集到的资料更加真实、典型，因而更加具有公共关系价值。

4. 整理公共关系调查资料

资料收集任务完成后，即可转入信息整理阶段。资料整理不仅有利于分析、研究资料，而且有助于调查工作的后期总结。

(1) 公共关系调查资料的整理环节。公共关系调查资料的整理，在操作上有以下几个环节。

①问卷核实与清理。公共关系人员根据本次调查活动的特点，定出核实问卷的标准和要求，确定有效问卷。

②建立分类体系和分类标准，对资料进行归类。

③资料主题小结。对于一些文字类资料，如问卷调查中的开放题答案、调查人员的观察记录材料等，相对来说比较凌乱，公共关系人员应列出主题项目，对各种资料按主题项目进行小结、归纳，制作出“主题项目资料登记文摘卡”。

④资料统计。对于问卷调查中的封闭答案资料，公共关系人员可以借助计算机进行统计，计算出公众在每个问题上的意见分布数值。

⑤进行数据处理，建立数据库。根据问卷的问题设置分项目编制表格，把统计的数据结果填入相应的表格项目中，建立起本次调查结果的数据库。

(2) 公共关系调查资料的类型。公共关系调查资料经过整理后，主要有两大类型，即文字类资料和数据类资料。文字类资料，就是把公众在发放题中所写的意见、在交谈过程中所表达的观点、调查者在观察中所记录的资料等经过归类以后所形成的公众意见信息资料记录下来。数据类资料，一般是指公共关系调查资料数据库和数据表。

5. 总结公共关系调查工作

总结是公共关系调查工作的最后一个环节。在这个阶段，涉及的工作主要有两个方面的内容。

(1) 编写公共关系调查报告。公共关系调查报告是调查者根据公共关系调查活动获得的信息资料和据此形成的分析结论所拟写的一种应用文。公共关系调查报告有其基本文体格式、写作内容方面的要求，但在具体写作过程中仍应针对具体情况灵活安排其写作结构。表 5-3 是作为一般意义上设置的公共关系调查文体格式与写作要求。

表 5-3　公共关系调查报告文体格式与写作要求

文体格式		常用形式	基本内容	写作要求
标题		公文式标题、新闻式标题		醒目、精练、新颖
正文	导言	叙述式、提问式、总结式	介绍调查工作概况（如调查时间、范围、方式、内容、目的等）	点明主题、高度概括、精练简短
	主体	逻辑分叙式、表格说明式、条文列举式	①现状资料分项目汇总叙述； ②分析造成该现状的内外原因和影响因素； ③提出建议和措施	主题明确、中心突出、材料典型、逻辑性强、条理清晰
	结尾	归纳式、警句式、口号式	全文小结	渲染全文、加深印象
署名		标题之下或全文之后	调查单位、写作时间	简单明确
附件		原件、资料卡、表格等	调查表；典型材料；数据库	为正文服务

(2) 编写公共关系调查工作总结报告。公共关系调查工作结束时，应及时进行工作总结，找出经验教训，并编写公共关系调查工作总结报告，为以后开展调查活动提供参照体系。公共关系调查工作总结报告是一个总回顾。在写作格式上，一般包括标题、正文和署名三个部分。标题可以用公文式的写法，也可以只有内容概括。正文的内容主要有调查工作基本情况概述、成绩、经验、缺点、问题。

5.2.2　公共关系调查的基本方法

所谓公共关系调查的方法，是指用以保证公共关系调查目的得以顺利实现的途径、方式、手段、措施等。公共关系调查的方法是多种多样的，可以从多角度、多方面进行分类。基本的分类主要有两种，即基于调查对象范围变量的分类和基于资料搜集方式变量的分类。

1. 基于调查对象范围变量的分类

基于调查对象范围变量的分类，是指固定其他变量，而以调查对象范围变量作为依据的公共关系调查方法分类。依此，公共关系调查的方法可以区分为普遍调查、抽样调查、典型调查、重点调查、个案调查五种。

（1）普遍调查

普遍调查简称普查，又称为全面调查或整体调查。它是指公共关系调查者对调查对象总体中的全部单位逐一地、全面地进行调查，以搜集有关调查对象总体情况信息的公共关系调查方法。普遍调查有着许多类型，按照调查的范围，可分为大范围普查和小范围普查；按照调查的时间性，可分为常规普查和快速普查；按照调查的方式，可分为发送调查问卷的普查和填写统计报表的普查等。普遍调查的主要作用是对社会组织的某一公共关系现象的一般情况作出全面的、准确的描述，其主要目的在于把握某一公共关系现象的总体情况，得出具有普遍意义的结论。普遍调查有着自己的一些特点，其优点在于：第一，普遍调查获得的公共关系信息资料全面、准确，精确性和标准化程度均较高；第二，由于普遍调查是对所有的调查对象进行全面的、无一例外的调查，因此，通过调查资料的汇总和归纳可以得到具有很高概括度和普遍适用性的调查结论。普遍调查的缺点在于：第一，普遍调查对调查对象总体内的各单位都要一一调查，因而它所需要的人力、物力、财力和时间均较多；第二，普遍调查不可能对每一个调查对象都进行深入细致的调查，因此，它的调查项目较少，资料缺乏深度。第三，普遍调查的适用面窄。在社会组织的公共关系调查中，普遍调查一般限于在调查对象总体规模不大的情况下采用，对于调查对象总体规模较大的社会群体，一般社会组织往往不具备进行普遍调查的能力。

（2）抽样调查

抽样调查是指公共关系调查者借助一定的抽样方法从调查对象总体中抽取一部分单位作为样本进行调查，并以从样本那里获取的信息资料来推论调查总体一般状况的公共关系调查方法。抽样调查是为既保持普遍调查的优点又克服普遍调查的缺点而创立的一种新型调查方法，其目的是从许多“点”的情况来概括总体“面”的情况。与普遍调查相比，抽样调查具有许多优越性，这就是：由于抽样调查只是对调查对象总体中的一部分单位作具体调查，因而调查费用低、调查进度快、调查项目多、调查精力相对集中。这样，一方面可相对容易地获得内容丰富且准确度高的资料，另一方面其应用范围也相对较广。进行抽样调查的关键在于抽样，其基本过程有三：第一，界定研究总体和调查总体，建立抽样框；第二，设计和抽取样本；第三，对样本进行评估。抽样方法主要有概率抽样和非概率抽样两种。概率抽样是指调查对象总体内所有单位具有相同的被抽作样本的概率的抽样方法。其操作方法有：简单随机抽样、等距随机抽样、分层随机抽样、整群随机抽样、多段随机抽样等。非概率抽样则是指调查对象总体内所有单位不具有相同的被抽作样本的概率的抽样方法。其操作方法有：偶遇抽样、主观抽样、配额抽样、滚雪球抽样等。抽样方法的不同和所抽取的样本的容量大小都对抽样调查的结论具有重要影响，调查者在调查中必须高度注意。

（3）典型调查

典型调查是调查者从调查对象总体中选择有代表性的少量单位作为典型，并通过对典型的调查来认识同类公共关系现象的本质及其发展规律的调查方法。典型调查的认识过程是从具体到抽象，从特殊到一般。它的主要作用在于通过少量典型来真实迅速地了解调查对象全局的情况。典型调查的优点在于：调查少量典型，其时间、人力、物力、财力占用较少；可以细致地剖析某一具体调查对象，调查内容比较深入、全面；调查的具体方式和实施过程都比较灵活。典型调查的缺点是：选择典型易受调查者主观意志左右，很难避免主观随意性；典型的代表性和结论的适用性难以用科学的手段准确测定；典型调查局限于定性研究，难以进行定量研究。典型调查的关键是要选择好典型，也就是要选择那些具有代表性的单位。因此，它要求调查者对调查对象总体有比较全面的了解，并以实事求是的态度来选择典型。

（4）重点调查

重点调查是调查者从调查对象总体中主观选择具有某种集中特性，对全局具有某种决定作用的少量单位作为具体调查对象，并通过对这些具体调查对象的调查来掌握调查对象总体的基本情况的调查方法。重点调查的目的是通过对具有某种集中特性的少量具体调查对象的调查，来迅速掌握一定范围内对全局具有决定性影响的事物和现象的情况，这一点与典型调查基本相同。但重点调查常用于统计性调查研究中，它是指对比较主要的，在总体中占有很大分量或重要地位的几个单位所进行的调查，而且主要侧重于掌握和了解调查总体的数量状况；调查对象也不一定要具有代表性或典型性，只要在总体中占有重要地位或在总体的数量总值中占有较大的比重就行。重点调查的优点在于：具体调查对象的确定比较容易；调查比较省时省力；调查结果可反映全局情况。其缺点是：适用范围较小；调查项目较少且缺乏广度；一般只能作定量调查，用于掌握调查对象的数量状况。

（5）个案调查

个案调查也称个别调查，它是为了了解或解决某一特定的问题，对特定的调查对象所进行的深入调查。个案调查的目的是通过深入解剖麻雀来描述各个“点”的情况。其优点在于：首先，个案调查的调查单位少，能作详尽深入的了解；其次，个案调查的具体方式灵活多样，能搜集全面、完整、系统的个案资料；再次，个案调查时间安排较长，适用于边调查边研究，对个案作出具体诊断。个案调查在公共关系调查研究中主要适用于：第一，了解某一特定公众对象的形成和发展过程；第二，具体详细地分析公众对象的行为方式与社会组织公共关系工作之间的关系；第三，了解某些独特因素或条件对公众特定行为的影响；第四，具体研究某一特定公众对象对社会组织的需要、动机、兴趣；第五，开展VIP（Very Important Person，特别重要的人物）研究。个案调查一般按确定个案、登记立案、访问案主、搜集资料、分析诊断五个步骤进行，通常通过现场观察或深入访谈搜集调查资料。在个案调查中，值得特别注意的是，个案调查的具体调查对象属于个别的案主，对其所作的调查只能反映个案的具体情况，不能用于推论其他个案和公众的一般情况。

2. 基于资料搜集方式变量的分类

基于资料搜集方式变量的分类，是指固定其他变量，而以资料搜集方式变量作为依据的公共关系调查方法分类。照此，公共关系调查的方法可以区分为科学观察法、询访调查法、问卷调查法、量表测量法、文献信息法等几种主要类型。

（1）科学观察法

科学观察法是指公共关系调查者根据一定的调查目的和调查任务的要求，亲临现场，具体观察调查对象的行为表现和所处状态，以搜集所需公共关系信息资料的公共关系调查研究方法。科学观察法有着多种类型，根据观察者是否参与被观察者的活动，可分为参与观察与非参与观察；根据观察内容是否有统一设计的有一定结构的观察项目和要求，可分为有结构观察与无结构观察；根据观察对象所处的环境状态特征，可分为自然状态中的观察与人为情境中的观察等。这些不同的观察方法都有着各自不同的适用范围，在一般情况下，公共关系调查者往往可以综合地运用这些方法，以达到快速、准确地搜集公共关系信息资料的目的。科学观察法大多是在观察对象没有觉察的情况下进行的，因此，其调查结果较为客观。但采用科学观察法只能了解被观察对象的表面现象和行为活动，而不能看出被观察对象的内部特征，尤其不能看出被观察者的内心世界和了解被观察对象的行为动机、态度、打算等，因而调查深度往往显得不够。

（2）询访调查法

询访调查法是公共关系调查中常用的信息资料搜集方法之一。它是指公共关系调查者根据一定的调查目的和调查任务的要求，通过向调查对象提问、与调查对象交谈而搜集所需的公共关系信息资料的公共关系调查方法。询访调查法按其所采用的信息媒介与手段区分，可分为面谈询访、书面询访、电话询访、电子邮件询访等；按其有无固定的询访内容结构区分，可分为有结构询访和无结构询访；按其询访意图的显隐性情况区分，可分为公开的询访和隐秘的询访；按一次询访的人数多寡区分，可分为个体询访和集体询访。询访调查法中各种具体方法各有长短，各具利弊，各有其适用范围。如面谈方法主要适用于较为复杂的信息的搜集，可以对信息的各种相关因素作细致的了解，但这种方法花费时间多，对询访者的语言表达能力和综合分析能力要求高，还需要询访者具有一定的临场经验和丰富的相关知识。因此，究竟采用哪种方法，应根据具体情况确定。一般来说，搜集简单的、时间性强的信息资料，以电话询访为好；搜集涉及面广、深度要求高的信息，则以面谈为佳；涉及不便当面谈的内容信息，则以书面询访为宜。

（3）问卷调查法

问卷调查法是指由公共关系调查者向调查对象提供问卷并请其对问卷中的问题作答而搜集所需的公共关系信息资料的公共关系调查方法。问卷是用于搜集信息资料的一种重要工具，它的形式是一份精心设计的问题表格。问卷依其问题的构成特点可分为封闭式问卷和开放式问卷两种。封闭式问卷的提问是在提出问题的同时，还给出若干个备选答案，要求被调查者选择其中一个或几个作为回答；开放式问卷的提问是只提出问题，不提供具体答案，而由调查者自由填答。此外，问卷还可依发送方式分为邮寄问卷和送达问卷两种。从问卷的结构来看，一般地说，各种问卷往往都包括封面信、指导语、问题、答案、编码等几个部分，其中问题和答案是问卷的主体。在问卷的设计过程中，关键是要设计好问卷的问题和答案。问卷调查法有着许多不同于其他调查方法的特点，其优点在于：可以节省时间、经费和人力；具有较好的匿名性，有利于搜集真实的信息；所获得的信息资料便于定量处理和分析；可以较好地避免调查者的主观偏差，减少人为误差。其缺点在于：回收率一般较低；不适于对文化水平低的人作调查；由于被调查者填写问卷时调查者一般不在场，因而所获得的信息资料的质量往往难以保证。尽管如此，问卷调查法却不失为现代公共关系调查研究的一种科学规范的调查方法。正如美国社会学家艾尔·巴比所说："问卷是社会调查的支柱。"事实上，问卷也是公共关系调查的支柱。

(4) 量表测量法

量表测量法是指公共关系调查者根据一定的调查目的和调查任务的要求，借由测量量表对调查对象的主观态度和潜在特征进行测量，以搜集公共关系信息资料的公共关系调查方法。量表是适用于较精确地调查人们主观态度和潜在特征的调查工具，它由一组精心设计的问题构成，用以间接测量人们对某一事物的态度、观念和某一方面的潜在特征。人的态度、观念和潜在特征都具有隐匿性和模糊性，有时连自己也难以发现或进行精确地描述，因而，调查人们的态度、观念和潜在特征并非易事，尤其以直接的方式很难达到目的，这就需要采取量表测量法这种间接的方式。量表也具有多种类型，按其测量内容分，主要有态度量表、能力量表、智力量表、人格量表、意愿量表、人际关系量表等；按其作用分，主要有调查量表和测验量表；按其设计方式和形式分，则有总加量表、累积量表、瑟斯通量表和语义差度量表等。公共关系调查者可以根据不同的目的、要求，结合实际情况选用。

(5) 文献信息法

文献信息法是指公共关系调查者根据一定的调查目的和调查任务的要求，通过对现有文献的搜集来获取公共关系信息资料的公共关系调查方法。文献是指以文字、图像、符号、声频、视频等为主要记录手段的一切知识载体。根据文献的物质载体和记录技术的不同，可把文献分为手书型文献、印刷型文献、音像型文献、缩微型文献、机读型文献五种；根据文献的加工程度及在信息交流过程中作用的不同，可把文献分为一次文献、二次文献、三次文献等；根据文献的编写方法和出版方式的不同，可把文献分为图书、期刊、报纸、政府出版物、会议文献、科研报告、学位论文、专刊文献、档案、内部资料等。文献中包含社会组织公共关系工作所需要的信息资料。利用文献信息法搜集公共关系信息资料，具有简单、快速、节省调研费用、不受时空限制等特点，尤其适用于对历史资料和远程区域信息资料的搜集。它既可作为一种独立的调查方法运用，也可以作为实地调查等方法的补充。利用文献信息法进行公共关系调查资料的搜集一般有两个特定步骤：一是文献载体的采集，二是信息资料的摄取。文献载体的采集主要可以采用借阅、购买和交换等方法来进行，信息资料的摄取则分为两条途径：一是通过浏览、阅读各种文献从有关文献中摘取信息资料；二是通过检索工具从有关信息文档中查检信息资料。在当今社会，由于计算机技术、通讯技术和网络技术的飞速发展，人们已能通过高速信息网络（如 Internet）检索各种文献信息资料，这可以说是文献信息法在当今社会的有力延伸和巨大进步。

学习单元 5.3

案例与实践

本项目阐述了公共关系调查的内容范围，公共关系调查的一般程序和基本方法。公共关系调查在公共关系工作中的作用确实是巨大的，谁能通过公共关系调查及时地搜集和掌握各种公共关系基础信息，谁就可能使公共关系工作顺利进行，也就可能使公共关系运作真正实现科学化和高效化。本项目通过对相关案例剖析和模拟训练，使学习者进一步熟悉公共关系调查的一般程序，掌握公共关系调查的基本方法。

5.3.1 案例讨论

案例 5-1 长城饭店的公共关系调查

北京长城饭店是 1979 年 6 月由国务院批推的全国第三家中外合资合营企业。1983 年 12 月试营业，是当时北京八家五星级饭店中开业最早的饭店，是北京的第一座玻璃大厦，北京 80 年代十大建筑之一。随着改革开放的深入进行，北京新建的大批高档饭店投入营运，饭店业的竞争日益加剧。据长城饭店一位销售经理的报告统计，目前北京饭店的总数已超过游客需要。长城饭店之所以能在激烈的竞争中立于不败之地，成为京城饭店的佼佼者之一，除了出色的推销工作和优质的服务外，公共关系工作在塑造饭店形象上也发挥了重要的作用。

一提到长城饭店的公共关系工作，人们立刻会想起那举世闻名的里根总统的答谢宴会、新人集体婚礼、颐和园的中秋赏月和十三陵的野外烧烤等一系列使长城饭店声名鹊起的专题公共关系活动。长城饭店的大量公共关系工作，尤其是围绕为客人服务的日常公共关系工作，首先源于它周密系统的调查研究。

长城饭店日常的调查研究通常由以下几方面组成。

一、日调查

1. 问卷调查

每天将调查表放在客房内，表中的 32 项内容涉及客人对饭店的总体评价，故地重游再来北京时再住长城饭店的可能性有多大，对十几个类别的服务质量评价如何，对服务员服务态度评价如何，以及是否加入喜来登俱乐部和客人的游历情况等。

2. 接待投诉

几位客户经理 24 小时轮流在大厅内接待客人，随时随地帮助客人处理困难、受理投诉、解答各种问题。

调查表和投诉意见，每天集中收回，由客房部与公共关系部进行统计整理，其结果当晚交饭店总经理，使决策层及时了解情况，次日早晨在各部门经理例会上通报情况。

二、月调查

1. 顾客态度调查

每天按等距抽样向客人发送喜来登集团在全球统一使用的调查问卷。每日收回，月底集中寄到喜来登集团总部，进行全球性综合分析，并在全球范围内进行季度评比，根据量化分析对全球最好的喜来登饭店和进步最快的饭店给予奖励。

2. 市场分析

北京各大饭店的前台经理每月交流一次游客情况，互通情报，共同分析本地区的形势。

三、半年调查

喜来登总部每半年召开一次世界范围内的全球旅游情形调研会，其所属各饭店的销售经理从世界各地带来大量的信息，相互交流、研究，使每个饭店都能了解世界旅游形势，站在全球的角度商议经营方针。

这种系统的全方位调研制度，宏观上可以使饭店决策者高瞻远瞩地了解全世界旅游业的形势，进而可以了解本地区的行情。微观上可以了解本店每个岗位，每项服务乃至每个员工工作的情况，从而使他们的决策有的放矢。

综合调查表明，任何一家饭店，光有较高的知名度是远远不够的，要想保持较高的“回头率”，主要是靠优质服务，使客人满意。怎样才能使客人满意呢？经过调查研究和策划，喜来登集团面对竞争推出了“SGSS”方案，即：Sheraton Guest Satisfaction System，中文直译为“喜来登宾客满意系统”，意译为“宾至如归方案”。方案提出要在三个月内对该店上至总经理、下至一般服务员的 1 650 名员工进行强化培训，不准请假，合格发证上岗。在每人每年 100 美元培训费基础上另设奖金，奖励先进。其宗旨就是向宾客提供满意的服务，使他们有宾至如归的感觉。

随着这一方案的推行，饭店的服务水平又有了新的提高。

首先，在宏观战略上，饭店作出了调整。1989 年 6 月以前，长城饭店的客人 90%以上都来自欧美，饭店主要提供欧美式服务，服务员也以讲英语为主，饭店的简介、价目表也一直用英文印刷。欧美人习惯喝自来水，饭店便提供再次处理的自来水，而没有主动送茶水的服务程序。1989 年 6 月以后，调研表明，亚太地区的华侨、华裔和港澳台胞客人的比例明显增加，于是饭店改变了原有服务程序与项目，增加了中文简介、价目表和宣传品，为适应亚洲人和中国人的习惯，增加了主动送茶水的程序。电话服务的问候也改为先用中文、后用英文，以便适应大多数宾客的心理习惯，使他们感到亲切、舒适、方便。

当有团队或成批客人同时进店时，为了不让旅途劳累的宾客排队等候登记分配房间，饭店专门开设了团队接待处让宾客休息，服务员献上鲜花、茶水，然后再分配钥匙，将客人送到房间去，使疲劳的游客一进饭店的门就有“宾至如归”的感觉，能立刻放松下来，感到舒心、满意。

新印制的饭店简介首页上印着一行金黄色的小字，这条金线重复着一句话，即“在喜来登小事不小”。这一口号是长城饭店落实“宾至如归”方案的指导思想和信条，它要求每位员工对于顾客遇到的日常小事、意外困难或者小的麻烦都要千方百计地帮助解决，树立“公共关系无小事”，“小事意义大”的思想，并以此为行动指南。

1991 年 9 月，长城饭店的电话总机因故中断，且故障不能立即排除。在当今信息时代，成百上千的住店宾客与外界失去联络沟通，这对饭店的形象无疑是一个很大的损害。面对严峻的现实，饭店领导立即采取了补救措施：将饭店所有直拨电话，包括董事长和经理的电话，全部集中在饭店的的青莲厅，一部分供住店宾客往外打，一部分用来沟通与外界的联系；立即在所有楼层设立临时服务台，24 小时为客人提供一切服务；抽专人负责从电话集中的青莲厅到楼层为客人徒步传递各种信息。一时间，全店上下形成了一个共同的目标，那就是在电话总机修复之前，每个人尽最大努力，最大限度地给顾客提供全方位的服务，最大限度地减少给客人带来的不便。每一个员工都在自觉地为实现这个共同的目标默默地奉献着。全饭店同心协力的服务意识和服务精神使住店客人甚为感动，客人谅解了，准备退房的客人不走了，原先心头不快的客人又高兴了。据统计，电话出故障期间，客房餐饮的营业额比平时高出30%。在客人的意见调查表上，减少的是投诉，增加的却是表扬。一位客人开玩笑地说，真希望你们的电话再坏几天。言下之意，这段时间的服务似乎比电话正常时还要好。总之，这种特殊情况下的特殊服务赢得了高度的评价。

［案例评析］

北京长城饭店靠什么成为五星级饭店中的佼佼者？靠什么在激烈的市场竞争中立于不败之地，赢得五大洲朋友99%的“回头率”？长城饭店的公共关系调查案例也许能给我们一些有益的启示。

第一，长城饭店坚持不断地进行调查研究以广泛地采集公众信息。长城饭店的日调查，随时掌握旅客对饭店服务质量、服务态度的评价，使饭店能够根据其评价提高服务质量。根据月调查、半年调查了解全球旅游业形势，预测饭店环境发展趋势，以便站在全球的角度商议经营方针，使各项经营管理决策做到有的放矢。

第二，依据调查结果进行科学决策。调查的目的是为了制订科学的公共关系计划和经营方针，以确保决策的正确性。长城饭店在系统周密的调查研究中知道，任何一家饭店，光有较高的知名度是不够的，要想保持较高的“回头率”，主要靠优质的服务，使客人满意，于是推出了使客人满意的“宾至如归”方案，并提出要在三个月内对该店上至总经理、下至一般服务员的1 650名员工进行强化训练，不准请假，合格发证上岗。在每人每年100美元培训费基础上另设奖金，奖励先进。其宗旨就是向宾客提供满意的服务，使他们有宾至如归的感觉。随着这一方案的推出，饭店的服务水平又有了新的提高。

第三，根据公共关系调查情况，及时与宾客进行沟通与协调。系统周密的调查研究使长城饭店能及时把握宾客的意见和要求，并通过沟通与协调，不断消除误解，化解矛盾，求得统一。如当饭店电话系统出现故障，影响宾客与外界的联系时，饭店决策者知道宾客情绪，迅速采取补救措施，即将饭店所有直拨电话集中至青莲厅，设立临时服务台，坚持24小时服务等，不仅使宾客对电话故障给予理解，而且投以赞许的目光与微笑，对特殊情况下的特殊服务给予了高度的评价。

案例5-2　黑头发飘起来

海飞丝、玉兰油、飘柔是世界知名的护肤洗涤类产品的品牌，它们是中美合资生产并在中国销售的。1989年5月，当杭州日用小商品批发公司准备少量进货进行试销时，却意外遇到了这家合资公司的婉言拒绝。原来这家公司每年都有市场开发计划，恰巧这一年的计划上没有杭州。他们解释道：我们的产品如果没有以一定的市场调查为基础，没有相应的推广工作来配合，了解的人就很少，就可能会卖得很糟。一旦市场因为卖得不好而认为我们产品不行的时候，我们就将被迫退出市场。所以没有列入推广的地区，我们不能随便发货。

他们的解释给了批发公司以强烈的震动：在目前市场竞争激烈的情况下，如果不能掌握消费需求信息，即使有最好的经营条件，也是无法在竞争中获得新发展的。

鉴于这样的认识，批发公司写了一份市场推广计划书，并寄给了这家合资公司。计划书在市场调查的基础上，对这些商品的市场前景作了认真的预测，并从市场推广的角度出发，仔细拟订了销售活动的安排和广告宣传的内容和形式。合资公司进行了可行性研究后，确认如果能按计划执行，可以迅速打开市场。为此该公司董事长亲率销售部、市场推广部、产品开发部三个部的负责人赴杭考察。最后决定放弃原定的一个开发目标，把杭州列入计划内，由批发公司负责进行杭州市场的开发。

海飞丝以有效地抑制头发皮屑生成而著称；玉兰油有以补充皮肤水分来保护肌肤青春的功能；而飘柔的护发功能是世界一流的。然而这些特点存在于产品的品质之内，要让广大的消费者了解，就必须借助宣传媒介来进行广告宣传。为此，批发公司在报纸和电视上做了大量的广告，并制作了许多广告竖牌，在几十家商店播放产品示范录像。这种大规模、多形式、多层次的广告宣传对产品的推广起到了积极的作用。在推广活动中，批发公司还专门聘请了美容小姐进行消费指导，配发了数十万份试用品免费让人们试用，印制了近万份产品说明书免费发放，在一段时间后又通过报纸向几十万消费者发出使用意见征询表，专门解决使用过程中的一些问题。

良好的公共关系活动，终于使批发公司获得了极大成功。

[案例评析]

在激烈的市场竞争中，任何生产企业都希望结交更多的经销商朋友，为自己的产品广开销路。然而1989年，杭州日用小商品批发公司准备试销海飞丝时，却意外地遭到了该公司的拒绝。被厂家一直认为求之不得的事却发生了如此意外，这不能不说是一桩奇事。

其中，到底有何缘由？道理很简单，就是海飞丝公司非常重视自身在公众中的第一印象，故他们在一个新城市推出新产品时，总要投入许多人力、物力和财力，进行市场的可行性调查研究，以求心中有数。作为化妆品行业，如果第一炮不能给公众留下好印象，那么以后就很难更新已确立的自己的形象地位。因为，人们总是很难改变第一印象。为此，海飞丝力求一炮打响，更要为公众负责，在海飞丝跨入杭州之前，率先做了许多市场调研的工作。调研的着眼点就是消费者公众，看消费者能否或是否有接受潜力，然后再来确定是否值得推广。这种精神体现了企业唯实和对公众负责的态度。我们说调研是任何公共关系活动的关键，没有调研基础的决策只能是一个花架子。许多公共关系目标的确立和计划的制订以及公共关系最后的评估等，都是以具体的调查研究为客观依据。也只有在此基础上的公共关系活动，才能实实在在地得到落实，才能在市场上占有自己的一席之地，从而树立新产品的形象，为自己的产品打开市场销路。

5.3.2 模拟训练

【训练项目】

组织形象调查方案设计。

【训练目标】

1. 培养熟悉公共关系调查程序的能力。

2. 培养灵活运用公共关系调查方法开展公共关系调查的能力。

【训练内容与方法】

根据本项目所学知识，查找相关资料，研讨并设计某社会组织形象调查方案。

1. 根据公共关系调查程序，结合该组织特征设计组织形象调查方案。

2. 以小组为单位，研讨并设计调查问卷。

3. 在班级组织一次交流与研讨。

【标准与评估】

1. 标准：能正确运用本项目知识加以指导，设计科学可行的方案和问卷。

2. 评估：①每位同学写出一份简明的方案设计构想；②以小组为单位进行稍详细的方案和问卷设计；③对每位同学和各小组编写的材料，以及以小组为单位进行交流的表现进行评估打分。

知识测试

1. 公共关系调查在组织的形象管理中有什么意义？

2. 公共关系调查包括哪些内容？应遵循哪些原则？

3. 适合公共关系调查的方法有哪些？

项目6　公共关系策划

❖学习目标

1. 熟悉公共关系策划的原则。
2. 熟悉公共关系策划的基本要素。
3. 掌握公共关系策划的程序。
4. 掌握公共关系策划的方法。

学习情境

2007年度米其林道路安全行动

在中国，米其林致力实现本土化，并引进国际先进技术和产品，在产品、科技、服务、安全教育方面率先担负起改进中国道路交通安全的责任。

2007年6月7日，米其林（中国）投资有限公司在北京举行了“安全进一步”——2007年度米其林道路安全行动启动仪式。在启动仪式上，米其林（中国）投资有限公司宣布与中国道路交通安全协会结成战略合作伙伴关系，并介绍了一系列米其林旨在普及道路安全教育的安全行动。与此同时，拥有100多年历史的全球著名品牌形象“米其林轮胎先生”，被中国道路安全协会正式授予“道路安全大使”称号。来自全国9个城市的84家媒体被邀请参加启动仪式，通过媒体记者的现场见证和实时的新闻传播，对“安全进一步”启动仪式进行了广泛的报道。

同日，米其林还在北京举行了“小区测胎压”活动，将安全理念带入社区，带入普通车主当中。一些媒体记者还亲身体验了胎压检测活动，并对活动进行了生动、鲜活的图片报道。

2007年9月到10月间，由中国道路交通安全协会主办、米其林（中国）投资有限公司参办的“向中西部少年儿童送安全”活动在贵州省、重庆市、广西壮族自治区举行。米其林（中国）投资有限公司向三地小学生捐赠30万顶小黄帽及数万件宣传和学习用品，以支持和提高当地儿童的交通安全和自我保护意识。

2007年4月到12月，与北京、上海、广州等重点城市的重点报纸和杂志，如《经济日报》《北京晚报》《新民晚报》《羊城晚报》《汽车博览》《汽车族》《名车志》等，以及当地的交通广播、电视台进行合作，推广“米其林安全俱乐部”的道路交通安全及轮胎安全知识专栏，以配合米其林“安全进一步”的宣传。

与此同时，米其林还在产品、服务和教育等方面大力配合“安全进一步”的宣传。在2007年继续推进其自2006年以来相继在上海、北京、沈阳启动的针对汽车驾驶学校学员的道路安全教育合作项目，米其林“随你行”24小时道路救援服务，“社区免费轮胎安全检测”活动，为北京、天津、大连、杭州、厦门及郑州公交车提供轮胎及车队安全培训咨询等活动，为各类驾驶者提供交通安全知识、及时的轮胎救援服务以及专业的轮胎安全咨询。此举获得了消费者、媒体及业内人士的高度评价，同时也成功显示了米其林品牌对安全理念的执著追求以及其对中国市场的长期承诺。

案例思考：

1. 请问米其林公司在“2007年度米其林道路安全行动”中主要策划了哪些公共关系专题活动？

2. 上述案例中的一系列专题活动策划中分别运用了哪些策略？

学习单元 6.1

公共关系策划概述

公共关系策划是公共关系工作程序的第二步，探讨如何在调查研究的基础上进行运筹、制订方案的规律，为公共关系的实施与公共关系的评估提供了依据。从某种意义上说，公共关系的竞争就是公关策划的竞争。因此，公关策划不仅处于公关工作程序的核心地位，而且是整个公关工作成败的关键。

6.1.1 策划与公共关系策划的含义

1. 策划的含义

从原始人捕猎时设埋伏、挖陷阱开始，就出现了策划的萌芽。随着生产的发展，人类进入文明社会，人们对策划的研究和应用逐步深入。

在现代社会，不论是美国的企业竞争，还是中国的商战，不论是申办奥运，还是搞一次普通联谊活动，都需要进行策划。无数案例证明，古往今来，凡成大业者，均高瞻远瞩、多谋善断，善于对未来事物的发展进行周密的策划。所谓策划就是根据组织的现状和目标要求，分析现有条件，谋划、设计最佳行动方案的过程。策划在本质上是一种运用脑力的理性行为，基本上是对于未来的事物作当前的决策。换言之，策划是找出事物因果关系和未来可采取的途径，作为目前决策的依据，亦即预先决定做什么、何时做、如何做、谁来做。策划如同一座桥，它连接目前之地与目的地。策划的步骤是以假定目标为起点，然后制订出策略、政策以及详细作业计划，以求达到目标，最后对成效进行评估及反馈，而后返回到起点，开始策划的第二次循环。策划是一种连续不断的循环，要策划再策划，以求计划切实可行。从程序上看，策划在前，计划在后，计划是策划的产物，没有策划，也就无所谓计划。

2. 公共关系策划的含义

公共关系策划简称公关策划，是策划理论在公关活动中的具体应用。所谓公关策划，就是公关人员根据组织形象的现状和目标要求，分析现有条件，谋划、设计公关战略、专题活动和具体公关活动最佳行动方案的过程。

大小公关活动都是系统工程，要有人流、物流、信息流，要有时间、逻辑、知识三维的统筹。策划不仅仅是出点子，想出点子，是策划的一个环节，甚至是关键的环节，但是基础不是大厦，环节不是整个锁链。策划需要将一系列的点连成线、布成面、构成体，是一个多维的有机整体，同时还要加上时间维，是一个动态的系统工程。

6.1.2 公共关系策划的性质与价值

1. 公共关系策划的性质

公共关系策划是一门综合性学科，需要运用心理学、决策学、思维学、控制学、系统科学、运筹学等多方面的知识。

公共关系策划是一门“软科学”，不仅靠先进的技术手段，而且靠人的智慧。科学策划的过程，是对客观事物进行辩证分析的过程。如果说古代谋略家的策划主要依靠个人的经验和学识，那么，现今科学的策划是以辩证唯物主义为理论根据，更多地依靠集体的智慧来研究事物活动的规律、条件、形式、方法以及应用的科学。

公关策划是一门实用性很强的应用科学，是一个系统工程，需要科学、系统的逻辑思维能力和把握现实、预测未来的能力。

2. 公共关系策划的价值

(1) 公关策划属于公关活动中最高的层次

公关活动是创造意识、创新思维施展才华的广阔天地。公关策划可以用于树立公共关系形象、内部公关、处理危机、品牌战略等各方面，可以面对任何目标公众。

(2) 公关策划是公共关系价值的集中显现

公共关系属于智业，策划是最能展示智慧的过程。

(3) 公关策划是公关运作中的飞跃

大量的调研工作、基础工作可以通过策划加以提炼升华。设计出新的形象，再将形象传播到公众心目中去，要经过一系列从无到有、从旧到新、从分散到系统的形象塑造过程，不经过飞跃，公关目标就无法实现。对组织来说，并不是未遇到情况突变就不需要公关策划、不需要飞跃。从日常活动到专题活动，从量变到质变，从序曲到高潮，都离不开策划。

(4) 公关策划是公共关系竞争的法宝

公关竞争就是形象的竞争，更是智慧的竞争。大家都知道有思路才能有出路，但是思路从何而来？需要科学的策划，无论形象定位，还是品牌战略都是如此。公关策划可以发挥其他手段起不到的作用。

6.1.3 公共关系策划的基本原则

公共关系策划是企业公共关系工作的中心环节。一个企业形象能否良好地树立，能否很好地传播，在很大程度上取决于公共关系活动开展的好坏。公共关系活动开展的好坏又取决于公共关系策划的优劣。因此，公共关系策划人员应该遵循一系列基本原则，确保公共关系策划的成功。

1. 实事求是原则

实事求是是公共关系策划的一条最基本的原则。这一原则的含义是指：公共关系策划必须建立在对事实真实把握的基础上，向组织如实传递有关组织公众的信息，并根据事实的变化不断调整公共关系策划的策略和时机等内容。一位优秀的公共关系工作人员首先考虑的不是技巧，而是对事实的准确把握。他必须通过种种办法收集关于公众情况的资料，收集关于组织与环境的互补情况的资料，收集双方可能存在的不平衡、不协调的种种事实。只有掌握了足够的事实，他才能策划公共关系的行动计划。

公共关系策划人员在策划过程中要平心静气，摒弃自己头脑中主观感觉的东西，认真调查，尊重事实，不要以自己的猜想、判断作为策划的依据。要用科学的方法去做相应的市场调查，要让数据证实自己的设想，换言之，要把自己的设想建立在数据和事实的基础上，具体而言，就是要做到以下两点。

(1) 深入客观现实，认真调查实际。在进行一项公共关系策划工作之前，策划人员要对策划对象的现状进行深入全面的调查，把自己头脑中的东西暂时埋藏起来，多竖耳朵少张嘴，尽量不带偏见地听听别人怎么想、怎么说，尽可能全面、准确、客观地了解策划对象，使自己掌握的资料尽量与实际情况相符合。

(2) 排除主观偏见，保证据实策划。策划中缺少了客观性，也就没有了科学性，策划也就不会成功。因此，要有坚定的决心和足够的勇气排除各种干扰、阻力甚至压力，保证据实策划。一是以科学的精神排除虚假因素的影响，把握问题实质。二是以对公众、对社会、对事业负责的精神，排除各种阻力和干扰，把握现实，据实进行策划和实施策划方案。

2. 公众优先原则

公众优先原则，即公众利益优先原则，是公共关系工作的重要原则，更是公共关系策划的重要原则。

作为公共关系策划主体的组织（尤其是企业），以公众认可为其生存的前提，以公众信任为其发展的条件。企业的发展有赖于公众对企业的认同和支持，有赖于公众对企业行为的参与回应。企业在其行动之前应该清楚地了解公众的利益倾向，企业所能做的事情就是顺应公众利益倾向，将自己行动的目的融在其中，在满足公众利益的同时达到企业自己的目的。公共关系策划者必须明确认识到：公众参与某些公共关系活动不是为了记住企业形象，也不是为了企业获取更多的利润，而是为了自己的利益才参与某项活动，企业的

“获利”只能来自公众认为不重要的方面。在公众策划之前，一定要深入分析目标公众的利益所在，不要被表面现象所迷惑，不要以自己的心态去推测公众的心态。由于公共关系策划和掌握的资讯过剩，很容易造成策划方案的“质量过剩”。

一个好的公共关系策划方案不在于它能改变公众、强制公众，而在于它能很准确地满足目标公众的利益点，从而吸引公众参与某项公众关系活动，并在这项活动中传递公共关系主体的信息，让公众在不知不觉中接受策划主体发出的信息。

3. 系统规划原则

公共关系的系统性表现如下方面。

(1) 公共关系活动相对于整个组织活动是一个子系统，因而公共关系策划是组织活动策划的一个子系统。

(2) 完成公共关系活动的各个环节又是公共关系活动的子系统，因而这些子系统的策划是公共关系策划的不可分割的组成部分。

(3) 公共关系活动的每个子系统又是由众多因素组成的，公共关系策划必须使这些因素相互协调。

(4) 组织活动总策划处在社会经济的系统中，又只是一个子系统。

系统原则应用到公共关系策划中去，就是要如实地把公共关系策划作为一个有机整体来考虑，从系统的整体与部分之间相互依存、相互制约的关系中提示系统的特征及运动规律，实现整体最优。其基本思想有以下三点：一是对系统统筹安排，确定最优目标，实行系统最优。因为系统具有不同于各组成部分的新功能，系统最优的核心要求是处理好局部优化和全局优化的关系，为使公共关系活动系统处于优化结构，协调稳步前进，必须建立公共关系系统工程，实行系统运筹，通盘安排系统中的子系统及组成要素，使它们相互制约、相互促进，并且与外部环境协调起来。二是协调公共关系活动要素与环境的关系，讲究整体的最佳组合的效应。公共关系的各子系统各自具有不同的特征与目标，各自又处在特定的环境中，在时间和空间上又是相互分离的。这就需要做好协调工作，在注意系统全局的同时，还要把握各个局部，使之同步、匹配地进行活动。三是考虑到公共关系策划的有序性，我们要使公共关系策划中的各项工作有步骤地进行。这是系统有序性的要求。

4. 切实可行原则

公共关系策划者在策划活动之前，一定要做可行性分析，以确保公共关系活动目标的实现。可行性分析贯穿于策划的全过程，即在进行每一项策划时都应充分考虑所形成的策划方案的可行性。策划方案形成后，必须进行可行性分析，以便选出最优方案做最后的选择。进行可行性分析主要从四个方面进行。

(1) 利害性分析。分析策划方案可能产生的利益、效果、危害情况和风险程度，综合考虑，全面衡量利害得失。

(2) 经济性分析。考虑策划方案是否符合以最低的代价取得最大优势效果的标准，力求以最小的经济投入实现策划目标。

(3) 科学性分析。它包含两方面的意思：一是看策划方案是否是在科学理论指导下，在进行了实际调查、研究、预测的基础上严格按照策划程序进行创造性思维和科学想象而形成的。二是分析策划方案在实施后，各方面的关系是否能够和谐统一，是否能够高效率地实施策划方案。

(4) 合法性分析。考虑策划方案是否符合法律法规要求：一方面，策划方案要经过一定的合法程序和审批手续；另一方面，策划方案的内容及实施结果要符合现行法律法规的规定和政策要求。

5. 谨慎周全原则

凡事都需要策，用策必求制胜。同时，以策制胜，慎之又慎。“老谋深算”在一定意义上反映了策划者的设计，策划总是力求疏而不漏、周全稳妥。世界上本无十全十美之事，因为策划者所掌握的客观情况受到种种主观因素的制约，策划者的知识、胆略、思维方法等又各有长短，因此凡策划只能在慎重之中求周全。但是，周全是相对的，不周全是绝对的，于万变之中求不变，于不周全中求周全，才能立于不败之地。

怎样做到谨慎周全呢？一个公共关系策划方案的完成，首先要听取各方人士之高见，然后整理成文。此文还需交专家论证，在目标公众中测验，在小范围内试验，经过反复修改后才能定稿。作为公共关系策划人员，我们无法通过这样的程序化运作使某项公共关系策划方案达到最优，但我们可以通过这种方法避免产生最劣的策划方案。

6. 独特新奇原则

独特新奇原则，寓意奇正相生，以奇制胜，核心在“奇”。老子中有“以奇用兵”之语。《孙子兵法》中说：“凡战者，以正合，以奇胜。”对于奇正的概念，战国时的《尉缭子》中解释说：“正兵贵先，奇兵贵后。”曹操说：“正者为敌，奇兵从旁，击之不备也。”这些无疑把奇正的概念具体化了。

策贵用奇。“出奇制胜”是人们常常引用的一句成语，策划者无不十分推崇这一思想。奇在不意，用奇旨在“出其不意，攻其不备”，达成突然性，这也是策划的出发点和立足点。众人意料之中的计谋，也就不成其为策划。意外可以说是策划中最精彩也是最危险的领域。奇由正出，奇修于正。“修法而生法”正说明了这一点。先学法，后生奇。武术中的基本功，如同策划中说的“正”。“正”功练到家，临阵交战，才能运用自如，灵活多变，急中生智。用奇，在很大程度上是对“正”的应变。应变而奇，多变出奇，善变使敌不意。变法出自常法，“不知用正焉知用奇”。

唐代军事家李靖说得好：“善用兵者，无不正，无不奇，使敌莫测。故正也胜，奇亦胜。”这是说善于策划的人，没有不用“正”的，也没有不用“奇”的，或奇或正，使对方无以揣测，所以用正也胜，用奇也胜。讲奇正变化，就是讲策划的辩证法，使奇正互为对立、互为变化、互为统一。

需要补充说明的是：作为公共关系策划人员，要正确掌握奇的分寸，要明白“奇由正出”的含义，先学会别人都在做的事，再去想那些别人没有做的事。

6.1.4 公共关系策划的基本要素

进行公共关系策划时，应该重点把握以下基本要素和环节。

1. 目标确立

公共关系策划是一种大脑的思维活动，是一个积极寻求完美答案的思维过程。因而，公共关系策划应掌握一整套谋划的科学思路，或者说应当事前将公共关系策划的基本要素加以组合，在头脑里搭造一个严谨周密的思维构架，以避免凭经验和直觉办事的随意性和盲目性。

为此，我们在策划中应当首先关注的事是：就实现组织的总体目标看，组织在公共关系方面是否存在什么问题。

所谓问题，就是组织公共关系现状距离公共关系工作准则呈现出的偏差。所谓发现问题，就是根据公共关系工作准则比较组织公共关系实际而确定出差距的过程。在公共关系发展的历史中，任何一个成功的策划都是肇端于发现和提出问题。

对组织外部环境的调查和内部资源的审定，实际就是对主客观条件的了解。通过这个了解，去发现组织的公共关系问题所在，并由此提出组织的公共关系目标，就是公共关系策划要素组合的第一步。在确立组织公共关系活动的目标时，我们应注意以下几点。

(1) 目标必须是具体的。目标不应是一个抽象的概念或空洞的口号，如“良好形象”或“真诚地奉献”。它应当是组织在内外环境条件下必须达到的实际结果，如“在某区域提升组织认知度五个百分点”“与内部公众的和谐度提高三个百分点”等。

(2) 目标必须是可测量的。公共关系的认知度、美誉度这两大目标均是可以测量的，因此，目标不应是模糊含混的。比如“使员工的参与意识得到极大提高”中，“极大”一词便是难以准确把握的，应是可以通过计算得到明确数据的结果，比如“使80%的员工参与到本组织的这次活动中来”。

(3) 目标应当是能够达到的。在确立目标时，必须考虑在组织现有条件下，能否解决问题，能在多大程度上解决问题，并实现目标。目标过高，必然导致失望和沮丧；不考虑自身条件的盲目蛮干，也只会以失败告终。

(4) 目标必须要有时间限制。组织公共关系活动要实现的目标，必须是在规定的时间里应当达到的结果，既非远不可及，也不应遥遥无期。

确立公共关系策划目标的思路大约是这样一个过程：通过调查研究获得组织内外环境与资源的大量材料，以材料去推断组织的优势与劣势、机会与风险、资源与条件；通过对这些推断的分析，找出组织的公共关系问题所在；再根据问题的轻重缓急，排出解决问题的先后次序，并提出和界定首要的问题。然后通过对这一最重要问题产生原因的探索，寻出问题的症结，根据组织的特质和组织的需要，最后确立组织公共关系策划的目标。

2. 主题提炼

主题，指公共关系活动中联结所有项目、统率整个活动的思想纽带和思想核心。提炼公共关系活动的主题，是公共关系策划过程中一个极其重要的环节，它好比确定一部大型交响乐曲的主旋律。我们听过《命运交响曲》、钢琴协奏曲《黄河》、小提琴协奏曲《梁祝》，它们或气势恢宏、或奔腾激越、或哀婉凄绝，我们之所以能在脑海里留下深刻难忘的印象，就在于它们有风格各异、色彩鲜明的主旋律。能否提炼出鲜明突出的公共关系活动主题，主题能否吸引公众、抓住人心，可以说是公共关系策划成败的一个重要标志。为此而反复揣摩、推敲、提炼，“语不惊人死不休”，对于公共关系策划者来说都是必要和值得的。

提炼主题，需要创意，但不能为提炼而提炼，故弄玄虚，故作高深。提炼和确定主题应当注意以下几点。

(1) 目标的一致性。提炼主题，是为了更好地凸显公共关系目标，主题必须与公共关系活动的目标保持一致，主题必须服务于目标。偏离目标的主题会给公众造成错觉，从而起到误导作用，策划者不可不慎。

(2) 主题的实效性。好的主题，不在于辞藻华丽、技巧娴熟，而在于产生的实效。主题的实效一是表现在是否合乎公共关系活动的客观实际，不能话说得好听实际却做不到；二是能真正打动公众心扉，切中公众心愿；三是要考虑社会效果，一味哗众取宠、迎合低级趣味的主题是要不得的。

(3) 主题的稳定性。主题一经确定，就应贯穿公共关系活动始终，不得半途而废、中途改换，以免造成公众感知的混乱。

(4) 主题的单一性。一次公共关系活动，只应有一个主题，一般不得出现多个主题。对于大型的综合性活动，虽然也可设计一些次主题，但不能喧宾夺主，造成主题的杂乱无序。这犹如交响乐曲一样，无论主题如何变化，对比、发展、再现，所有的手法都是为了烘托和突出主题，而不是削弱和破坏主题。

(5) 主题的客观性。公共关系活动的主题要展示公共关系精神、体现时代气息，不可商业化十足。一句话，主观性不要太强，以免招来公众的反感。

3. 认定公众

组织公共关系活动目标的差异性决定了公共关系活动对象的区别性。在公共关系策划过程中，我们必须要在组织的广大公众群中，根据实现目标的需要去认定哪些是该项公共关系活动必须关注、交流和影响的目标公众。认定目标公众的方法一般为以下几种。

(1) 以活动目标划定公众范围。例如，学校为宣传自己的办学成果而组织的人才交流会，其公众主要是应届毕业生、用人单位、新闻单位、毕业生家长、人才交流部门及部分教职工，非毕业班学生和他们的家长、政府机关、实习基地等则不是该次活动的目标公众。

(2) 以组织实力划定目标公众。在公共关系实践活动中，有时组织需要面对的公众面极广，面面俱到则深感人力有限、经费不足，应付不过来。这时就应将有关公众按与组织关系的密切程度、影响的大小程度、相关事情的急缓程度等因素进行排队，选出最为重要的“部分”作为目标公众。这种划分主要强调的是重要性。

(3) 以组织需要决定目标公众。例如，当组织出现形象危机时，目标公众应当首指组织的逆意公众，以防危机的扩散和加剧。这种划分主要强调的是影响度。

其实，不同组织每次公共关系活动确定谁为目标公众，很难有统一的标准，基本的原则便是考虑组织目标、需要和实力三个方面的因素，各个组织灵活去决定。

4. 项目设计

所谓项目，指围绕公共关系目标而确定的在不同时期进行的各种形式的活动。要实现公共关系目标，只有通过一个个公共关系项目的实施去逐步接近，直至完成。没有公共关系具体活动的开展与公共关系项目的完成，组织的公共关系目标就永无实现之日。

5. 时空选择

我国自古以来就有“机不可失时不再来”，“机事之事，间不容发”的名言。“机”的含义很广，从普遍意义上看，凡牵涉事情成败的关键因素都可以称作“机”。就公共关系策划看，也需要刻意去捕捉“天时”“地利”，去充分地选择运用时间和空间。

(1) 时机的捕捉。时机，简而言之，就是时间变化所带来的机会。从传播学角度而言，时间策划水准是最为重要的衡量标志之一。时机的选择或捕捉有两层意思：第一是捕捉时机要准确；第二是把握时机要及时。前者指的是：对那些可以预先选定的时机，一定要选准其“时间区间”；后者所指，则是说对那些预先不可选定、稍纵即逝的时机，要及时抓住，不可犹豫。选择时机时，我们要注意以下几点。

①尽量选择那些能够引起目标公众关注，又具有新闻“苗头”的时机。

②要善于利用节日去做可借节日传播组织信息的项目；但又要学会避开节日，与节日毫无关系的活动项目不光不能借节日之势，反会被节日气氛冲淡效果。

③尽量避开国内外重大事件。因为这时公众关注的焦点、热点是这些重大事件，组织的活动项目弄不好会毫不起眼。但国内外大事发生之时，又是组织借势之机，关键看是否能借题发挥。

④重大的公共关系活动不要同时开展两项以上，以免分散人们的注意力，削弱或抵消应有的效果。

⑤选择时机时，要考虑公众，尤其是目标公众参与的可能性，避开那些目标公众难以参与的时日。

⑥选择时机时要考虑媒介，尤其是大众传媒使用的可能性，避开那些因其他重要新闻而使组织信息上不了媒体的时日。

⑦选择时机时，要考虑当时当地的民情风俗，尽量使组织的活动项目与这里的风土人情相吻合。我国是一个多民族国家，面对不同民族、地区的不同风俗习惯和宗教信仰，时机选择尤应慎重。

(2) 空间的选择。公共关系策划，对于空间场景的利用非常必要。一方面我们应尽可能地考虑如何充分利用环境的有利条件，回避不利条件。比如对当地资源、土特产的利用、对地理和人文构成的旅游资源的利用、对特殊民俗风情的利用以及对恶劣气候条件的避开等。另一方面是尽量去选择便利于公共关系活动实施的场所。具体应顾及以下几个方面。

①空间大小。空间大小以活动参与者与活动所需物资的多少、大小为转移。场地过大既是浪费也无美感，会使活动气氛显得冷清；过小则显得拥挤、混乱，也易造成事故。

②空间位置。活动空间的地理位置很重要，选择位置要与活动内容相吻合，大型活动还要考虑与机场、港口、车站的距离。

③空间环境。主要指公共关系活动场地周围的建筑环境、交通环境、生态环境等。

④空间条件。这主要指组织活动场所应当具有的基本设施和基本条件。比如通信设施、医疗急救条件、卫生条件、治安条件、文化娱乐条件、购物条件以及食宿条件等。

⑤备用空间。这主要指为防止各种因素或条件的偶然变化，策划时应对空间做一些应急和临时性变动的考虑。

⑥空间审美。这指的是公共关系活动的地点场所给人的感官审美印象。它包括建筑的造型、布局和结构；场地设施布置与环境装潢；实物摆设与商品柜台设计；橱窗展示、展品陈列以及活动宣传现场广告的张贴、悬挂、放置等。

6. 媒介选择

组织公共关系工作可供选择的媒介很多，但要选择恰当才能事半功倍，取得良好的传播效果。选择传播媒介的基本原则如下。

(1) 根据组织公共关系目标选择传播媒介。各种媒介都有其特定的功能，能适合为组织形象塑造的某一目标服务。选择媒介首先应着眼于企业目标和要求。如果企业的目标是提高知名度，则可以选择大众传播媒介；如果企业的目标是缓和内部紧张关系，则可以通过人际传播与群体传播，通过会谈、对话等方式加以解决。

(2) 根据不同的对象选择传播媒介。不同的对象适用于不同的传播媒介，要想使信息有效地传送到目标公众，就必须考虑到目标公众的经济状况、教育程度、职业习惯、生活方式及他们通常接收信息的习惯等。比如，对经常加班加点的出租汽车司机最好采用广播；要引起儿童的注意和兴趣，制作电视节目和卡通片效果最好；对文化较落后、又没有电视的山区农民，则采用有线广播和人际传播；对喜欢阅读思考的知识分子，应多采用报纸、杂志等传播媒介。

(3) 根据传播媒介特点和传播内容选择传播媒介。传播媒介的各种形式都有鲜明的特点和一定的适用范围，在选择媒体时必须首先了解各种媒体的优、缺点。组织形象塑造过程中，应将信息内容和传播媒介的特点结合起来综合考虑。比如，内容较简单的快讯可以选择广播；对较复杂、需要反复思索才能明白的内容，最好选择印刷媒介，可以使人从容研读，慢慢品味；对开张仪式、大型活动的盛况，采用电视方式则生动、逼真，能产生非常诱人的效果。还需要注意的是，只对本地区有意义的信息就不要选用全国性的传播媒介；只对一小部分特定公众有意义的消息，就没必要采用大众传播媒介；而对个别的消费者投诉，则只需要面约商谈或书信往来。

(4) 根据企业经济条件来选择传播媒介。俗话说："看菜吃饭，量体裁衣。"企业的经费一般有限，而越是现代化的传播媒介，费用越高，所以，成功的形象塑造策划，应该是选择适当的媒介和方式，以较少的开支争取最好的传播效果。

7. 经费预算

经费预算既是公共关系策划的"目标"，也是对实施经费开支的控制。策划中的精打细算，既可给实施带来事前心中有数的方便，也使决策者认可策划方案成为可能。美国内布拉斯加大学著名传播学教授罗伯特·罗雷在《管理公共关系学——理论与实践》一书中指出："公共关系活动往往由于以下原因归于失败。第一，由于没有足够的经费，难以为继，关键时刻不得不下马；第二，因经费不足，只得削足适履，大幅度修改原计划；第三，活动耗资过大，得不偿失。"这是我们策划时必须引以为戒的。公共关系活动的经费开支主要包括四大内容。

(1) 日常行政经费。例如房租、水电费、电话费、办公室文具用品费、保险费、报刊订阅费、交通费、差旅费、交际费以及其他通信费(如电报、特快专递费等)、资料购置费和复制费等。

(2) 器材设施费。如购置、租借或维修各种视听器材、通信器材、摄影(像)器材、交通工具、工艺美术器材,制作各种纪念品、印刷品、音像制品和各种传播行为所需的实物及用品。

(3) 劳务报酬经费。包括组织内部公共关系人员的薪金或工资、奖金及其他各种福利费、组织外聘专家顾问的工时报酬(策划费用的高低,一般根据公共关系策划者名望水平、公共关系活动要求、规模和难易程度事先谈定)。

(4) 具体公共关系活动项目开支经费。这笔费用的开支主要根据公共关系项目大小来确定。它包括宣传广告费、调查活动费、人员培训费、场地租用费、各种名目的赞助费以及办公、布展、接待参观的费用。与此同时,策划员还应考虑活动的机动费用(一般占总费用的20%),以防意外突发事变。

公共关系经费预算是一件非常琐细而复杂的事,为了达到组织预期的公共关系目标,本着勤俭节约、精打细算的原则,要开列出详细的开支预算清单,要保证所有开支项目都是必要的、可检测的。在制作经费预算时,最好同时制定经费开支的办法和超支规定,以便在公共关系活动的实施中及时核对、控制开支并考察绩效。

8. 人员分配

再好的公共关系策划,最终是靠人去实施和完成的。因此在策划时,就应对将来的实施人做一下考虑和安排。对人员分配的策划,一般要考虑以下三个步骤。

(1) 人员挑选。根据组织公共关系活动规模的大小、内容的繁简、层次的高低、经费的多少等因素,为达到活动开展的效果,首先要对活动实施的人员进行量和质的挑选。

(2) 人员培训。对于选出的人,为保证策划方案的有效实施,在策划时便需要考虑如何对其进行培训,就策划目的、宗旨、方法技巧、应急措施等方面准备一套行之有效的培训计划。

(3) 人员分工。策划中对于将来活动中的各个岗位,事先要对现有人才或培训人才做一个量才施用的考虑,尽量根据其过去的表现和经验,使之能做到人尽其才,既能发挥特长,又能完成任务。

学习单元 6.2

公共关系策划的程序与方法

公共关系策划是一项复杂的脑力劳动,必须遵循一定的思维活动规律。对于公共关系人员来说,了解和掌握公共关系策划的程序和方法,有助于制订可行的计划、方案,促进公共关系策划顺利地进行,促使公共关系活动更好地开展。

6.2.1 公共关系策划的程序

公共关系策划的程序就是按照时间先后依次安排和进行的策划活动步骤。借鉴有关策划程序的代表性观点，结合公共关系策划的特殊性，我们认为公共关系策划的一般程序应该包括四个阶段十三个步骤。第一阶段：策划起始阶段，主要指发现和提出问题；第二阶段：策划准备阶段，包括搜集信息、整理信息、分析信息、界定公众四个步骤；第三阶段：正式策划阶段，包括确定目标、设计主题、选择媒体、预算经费、拟订方案等五个步骤；第四阶段：策划完善阶段，包括审定方案、形成文件、反馈调整三个步骤。

公共关系策划的程序是一种具有规律性的客观存在，策划人员只有按照客观规律行事，才能保证策划方案具有科学性、整体性、可行性，策划方案的实施才能取得理想的预期效果。

1. 公共关系策划的起始阶段

在公共关系策划的程序中，由于以后几个阶段的所有步骤都是以承认问题的存在为前提，都是以解决现实问题为基础而展开的，因此，发现和提出问题是公共关系策划的逻辑起点，解决问题贯穿于公共关系策划的全部过程，制约着策划的其他步骤。

（1）问题是目标与现状间的差距

这里所说的问题是指组织的现实状态与理想目标之间的差距。如果组织现实状态与理想目标之间没有差距，那么，就不会有策划活动；如果组织现实状态与理想目标之间存在着差距，那么，组织的决策者就会感到有问题存在，需要通过策划采取积极行动加以解决。现状偏离目标，现状与目标之间的差距就是所谓问题。公共关系策划的动机就是试图解决这一问题。

（2）问题是公共关系策划的逻辑起点。

将问题作为策划的起点，主要有三点理由：第一，问题是公共关系策划行为的起因；第二，问题分析就是确认策划目标；第三，问题制约着策划的其他环节。

（3）发现问题的常用方法

发现问题的常用方法有：例外原则、偏差记录、组织诊断和缺点列举。

①例外原则。将理想目标与现实状态加以对照，如果两者相符则属于正常，如果两者不符则属于例外。确立目标的标准和理想目标的客观描述对于发现问题具有重要意义。

②偏差记录。偏差记录要求相关人员周期性地调查和询问组织内外发生了什么变化，有什么不同寻常的现象出现，并将所有脱离正常轨道的偏差记录下来，然后可对这些偏差进一步加以分析研究，看它是否与组织理想目标有关，是否属于公共关系策划应该考虑的问题。

③组织诊断。组织诊断是指对组织机体进行测度、评估和分析，以发现潜在问题为目的的一种方法。这种方法需要使用诸如试探、统计、审计等一系列手段。通常，组织诊断需要聘请外部专家。

④缺点列举。所谓缺点列举就是将事物的缺点一一列举出来，从中发现存在的问题。通常的做法是召开缺点列举会。参加此会的人数一般以 5～10 人为好，会议时间以 2～3 小时为佳，讨论的议题宜小不宜大。

2. 公共关系策划的准备阶段

策划的准备阶段，包括搜集信息、整理信息、分析信息、界定公众四个步骤。

（1）搜集信息

搜集信息是指根据公共关系策划工作的需求，把关于组织内外环境的各种零乱无序的信息加以聚集的过程。搜集信息对于公共关系策划的重要意义表现在：为发现和研究问题提供客观依据、为公共关系策划奠定科学基础；为审定策划方案限定参照标准；为开展公共关系活动创造有利条件。

（2）整理信息

整理信息指的是对搜集到的信息资料进行初步加工处理，使其便于保存、分析和应用的过程。在公共关系策划过程中，整理信息的意义具体表现为：提高信息的有序性和完整性；提高信息的真实性和准确性；提高信息的概括性和针对性。

（3）分析信息

分析信息是指针对公共关系策划活动的实际需要，运用专门的科学方法，对搜集到的信息资料进行比较、估量、计算、筛选等加工过程。信息分析工作对于公共关系策划来说，其意义表现为：明确现状，找出差距；总结经验，发现优势；获取新知，闯出新路；寻找时机，实现目标。

（4）界定公众

通常将公共关系活动的针对对象称为目标公众或对象公众。策划准备阶段发现的问题主要出自相关公众，搜集信息的目的是全面地掌握特定公众，而分析信息的目的则是为了界定公众，即确定目标公众或对象公众，以便为正式策划做好准备。界定公众的意义主要有：有利于明确活动目的，有利于设计活动主题，有利于选择实施人员，有利于选择传播媒介。

3. 公共关系策划的正式策划阶段

正式策划阶段，包括确定目标、设计主题、选择媒体、预算经费、拟订方案等五个步骤。

（1）确定目标

确定目标是继准备阶段之后正式进行策划的第一个步骤。公共关系策划的目标是指期望通过策划方案的实施所要达到的理想结果。确定目标是以现实公共关系状态为依据，确定通过策划方案的实施将会实现何种目的的过程。确定目标既需要以发现的问题、搜集的信息及信息分析、界定公众为前提条件，又对整个策划过程以及策划结果具有重要影响。确定目标的意义为：为策划活动指明方向，为后续活动奠定基础，为实施方案提供依据。

（2）设计主题

设计主题是使公共关系目标具体化的过程。主题是策划的灵魂和核心，贯穿于整个策划之中，对整个公共关系活动起着统辖和指导作用，使组成策划的各个要素有机地组合成一个完整的策划方案。设计的主题是否恰当、精彩，对整个公共关系活动的效果有着举足轻重的影响。主题应该是对即将策划的本项公共关系活动内容的高度概括，因此，一般用提纲挈领式的语言来表达。

主题的表现方式多种多样，它可以是一句口号，也可以是一句陈述或一段表白。尽管公共关系的主题看上去非常简单，但设计起来并不容易。在设计主题时应该认真思考、反复推敲，才能使主题简洁、精确、明了并能够充分体现活动的宗旨，才能起到感召公众、激发行为的作用。

（3）选择媒体

传播媒体的种类繁多，各种传播媒体都有其特定的功能，都可以为实现某一特定目标而发挥作用。只因作用的效果各不相同，所以，才有必要对其加以选择。报纸、杂志、电视、广播以及互联网在所有媒体中占有重要地位。这五种传播媒体是公共关系策划选择传播媒介时应该重点考虑的对象。

选择传播媒介应该以公共关系活动的目标和要求、目标公众的特点和需求、公共关系活动的内容和特点、开展活动的经费数额和各种媒介的组合效果为重要依据。

（4）预算经费

无论是出于何种目的而开展的公共关系活动都应该考虑投入与收益的关系。公共关系策划的方案必须建立在一定的物质条件基础之上，才有可能成为现实。所以，预算经费成为公共关系策划活动必须重视的一个程序。

预算经费的意义在于：保证方案切实可行，妥善安排轻重缓急，可为评估提供依据。

公共关系策划的经费预算项目可分为行政开支和项目开支两大类。行政开支由劳动成本费用、日常行政费用和设施材料费用构成。项目开支由已经进行的项目、计划进行的项目和预测可能需要进行的项目费用等三部分构成。

预算公共关系活动经费的方法主要有：固定比率法、投资报酬法、量入为出法和目标先导法。

①固定比率法。固定比率法是指按照一定时期内经营业务量的大小来确定预算经费总额的一种方法。经营业务量可以按销售额计算，也可以按利润额计算。各组织自行决定从中抽取一定的百分比作为公共关系活动经费。这种方法最突出的优点是计算简便，简单易行。

②投资报酬法。投资报酬法是把公共关系活动的开支当做一般投资来看待，即以相同数量的资金投入获得效益的大小为依据。由于公共关系活动的效果体现在社会效益和经济效益两个主要方面，社会效益一时难以计算，经济效益基本上又需要通过组织其他部门的效益间接体现，因此，计算的数字是相对而言的。一般的计算是以知名度和美誉度的提高程度作为依据。

③量入为出法。量入为出法是以组织的经济实力和财务支出情况为依据，根据财政上可能支出的金额来确定公共关系活动经费总额。

④目标先导法。目标先导法是先制定出公共关系活动所期望达到的目标，然后将实现这一目标所需要的各项费用详细计算出来，从而计算出整个活动所需要的经费总额。这种预算方法必须建立在对有关项目支出的市场信息充分了解的基础之上，才可能进行相对准确的预算。目标先导法的优点在于目标明确、项目具体，策划人员可以从实际出发，充分发挥主观能动作用。因此，在具体的公共关系策划过程中，在预算经费的问题上往往将这种方法与前面介绍的几种方法结合起来使用。

（5）拟订方案

活动方案是保证目标得以实现的各项措施、办法、途径、策略、技巧的汇集。拟订方案是策划阶段的核心环节，是使策划目标得以实现的必要措施和基础。这一步骤将直接影响方案的审定，以至于影响整个活动的效果。

拟订策划方案的意义主要表现为：明确面临的任务，建立合理目标，编制工作程序，分清轻重缓急，便于组织活动，展现行动结果等六个方面。

拟订方案应该以资料信息、目标公众、目标系统、活动主题、传播媒体、活动经费和结果预测作为依据。

根据策划方案的内容和作用的不同可将其分为积极方案和应变方案。积极方案是指从正面保证各项目标得以实现的方案。这是策划方案的主要类型，方案中包含着促使目标实现的各项积极措施。应变方案又可分为预防性应变方案和善后性应变方案。前者是指在条件发生变化之前就采用的各种应变措施，其作用在于防止万一而导致措手不及；后者是指在条件发生变化之后采取的各项应变措施，其作用在于更迅速地适应变化，扭转局面。拟订策划方案应当遵循多样原则、制约原则、创新原则和时空原则。

4. 公共关系策划的完善阶段

策划的完善阶段包括审定方案、形成文件、反馈调整三个步骤。

(1) 审定方案

拟订出来的方案仅仅是关于如何开展公共关系活动的初步设想，为了使其更加完善，还需要加以审定。审定方案一般需要经过评估、选择、优化、论证等过程。

(2) 形成文件

形成文件是将策划过程及其结果等与策划相关的主要内容经过整理加工并转化为书面形式。形成的文件就是策划方案，这是反映最终策划成果的书面文件。

撰写策划方案是为了将策划的各个工作环节和形成的初始文件进行整理、加工，使之系统化、规范化、完善化。策划方案的制作过程为：首先应该撰写策划方案的写作大纲，列出各章的标题和要点等主要内容；其次是经过检查进行补充和调整，使之内容全面，顺序合理，结构严整；再次是对要点进行说明或阐述使之成为策划方案初稿；最后，应该在初稿的基础上加以润色推敲，使之简洁明了，重点突出，文字流畅。

一份规范的策划方案应该由封面、提要、目录、前言、正文和署名等六个部分构成。

策划方案的封面应该在合适的位置标明策划项目的名称、策划主体的名称、完成策划的日期以及策划书的编号。提要应该简明扼要地表述本项公共关系策划的核心内容，便于决策者了解策划的精神实质，形成深刻印象。目录部分应该列出策划书正文的篇、章、节的名称，如果有附件也应该在目录中注明。前言即序言，这是策划书的大纲，包括策划的宗旨、背景、意义等主要内容。正文中一般包括标题、主题、目标、综合分析、活动日程、传播方式、经费预算、效果预测等内容。署名是指在最后注明策划机构的名称或策划人员的姓名，策划方案的完成日期。

(3) 反馈调整

公共关系活动是一种双向传播与沟通活动。公共关系策划具有明显的超前性和预测性。策划过程中涉及到的一系列相关因素都处于不断发展变化之中，策划人员的事先预测难以做到与客观现实毫无差距。因此，在方案实施过程中及时收集反馈信息是十分必要的。搜集反馈信息的目的主要是发现实施过程中出现的偏差，通过分析研究从而对策划方案进行必要的调整，以利于活动进展顺利，最后实现策划的目标，也便于总结经验，为以后的策划提供借鉴。

①反馈调整的方法。对策划方案进行反馈调整经常运用的方法有比率统计法、询问统计法、媒介反馈法、观察理解法和民意测验法。

a. 比率统计法。比率统计法是对事先确定的开展活动所选择的传播媒体的传播效果加以统计、计算，以计算的比率与策划方案中预计的效果加以比较。

b. 询问统计法。询问统计法是对目标公众进行访问调查，统计被询问者中接受信息、产生情感、改变态度、引起行为的人数及其程度，并进行计算，以计算的结果与策划方案中预测的效果加以比较，从而判断工作成效。

c. 媒介反馈法。媒介反馈法即搜集新闻媒介对策划项目实施的相关反映，与方案实施以前的反映进行对比，从中了解通过策划项目活动的开展而产生的效果。

d. 观察理解法。观察理解法即通过对目标公众改变态度、引起行为等情况的观察分析，来判断开展活动的效果，以此作为制定和采取相应对策的依据。

e. 民意测验法。民意测验法是通过问卷、访谈等民意测验的方式，了解目标公众对开展活动的了解、理解和认识等情况，以此推测开展活动所取得的效果。

②反馈评估的内容。反馈评估的内容可以分为三大类：准备情况的评估，实施过程的评估，活动效果的评估。

a. 准备情况评估。准备情况评估主要是通过活动进展情况，来检验准备的材料是否充分，对材料的分析和形势的预测是否准确，传递信息的形式、方法是否合适等。

b. 实施过程评估。实施过程评估主要是通过对传播出去的信息数量与被新闻媒介采用、被目标公众接受的信息数量进行对比分析，来衡量活动的开展情况。

c. 活动效果评估。活动效果评估主要是通过对接受信息、改变观点、转变态度、引起行为的目标公众数量的变化，实现目标的程度与解决的问题以及通过活动所产生的社会效益和经济效益的对比分析，来权衡开展活动所产生的效果。

③反馈调整的原则。在调整策划方案的问题上应该遵循分清主次、实事求是、科学谨慎和及时果断的原则。

a. 分清主次。分清主次是指应该对实施过程中出现的偏差进行认真分析，找出影响实施的主要因素，针对主要问题进行调整，即解决主要矛盾。

b. 实事求是。实事求是是指当事先的预测与客观现实出现偏差时，一定要以实事求是的态度，对事先通过预测而制定的方案进行修订。

c. 科学谨慎。科学谨慎是指对策划方案的调整应该以谨慎的态度和科学的方法为基础，找到影响方案实施的真正原因，才能进行调整；不能轻易改变经过认真思考已经确定的重要内容。

d. 及时果断。及时果断的含义是：如果经过认真分析，已经确认出现偏差的原因确实是由于方案本身的问题，或者在方案实施的过程中出现了没有预料到的影响方案实施的条件变化，那么，就应该及时果断地对方案进行修改，以便扭转形势，避免导致事与愿违的结果。

6.2.2 公共关系策划的方法

公共关系策划的过程其实就是创造性思维发挥作用的过程，或者说是创造性思维与策划活动的结合过程。创造性思维是重新组织已有的知识、经验，提出新的方案、程序和新成果的思维方式。创造性思维是公共关系策划的主导思想，它贯穿策划活动的各个方面和策划过程的始终。本节将主要介绍三种策划的基本方法。

1. 人文策划法

人是策划的执行者，如何发挥好人的优势，利用各种人才的互补与激励来提高策划的效果非常重要。人文策划法主要有以下三种。

(1) 集思广益法

集思广益法就是把每个人的智慧汇总起来，进行综合处理选择出一个切实可行的策划方案。在这个过程中每个人都可以发言，提出自己的不同见解，把每个人的意见综合提炼就可以得到一个策划方案。当然选择的人应是对这方面问题有一定研究的专家。

(2) 调查法

调查法是通过策划者组织的调查，从中得到相关的信息，然后对这些信息进行分析处理得到结论，最后根据调查的结论进行策划。策划的直接依据是调查的资料。

(3) 经验法

策划者根据自己多年的策划经验，找出与本次策划背景相似的案例，同时考虑不同的执行环境等因素进行策划。

2. 系统策划法

(1) 逻辑法

逻辑法是从事物之间存在的逻辑关系入手，找出规律，作为分析问题的依据，而后再根据实际条件问题进行策划。

(2) 预测法

预测法是先找出事物发展的线索或规律，再根据以前的资料及目前的情况预测其发展趋势，然后根据预测的结果进行策划。

(3) 抓主法

抓主法就是抓住事物主要矛盾的主要方面进行策划。因为事物间的联系存在是众多矛盾相互交错构成的，抓住了其中主要的方面，就可事半功倍，这样的策划也符合实际。

(4) 取向法

取向法是在找出事物内部及外部的关联因素之后，对其进行分析的方法。有时并不一定只选择主要方面，而是根据实际问题的重点不同，选取一个或多个，将这些因素结合起来进行策划。

(5) 类比法

类比法是指在策划某项目时由于没有资料和事例作参考，与其相类似的项目进行比较，具体分析各因素的关系与地位，从而对本事物有一个清晰的认识，最终找到解决问题的方案。

3. 体式策划法

体式策划法即整体策划法，是把策划的过程看做一个整体，对整体策划项目进行全方位的，由点及线、及面、及体的策划。这是一种战略策划法，即从策划整体战略高度考虑，带有全局性和长期性的策划方法。体式策划包括以下三种。

(1) 点式策划

点式策划即出点子，出主意，这种策划解决的都是一些比较简单的问题。

(2) 线式策划

线式策划即对某一问题的某一方面所做的策划。比较复杂，它是由多点问题组成的某一个方面的问题。

(3) 面式策划

面式策划则是对某一问题所作的全方位的策划。一般来说，策划一个项目，作为一个整体，它都是由点、线、面组成的。策划人在策划之前，首先要将这些点、线、面分析出来，然后再系统地针对各点、线、面的具体问题展开策划。

学习单元 6.3

案例与实践

我们通过学习了解了公共关系策划的含义、程序和方法。其实，任何一次成功的公共关系活动，都是经过精心策划的，否则将陷入盲目性。可以说，公共关系策划在整个公共关系活动中具有指导性、决定性、提前性。本单元通过对相关案例剖析和模拟训练，使学习者进一步领会公共关系策划的一些具体做法。

6.3.1 案例讨论

案例 6-1 贝因美成功打造“育婴工程”

早在 20 世纪 80 年代初期，外国有关公司已经对中国的婴幼儿产品市场垂涎欲滴。到 80 年代后期，外国的婴幼儿食品品牌成功抢滩中国市场并一度占据了极高的市场份额，作为本土企业，贝因美集团从诞生之日起，就面临着国外品牌的强大压力。

贝因美通过认真的分析和研究、从中发现了巨大的市场机会。

①由于种族、地域等差异性，形成了不同的基因种群，决定了人们从外界摄取营养元素的多样性和复杂性，并形成独具特色的饮食文化。现代婴幼儿食品由于国外品牌的进入，导致产品质量同国外同类产品趋同，但作为婴幼儿食品的受体——婴幼儿本身并不存在向国外婴幼儿趋同之说。所以，适合国外婴幼儿的食品不一定就适合中国的婴幼儿。

②市场上的一些米粉蛋白质含量只有 5%，且以动物蛋白为主，乳糖含量很高，而将

近有10%以上的中国婴幼儿对乳糖有不适应症。中国婴幼儿的特殊体质决定了他们需要的是含碘的、蛋白质含量丰富又易于吸收的断奶期食品。若选用了不适合中国婴幼儿的食品，将在无形中影响到中国婴幼儿的健康成长。

③许多中国家长因缺乏育儿知识方面的科学指导，不能真正地判断什么样的食品是自己的孩子所需要的。

贝因美认识到，如果企业能够生产出真正符合中国婴儿特质的产品，指导家长正确地养育自己的孩子，为中国婴幼儿成长做一些实事，那么企业将真正获得社会的认同，进而实现企业的社会效益和经济效益。

基于这样的认识，贝因美确定了走社会营销的道路，通过运用丰富的社会手段来发现、引导消费者的需求并予以满足的公共关系思路，提出了"育婴工程"的概念，并把"育婴工程"作为贝因美社会营销的主要内容和支撑点全面铺开。

贝因美将"育婴工程"的打造和人类个体素质的提升紧密地结合起来。贝因美提出："人类个体素质的提升必须从婴幼儿时期抓起——更确切地说，应该从孕育新生命时开始。这就涉及到贝因美育婴工程所倡导的，'生育、养育、教育'三个层面；科学的育婴不仅关系个体获得成功人生，更关系到家庭幸福，乃至民族的前途与未来，是一项任重而道远的事业"。在品牌的定位上，由于贝因美"全面打造育婴工程"作为营销的主要手段的确立，非常自然地树立起了"育婴专家"的大旗。"育婴专家"旨在全面地关心、帮助婴幼儿的健康成长。这个极具人文关怀精神的定位准确地把握了年轻父母的心态，显示了自己的专业性和权威性。

"育婴工程"的具体内容，就是通过知识的传播和普及，真正从生育、养育、教育三个层面上关怀中国婴幼儿的成长问题，真正致力于告诉家长如何来养育他们的宝宝，从根本上满足年轻家长的需求，即不仅仅是对好产品的需求，更是对如何选择产品的知识的需求和对如何养育的知识的需求。帮助家长从只看广告、盲目跟从的误区中走出来，建立起自己真正的、科学的判断能力。

在具体推广和实施"育婴工程"的过程中，贝因美采取了纵向深入和横向扩展相结合的方式，无孔不入地吸引着消费群的注意力，引导、改变着消费群的消费取向，获得了社会和市场的认同。生育、养育、教育三个层面涵盖了婴幼儿事业的全部内容，具体的宣传和教育工作也必然要在这三个方面展开，以此为出发点，贝因美进行了一系列的推广运作。

一、倡导优生

生一个健康聪明的宝宝是所有为人父母的美好心愿，但并不是所有父母都能够如愿以偿。贝因美认为，优生是为了真正从源头上提高人口素质，是关怀婴幼儿事业的基本内容。他们提出生命的孕育过程可以由父母控制。为此，贝因美做了大量的工作来指导年轻父母完成优生的使命。在谢宏编著的《育婴指南》一书中用了近1/6的篇幅对准备生育的父母进行科学的指导，包括生育科学知识基础、为人父母的思想和物质上的准备、受孕时机的选择、胎教及安全生产等。同时贝因美还积极参与人口素质工程，在全国与医疗机构、计划生育系统联合建立了20多个产前筛查点，从孕妇群体中发现先天缺陷异常的胎儿，有效地将先天缺陷儿的出生率降低到最低限度。

二、倡导优育

一个高素质的人的形成与他在婴幼儿时期的养育是分不开的，家长们需要的不仅仅是营养全面的婴幼儿食品，还希望孩子在婴幼儿时期受到更专业的养育。贝因美在帮助父母更好地养育孩子的问题上做了一系列工作，其中包括：提出了“断奶期革命”的理念，提出“断奶事关一生健康”，在各种场合宣传育儿科普知识，吸引更多的人关注断奶期婴儿的营养健康问题；免费发放《婴幼儿喂养手册》1 000 余万份；创建中国育婴网（www. babyschool. com. cn）；开始建立中国育婴书库，编辑出版中国第一部成功育婴专著——《育婴指南》；在媒体上开辟育婴知识专栏，系统介绍育婴常识；建立咨询服务中心，开通“贝因美”800 免费咨询电话；与其他机构合作，开设咨询窗口，免费为消费者服务。

三、倡导优教

个人的素质是成功的关键，而教育又是个人获得良好素质的唯一途径，既然贝因美视全面关心婴幼儿的成长为己任，那么关心婴幼儿的早期教育问题也必然是贝因美打造“育婴工程”的主要组成部分。贝因美创建了自己的科学的早期教育理论，从人的初始状态入手，用“意识发生论”来指导教育，帮助父母成功把握孩子早期教育的关键期。贝因美与上海四平路街道妇联共同创办第一所贝因美亲子学校；与浙江省妇联联合举办全省贝因美家庭教育知识竞赛，发放试卷 66 万份；以“意识发生论”为理论基础编写了早期教育论著，以会员通讯的方式免费发放，旨在切实地提高我国的早期教育水平。贝因美的一系列努力获得了巨大的社会反响。

贝因美在生、养、教三方面的巨大投入和努力，与其说是一种营销活动，还不如说是一种社会活动，在其中几乎看不到商业运作的气息。贝因美以切实帮助中国婴幼儿健康成长为宗旨的“育婴工程”在生育、养育、教育三个层面上的充分展开，真正成为了年轻父母们的好帮手和好伙伴，它帮助消费者建立起了独立的判断力，为我国婴幼儿的科学养育做了实事，并使得定位在“育婴专家”上的贝因美品牌日渐凸显，日渐丰富，日渐深入人心，具有了相当的市场号召力。

已经在市场竞争中获得了一席之地的贝因美又推出了育婴咨询服务特许经营计划，推广贝因美特许经营店。店内不仅经营贝因美的产品，而且囊括了孕妇、0～6 岁婴幼儿不同类别的各大品牌的产品。在特许经营店里，针对为人父母者获取科学育儿知识的渴望，开展婴幼儿养护、早期教育等方面的咨询、培训。育婴咨询专家坐堂咨询，提供育婴咨询服务，使得贝因美的专营店区别于其他单纯的经营婴幼（孕）用品和食品的专卖店，一方面成为贝因美更好地实施其“育婴工程”的窗口，另一方面，育婴工程的实施也为特许经营项目提供了一个极好的运作平台和发展机会。

特许经营项目启动两年的时间内，得到了全国各地加盟商的注意，累计意向加盟者 5 000多家。本着对消费者、对加盟商、对项目负责的精神，贝因美通过仔细筛选和近乎苛刻的评审，在全同各地有选择地开了 40 多家，全部进入盈利阶段，又以每月 5 家以上的速度拓展。特许经营店作为社会效益和经济效益的链接点，其快速发展一方面大大推进了育婴工程，最大程度地满足了社会的利益，另一方面也有力地推动了贝因美的销售，实现了企业的经济效益。

[案例评析]

谢尔登在他的《管理的哲学》中曾经提出为社会服务、实现企业的社会责任是管理的基本原则。安德鲁斯认为，企业除了追求利润之外，它所承担的社会责任还应包括：自愿捐助教育事业和其他慈善事业；选择一个属于自己的经营道德标准；在具有各种机会的业务中，企业根据内含的社会价值进行选择。著名营销专家菲利普·科特勒则断言："注重社会利益是企业家走向成功的敲门砖。"

企业承担社会责任与追求利润最大化不会产生冲突。表面看来，企业承担社会责任意味着经济利益的部分丧失，但这之间并没有必然性。企业向社会作出一定的付出，重视社会利益，对社会负责，既可能给企业带来直接的经济利益，又可以使企业树立良好的社会形象，获得社会各界的支持，为自身创造更为广阔的生存空间。

贝因美公共关系策划的成功之处，正在于它在企业的社会责任问题上找到了立足点。贝因美不仅率先把育婴工作提升到前所未有的、系统的、科学的、关系民族命运的高度，而且把这样的工作看作作为社会一分子的企业的责任所在。从贝因美对育婴工程的定位和内容规定上，可以看到贝因美强烈的社会责任感。作为新生的民族企业，面对国际大集团的残酷竞争，贝因美将主要精力放在了"育婴工程"的打造上，从生育、养育、教育三个层面全面地关心中国婴幼儿的健康成长，这就超越了一般的广告，甚至超越了商业本身，从而避开了与国际大集团、大品牌的短兵相接，获得了社会的广泛认同，实现了社会价值和市场价值的统一。

案例 6-2　雨水公司："雨水真梦"公共关系策划

"雨水"是重庆一家企业生产的系列女性护肤用品的品牌名称。企业虽然只有短短几年的历史，但发展速度很快，如今在全国已经有了相当的名气，其产品销售也已覆盖了国内大部分省份。1997 年，"雨水"在杭州市开展了一场"雨水真梦"的公共关系活动。

公共关系活动执行中最关键的一点是：在活动启动阶段激发目标受众的兴趣，并在整个活动过程中继续保持和强化她们的兴趣，最后在评选"美梦"的阶段达到高潮。由此，本活动的展开可以分成三个阶段：征梦、说梦、圆梦。公共关系活动过程中穿插"雨水"产品的广告（单独预算），与活动达成关联，起到呼应效果。

第一阶段——征梦

"嗨，你梦想的树长高了吗？"

"梦想是一棵树，女孩心中的红苹果树"

"她相信有一天自己会摘下那树上的红苹果"

"女孩长大了，树也长高了……"

"她仍然相信有一天总会摘下那树上的红苹果"

"梦想在追逐它的时候最美丽，雨水愿意与你共同追逐一个梦想"

"就像那树上的红苹果，我们能摘下它吗？梦想能够变为现实吗？"

这是 7 月 28 日，《杭州日报（下午版）》登出的"雨水真梦"公共关系活动广告。在这之前，"雨水真梦"首次亮相是 7 月 24 日该报"迟桂花"专栏的征文预告。5 万份题为

《致杭州女孩的一封信》的DM（直邮）在三日之内飞进杭州的千家万户，同时也出现在商场“雨水”产品的柜台上，并且，人们如果留意每封信上的编号，还有中奖的机会。只要写下自己一个未了的心愿，于8月31日前寄到“雨水真梦”活动组委会，就会在报纸上看到、在电台里听到那些体现真善美的梦想，就会在电视上看到“雨水”企业出资帮助其中一些幸运的朋友美梦成真。

8月1日起，杭州最热门的电台——西湖之声在中午时段推出由当红主持人秋子主持的“雨水真梦”专栏节目，并开通两条“雨水热线”电话，邀请心理学家、人际关系专家和妇女研究专家开始轮流值班接听，与“雨水真梦”的参加者们共话梦想。

通过较大规模的宣传，“雨水真梦”活动启动阶段的宣传获得了较好的效果，为后续的工作打好了基础。

第二阶段——说梦

在8月到10月两个月的时间里，吸引目标受众的广泛关注和参与显得非常重要。除了“西湖之声”每天中午的“雨水真梦”专栏，《杭州日报》也辟出“雨水真梦”专栏，开始连续刊登“杭州女人的梦想”。从此，杭州的女人们开始了一段“梦”的旅程。“雨水真梦”活动如同打开了这个城市情感的阀门，一个个动人的故事，一段段感人的情怀，一个个美好的心愿、流泻出杭州女人的善良和真诚……

8月19日，《杭州日报》和西湖之声电台同时刊出了“雨水真梦”活动公告，向西子湖畔的女人们宣布了第一批“梦想成真”者中的两位。

李刚——以非凡的爱心关怀在重庆已90岁高龄的姨母，这里包含一个上一代人从战争年代就开始的离奇经历。8月14日，她登上了飞往重庆的飞机。

朱非白——爱看书的中学小姑娘。没等钱攒齐，心仪已久的百科全书就卖完了，几经周折，通过出版社，赠给她这套书。

第三阶段——圆梦

丹桂飘香的金秋时节，“雨水真梦”活动又产生了第二批幸运的朋友：一位多年来一直想扮演宋庆龄的中学教师，一个喜爱演唱越剧向往着能够过一天戏校生活的工厂女工，一个迷恋古筝求师无门的女孩……

10月24日，《杭州日报》刊出“看彩虹”的播出预告，“雨水真梦”活动将在浙江省有线娱乐台10月24日起播出。于是，这些幸运的朋友——生活中平凡的女人，带着自己的梦想，带着实现梦想的喜悦，相继走上屏幕，出现在杭州人的面前。曾经在电波里为广大听众播讲了一个又一个女人的梦想的西湖之声电台主持人秋子也出现在了“雨水真梦，梦想成真”的电视系列节目中。“雨水真梦”活动就此结束。

[案例评析]

梦想，作为人类精神生活的一种高级形态，寄托着人们对真善美的永无止境的深刻追求，这种追求所蓄积的心理势能，为人们各式各样的行为准备了充分的动机。梦想具有拨动人们心弦，尤其是拨动女人心弦的巨大能量。

“雨水真梦”给都市的女人一个做梦、谈梦，特别是实现梦想的机会和田地，这将是一件启动女人心底闸门的事情，只要时间精力合适，女人们没有理由不关心这件会使自己受益的事。

6.3.2 模拟训练

【训练项目】试就以下案例，运用本项目所学知识，策划一个公共关系活动计划。

矛盾如何化解

《法制周报》曾报道过这样一个事件：陕西省M县建立一座电石厂，坐落在离县城5千米的城郊，正常情况下每年可上交利税200多万元，是该县支柱企业之一。工厂建成的当年秋天，气候发生异常变化，该地区的树木和家畜死亡率突然增高，特别是公路两边的白杨树枯死现象严重，当地群众议论纷纷，认为过去从来没有这种情况，电石厂一上马就出现树死畜亡现象，一定是电石厂排放废气污染所致，因而要求赔偿并制造事端。厂领导束手无策，出了问题找县长，求助县政府出面解决，而县政府又没有及时果断地加以处理，当地村民一气之下，断了通向工厂的唯一的大路，致使工厂产品和原料无法进出，县政府见状立即派公安部门出面解决，几名干警在执行公务中又与村民发生冲突，使事态愈加严重。第二天，公安部门又抽调几十名干警赶到现场，面对失去理智的几百名手持铁锹、锄头的村民，干警多方劝说无效，终于发生了流血冲突，事后虽抓了几名为首的肇事者，但十余名干警受了伤，问题的复杂程度增加了，以后官司一直打到中央，工厂、公安干警的形象受到了严重损害，农民也遭受损失，可以说是几败俱伤。

【训练目标】

1. 培养初步的公共关系策划能力。

2. 训练灵活运用公共关系策划方法的能力。

【训练内容与方法】

1. 根据本项目所学知识，查找相关资料，研讨并策划妥善处理这一群体性社会事件，重新建立公安干警与村民良好关系，以及村民与电石厂和平相处的公共关系计划。

2. 在班级组织一次交流与研讨。

【标准与评估】

1. 标准：能正确运用本单元所学相关知识，并结合案例所反映的实际状况拟定可行的策划方案。

2. 评估：①每位同学写出一份简明的方案设计构想；②以小组为单位进行稍详细的方案设计；③对每位同学和各小组编写的材料，以及以小组为单位进行交流的表现进行评估打分。

知识测试

1. 简述公共关系策划的要素。
2. 公共关系策划的程序是什么？
3. 公共关系策划有哪些方法？

项目 7　公共关系实施与评估

学习目标

1. 熟悉公共关系实施的方案设计程序、内容和方法。
2. 掌握公共关系实施管理方法。
3. 熟悉公共关系评估的程序与内容。
4. 掌握公共关系评估报告的撰写方法。

学习情境

恒通卡促销活动

背景资料

以顺德为服务范围的顺德市信用社推出一张 IC 卡，服务范围包括购物消费、汽车加油、代交市政费用等，并为此添置了与之配套使用的一批电子货币设备，势必要大作宣传，以扩大资金吸存率。为此已作了一个为期一季度的传播计划，提出了“方寸之间，拥有今天”的口号，举办了一次大型的有奖开卡活动，并同步播出了以恐龙时代为背景的广告片，提出了如果你不是生活在恐龙时代，应当使用恒通卡这样的诉求。第一阶段的传播花费 200 余万元，开卡额（包括两万个职员任务卡）28 000 个，签账额约为 300 余万元。客户急于开展第二阶段的传播工作，以求推出更多的恒通卡和提高持卡人的签账率。

项目调查

①通过对第一阶段传播计划执行情况的调查与反思，结果反映：第一阶段宣传声势够大，为后期工作奠定了一定的基础，但诉求不清晰，消费者未能理解恒通卡的作用。

②通过对顺德市消费状况的调查，了解到顺德消费的现状和市民消费喜好，同时找到了目标公众是中青年市民和社团理财人士。

③通过对竞争对手的调查，了解到最大竞争对手的市场占有率及其传播手段。

④通过对商户的调查，了解到消费者持卡消费的状况和恒通卡服务设施、措施的改进意见。

⑤通过对消费者的调查，主要了解消费者对恒通卡的使用方便性的意见和使用消费的趋势。

⑥以焦点小组调查的形式对信用社管理人员的调查，重点了解前线工作人员对市场的理解和对前一阶段传播的总结和反思，以及对下一阶段的意见。

项目策划

鉴于调查的结果，策划案提出了以提高恒通卡美誉度、信赖感，促使提高开卡率，提升签账消费率为目标，以信用社与市民几十年友好合作为情感诉求，同时直接诉求恒通卡的作用功能，综合运用公共关系、广告、促销、专题活动配合恒通卡先进的使用设备全面投入使用的措施，形成整合营销传播计划。

项目实施

一整套计划由于种种原因未能全部实施，但在历时 10 个月的实施执行中也取得了良好的成绩。

①重新拟定了恒通卡一系列的宣传口号，融入在恒通卡的电视广告、报刊广告和 POP 广告中，使恒通卡走进顺德人，更贴近恒通卡的使用功能诉求。

②设立了恒通卡市场信息资料库，收集市场信息，并根据信息，方圆顾问公司和信用社主管部门每周召开联席会议，分析情况，调整策略。

③增添了一批恒通卡应用设备，特别推出了转账快、加油快、卡折两通用的设备，同时又抓住作为宣传的卖点，进一步强化了维修和管理制度，提升了服务素质。

④推出了一个恒通卡消费积分奖励计划，作为促销主题活动。在这个活动中推出了节假日免费购物惊喜，消费积分和消费累积送奖等一系列措施，吸引了持卡者的消费热情，刺激了开卡的兴趣，尤其是精心选择的礼品，促销广告用品，一度成为消费者追求的热点。

⑤强化恒通卡使用功能的广告宣传，拍摄了四条恒通卡功能宣传广告片，在顺德各镇有线电视台高密度播出，引起强烈的反响，同时，在顺德报纸、杂志、电台、户外推出系列的广告宣传。

⑥配合中秋、国庆、春节等大假期推出了信用社与市民几十年风雨同舟的情感诉求广告，强化信用社形象的宣传。计划实施之后，整个恒通卡的开卡额和签账消费额有明显的上升。

项目评估

从这一计划推出之后的市场成果来看，足以证明计划是成功的。

第一，恒通卡的总开卡量接近 10 万，签账率超过亿元。

第二，恒通卡在市民中树立了使用方便、快捷和保险的良好的信誉，商户欢迎使用恒通卡、纷纷要求加装网点设备，全网点设备一时供应不上，信用社自身形象也通过产品的传播得以提升。

第三，许多宣传品，促销品颇受市民赞赏，有些广告片播出，不少人打电话来加以赞扬。甚至不少消费者要求广告模特上网点服务，可见影响之大。

案例思考：

1. 试评以上案例的全套操作程序。

2. 分析以上案例实施过程的特点。

学习单元7.1

公共关系实施

公共关系的实施就是对策划方案进行具体操作与管理，使之付诸现实的过程，所要考虑的问题主要是如何从公共关系目标和公众需要出发，按照公共关系传播的基本原则，选择最有效的传播模式和途径来完成策划方案中所计划的各项活动。实施过程的管理与控制涉及多种可能影响沟通的因素与问题，如信息内容是否明确可信、前后一致，传播是否有合适的渠道、过程是否持续，信息接收者的接收条件与能力如何，传播过程中可能出现的障碍及其克服方法等。

7.1.1 公共关系实施的特点、原则与方法

公共关系实施就是在公共关系计划被采纳以后，将计划所确定的内容变为现实的过程。对于一个典型的公共关系实施过程来说，它通常又可分为这样几个阶段：一是实施的准备阶段。准备阶段的主要任务是设计实施方案，包括组建实施机构、确定实施措施、训练实施人员等。二是实施的执行阶段，即实施机构按照已经设计好的实施计划的程序，落实各项措施。三是实施的结束阶段，即实施机构为下一步的效果评估做好相应的准备。由此不难看出，公共关系实施作为一个完整过程具有客观性、复杂性和能动性的显著特点。

1. 客观性

公共关系实施过程的客观性是指无论承认与否，喜欢与否，它都是不以人的意志为转移的现实活动过程。的确，公共关系实施不但离不开人的精神因素的参与，而且其作用相当突出。但是，这并不能说明它就是纯粹的精神活动，因为任何一个公共关系实施过程都不是存在于人脑之中，任何一个组织都不可能自由选择实施过程。其客观性主要表现在：一是从构成要素上看，不管是实施者还是公众，也不管是信息还是媒介，它们本身都是可以感知的客观实在；二是从流程上看，它是上述要素相互联系、共同作用的过程，并且这个过程是按一定规律发展着的，实施者不能凭主观想象任意选择，而是必须尊重规律，按规律办事；三是从结果上看，任何公共关系实施过程总是有一定的结果，无论是好的结果还是不好的结果，都是不以人的意志为转移的，实施者不可能自由选择。了解并承认公共关系实施过程的客观性，有助于我们正确认识实施者主观因素的作用。

2. 复杂性

公共关系实施过程的复杂性主要是指对公共关系实施过程的影响因素具有广泛性，影响性质具有多重性，影响方式具有多样性。从影响因素上讲，主要有三个方面：一是公共

关系计划中的目标障碍；二是公共关系计划实施中的沟通障碍；三是公共关系计划实施中的突发事件。从影响性质上讲，有良性与恶性之分，有积极与消极之别，它们总是混杂在一起，同时影响着公共关系实施过程。从影响方式上讲，由于影响因素的内容不同，主体不同，具体时空环境条件不同，影响方式也就是多种多样的。一般有如下几种：直接的影响和间接的影响、深入持久的影响和浅层的偶然的影响，广泛的影响和个别的影响，真实的影响和虚假的影响等。公共关系实施过程的复杂性，客观上要求实施者必须具有正确的认识和充分的思想准备，努力提高自身的综合素质。只有这样，才能在复杂的公共关系活动中真正获得发挥的自由。

3. 能动性

公共关系实施过程的能动性是指实施者的自觉努力具有直接影响公共关系实施过程的能力和作用，使公共关系实施过程深深打上主观意志的印记。承认公共关系实施过程的客观性，并不意味着人们在此过程中纯粹处于被动的地位，难以有所作为。事实上，公共关系实施过程是一个在自觉努力下，极富创造性且充满活力的能动过程。主要表现在：一是此过程始终离不开实施者的精神活动，是在一定目的和计划的推动下不断展开的过程；二是实施者不仅能够探索和认识规律，而且更重要的是能够自觉利用规律，努力依靠各种手段和方法创造性地控制全过程，以期达到预期的目的。这一特点表明，人们在公共关系实施过程中其实有充分的创造自由，能不能获得这种自由，关键取决于实施者的综合素质，取决于实施者主观能动性的发挥。

公共关系计划的实施既需要遵循一定的原则，也需要应用一些行之有效的实施方法。这些原则和方法主要有以下几项。

(1) 目标导向的原则与方法

目标导向原则是指在公共关系计划实施过程中，保证公共关系实施活动不偏离公共关系计划目标的实施原则。遵循目标导向的实施原则实际上是加强控制的一种手段。从广义上说，控制就是掌握好事物的发展方向及进度，使其不任意活动或超出限定的范围。控制也被看作管理的重要内容，而且多数情况下与实施活动联系在一起。在管理科学的五要素说（计划、组织、指挥、协调、控制）和三种有机职能说（计划、组织和控制）中，都突出了控制的地位。实际上，公共关系计划的实施过程也就是对实施加以控制的过程。控制过程就是实施人员利用目标对整个实施活动进行引导、制约和促进，以把握实施活动的方向和进度。因此，目标导向原则也可以叫作目标控制原则。不同的控制有不同的控制主体、客体和手段。在公共关系实施中，目标控制的主体是实施公共关系计划的社会组织，客体是组织面对的公众，其手段就是目标本身。在这一原则指导下有两种工作方法：一种是线性排列法，一种是多线性排列法。

线性排列法是以公共关系行动、措施的内在联系为先后顺序逐一排列起来，一步一步向目标逼近的方法。

例如，美国一家牛奶公司意欲将该公司的消毒牛奶打入日本市场。但他遇到一系列的障碍：日本的消费者对喝消毒牛奶有利于健康持怀疑态度；日本消费者联盟反对此产品，担心消毒牛奶的安全问题；靠近大城市的牛奶场场主反对消毒牛奶的分销，害怕与其竞争；由于利益集团施加压力，几家零售商表示不愿经销消毒牛奶；卫生福利部门和农林部门表示，他们需要观察一个阶段，然后再决定是否赞成消毒牛奶的广泛推销。为了排除这种障碍，这家公司的第一步行动是与日本卫生部门联系，使之批准销售该产品。因为若没有该部门的批准，公司无法实施下面的计划。第二步说服大零售商来经销消毒牛奶。第三步，与牛奶场取得联系。第四步对消费者进行消费教育。后三步均是在前一行动取得成功的基础之上进行的，从而避免了人力、物力和资金的浪费。

多线性排列法是将几个行动同时展开、共同迈进的排列法。

这种排列方法可以缩短整个计划实施的时间，但花费的人力、物力、资金相对第一种排列的方法要多，而且一旦前面一步的工作不能获得成功，下一步工作将造成浪费。

(2) 控制进度的原则与方法

控制进度的原则是指根据公共关系计划目标的需要，按照一定的程序掌握工作的进度，以避免出现畸轻畸重的现象。例如，某些赞助活动在电台和报刊已经传播开了，但赞助的纪念品还未准备好，这使赞助活动不能正常进行，影响主办赞助活动机构的声誉。因此，在公共关系实施过程中，需要经常检查各方面工作的实施进度，及时发现超前或滞后的情况加以调整，以求在公共关系目标指导下，使各方面工作达到同步和平衡发展。

其次，控制进度的原则还体现在整个公共关系活动中。在计划编制过程中，实行预先控制，使计划的制订符合实际；在计划执行过程中，直接检查和监督公共关系工作的实施进度，实行现场控制；在计划执行结束后，及时了解和掌握计划实施情况和存在的问题，实行反馈控制，以便对下一步公共关系活动进行调整。

(3) 整体协调的原则和方法

所谓整体协调原则是在计划实施过程中使工作涉及到的方方面面达到和谐统一、合理互补的状态的原则。协调不同于控制，控制是对一个组织的计划实施过程中与计划有差异或背离计划的行动进行纠正或克服的行为，协调则强调实施过程中的各个环节之间、部门之间及实施主体与其公众之间相互配合，不发生矛盾或少发生矛盾。当矛盾产生时，也能及时加以调节解决。最普遍、最常见的协调有两类：一类是纵向协调，一类是横向协调。纵向协调指上下级之间的协调。如上级部门制定的新政策、新措施不能在下级组织毫无思想准备和组织准备的情况下突然付诸实施。下级也应及时把实施过程中出现的新情况、公众的新要求及时反馈给上级部门。横向协调是同级部门或实施人员之间的协调。因为公共关系工作不是单兵作战，而是需要全体实施人员共同努力。消除组织内耗，保证实施活动的同步和谐，才能提高工作效率，取得良好的实施效果。

整体协调可以采用计划评估法。

计划评估法认为，凡实施一项计划或组织一项复杂的工程事先要有明确的目标。根据目标做出工作设计，并绘制推进工作的网络图，进行优选后作为控制实施工作的标准。这个网络图不仅有各项工作的名称，而且还标明了它们的相互关系以及每项工作的最早和最晚的起止时间、时差和关键线路。实施者可以根据这个网络图指挥和控制实施活动，发现问题及时解决，从而保证在最合理的情况下，顺利地完成原定任务。

计划评估法的运用，大致可分为以下步骤。

①确定目标，进行工作设计。首先是确定该项任务的总目标，包括时间、数量、质量

要达到的标准，以及最后要实现的效果；然后是分析计划任务，进行工作设计。任务总是由许多具体工作步骤或环节组成的，要把它分解成一项一项的具体活动，明确每项活动前后左右的衔接关系，估算每项活动所需要的时间，列出全部活动的明细表。

②绘制网络图。以活动明细表为基础，用箭头线、节点及线路表示工作的起始和过程，构成网络图，并把各项活动的最早开始与结束时间，最迟开始与结束时间以及时间的差距，分别用数字在图上标明。

③进行网络分析，选定最优方案。网络图绘制之后，对已计算出的数据资料和各种活动的因素进行全面分析，检查网络图上的结构是否合理，并进行相应的修改。

④执行网络计划，检查进度。计划一旦确定，就要将网络图区分为总图、分图和细节图，以便供不同的实施人员使用。实施时要注意关键线路以保证重点，还要随时掌握工作进度，密切注意新的变化，发现问题及时补救或重新修改计划。

(4) 正确选择时机的原则和方法

在公共关系计划实施的过程中，必须考虑一个关键的因素，就是时机因素。正确选择时机是提高公共关系计划成功的必要条件。忽视这一因素，常常导致计划实施的失败。其实，长期以来人们对正确选择时机以提高传播效果进行了大量的研究。如二次世界大战期间盖洛甫教授专门研究了人们阅读报纸、收听广播的时间，研究在什么时间实施传播效果最佳。

在实施公共关系计划时，究竟应怎样正确选择时机呢？

①注意避开或利用重大节日。凡是同重大节日没有任何联系的活动都应该避开节日，以免被节日活动冲淡。凡是同重大节日有直接或间接联系的公共关系计划则可以考虑利用节日烘托气氛，扩大公共关系活动的影响。

②注意避开或利用国内外重大事件。凡是需要广为宣传且与重大事件无关的公共关系活动都应避开国内外重大事件，以免被重大事件所冲淡。凡是需要为大众所知，又希望减少震动且与重大事件有关的活动，则可选择在重大事件发生期间，这样可借助重大事件的影响减少舆论的压力和关注。

③不宜在同一天或同一段时间里同时开展两项重大的公共关系活动，以免其效果互相抵销。

总之，正确地选择时机，是实施公共关系计划的一种技巧和方法。它并不能千篇一律地按照一种固定的模式去进行，而应根据当时当地的具体情况及整个公共关系目标把握好时机，这样才能收到预期的效果。

(5) 反馈调整的原则与方法

反馈是指信宿即受传者对传播者所传信息作出的反应。在传播过程中，反馈是一种信息的回流。由于传播者通常要用这种反馈信息检验传播效果，调整公共关系计划的实施活动，所以又称之为“反馈调整”。

反馈调整的突出特点是：根据过去实施的结果去调整未来的行为。反馈调整的过程是：公共关系计划的制订者确定公共关系目标，根据公共关系计划的目标制订具体的实施方案，实施方案制订好以后，组织有关部门和人员对方案进行评估，然后，把评估结果与原定的公共关系目标进行比较，如果发现问题就要重新修订公共关系计划。这是第一次反馈调整。之后，再将经过修订的公共关系方案付诸实施，实施后将实施结果与原定目标进行比较，以比较的结果作为依据，对下一步公共关系计划的制订与实施进行调整。这是又一次反馈调整。

由于公共关系计划实施的环境和目标公众的情况是复杂而多变的，因此，在实施过程中，必须不断地把公共关系计划在客观环境中实施的结果与公共关系目标相对照，如发现偏差，就应当及时对计划、行为或目标进行相应的调整。为了便于发现偏差需要依靠各种形式的信息反馈渠道，把方案实施的各种信息及时、准确地搜集汇总上来，经过研究分析，作为采取调整行为的依据。在此需要明确指出，一项公共关系计划的制订与实施，并非进行一次反馈调整便可解决一切问题，而往往需要经过多次循环往复的反馈、调整，使实施不断完善，直至完成公共关系计划，实现战略目标。

7.1.2 公共关系实施的方案设计

公共关系策划的成果主要是产生了一个公共关系创意，确定了主要的公共关系工作手段与策略，并进行了总体预算；但是，没有确定实现公共关系创意及所选手段与策略的详细操作方案。这正是公共关系实施方案要解决的问题。

公共关系实施方案又称公共关系技术文案或公共关系策划的实施文案。其核心内容是公共关系创意的具体操作方法，是对公共关系策划最终落实的具体的行动安排，主要包括以下几项。

1. 制订行动方案

公共关系策划总是围绕特定目标公众而展开的，因而，必然包括针对各类目标公众利益满足的政策、战略及行动构想。为了卓有成效地实施公共关系策划，在公共关系策划的实施文案中，首先要对每类目标公众制订特别行动方案。该行动方案是将策划的要求进一步细化，力求具体、直接地表明社会组织在各类目标公众的利益要求上都应采取哪些更有效的行为。

2. 制订沟通方案

公共关系策划中的沟通首先要落实到行动上，这需要进一步加以构想和安排。针对每一类目标公众的沟通，主要包括信息战略和媒介战略两大内容。信息战略包括信息来源、信息表现方式和信息利用等。媒介战略包括对媒介的具体选择和对媒体的具体利用等。

3. 提出实施工作的要求与方法

公共关系实施工作要求是指各项公共关系实施工作内容的操作目标、原则和注意事项，它对具体工作方法设计和实际工作过程具有重要指导作用。因此，在公共关系实施工作内容设计完后，就要对每项工作内容提出工作要求，根据这一要求设计具体工作方法。公共关系实施工作方法的策划设计要符合以下原则。

①工作方法的设计要具体、仔细、实在，工作量要小，尽量简单，具有较强的可操作性。

②工作方法的形象要好，成本要低。

③完成工作任务（内容）和实现策略的可靠性要高，防止“实现功能不足”。

④必要时进行多种方法组合，有利于增加完成工作任务和实现策略的把握度，但要防止“实现功能过剩”，以免造成实施成本增加。

⑤要为有风险的操作方法设计备用方法，确保万无一失。

⑥工作方法要符合目标公众心理，符合政策法律和各种社会风俗习惯、伦理道德。

从理论上讲，完成一项工作内容的具体方法很多，但实践中可寻找的方法却是有限的。要深入调查、分析组织自身和实施环境所提供的各种实施条件和产生的实施制约，针对目标公众的公共关系心理，寻找和策划出多种工作方法，反复比较论证，从而确定出能圆满完成任务、达到甚于超过工作目标的相对最佳的工作方法。

4. 确定实施工作机构及人员

组织的公共关系实施主体有三种：组织内部公共关系部、公共关系公司和公共关系社团。不管是哪种操作主体，都必须建立项目公共关系实施机构，配备得力的实施人员。实施人员的素质和能力十分重要，优秀的实施人员不仅能顺利完成工作任务，而且能修改、寄送实施方法，弥补实施方案的不足。

所谓公共关系实施机构，是指为完成某一项公共关系任务、实现公共关系目标而建立的专门组织。规模较大的公共关系实施，其机构具有多层级特点，从低层级到高层级，人数依次减少，权力依次增大，形成“金字塔”式的稳定结构。应按照精简、统一、节约、效能的要求来构建公共关系实施机构。一般应以领导中心机构为核心，下设智囊机构、执行机构、监督反馈机构。其中，领导中心机构是决策角色，人员要少而精，办事效率要高；智囊机构作为领导决策的参谋部门，其组成人员应具有科学分析问题的能力以及较宽的视野和战略眼光；执行机构作为实施方案的具体操作部门，其组成人员应具有较强的指挥、协调、组织、交际和操作能力；监督反馈机构作为保证的检查实施的部门，其组成人员应有敏锐的洞察力、实事求是的科学态度和强烈的责任观念。

公共关系实施机构设置的程序是：明确指导思想，确定组建机构的目的和任务；制订编制方案。根据领导机构的任务和工作量，确定部门、职务和人数，规定每个岗位的职责；确定领导体系。明确纵向隶属关系和横向协作关系；报批机构编制方案；任命领导人和安排工作人员。

一定要将每项工作内容落实到具体人员。一项工作内容安排两个以上人员操作时，要确定一个负责人，并进行相对分工。一个人负责多项工作时，要考虑工作之间的内在关系，使其运作起来高效、方便。

5. 分配任务与责任

公共关系策划的实施，需要社会组织全体成员的努力。为此，应将公共关系策划实施的任务与责任分配到每一阶层、每一成员身上。其中每一阶层、每一成员的任务是什么，责任有哪些，要制定出详尽明确的规章制度，以便监督、检查、控制与评比。

6. 明确具体的时间安排

实施公共关系计划不仅要对公共关系策划的内容、任务等重新设计和安排，还要做好具体的时间安排。从一定意义上说，对时间的设计与安排是实施方案中头等重要的问题。时间安排得合理有序是使公共关系策划落在实处的保证，否则，公共关系策划的实施便会悬而未决。

具体的时间安排主要有以下几个要点：

(1) 选择最佳实施时机

最佳实施时机是指能够使公共关系实施获得最佳效果的开始工作时间和结束工作时间。一项公共关系创意的实施，往往有若干项工作内容，其中，与公众发生关系的工作内容实施的开始与结束的时间特别重要，必须准确把握，科学决策。公共关系实施的最佳时机，有时表现为一刻一时一日，有时也表现为一个较长的时间段，如：几日、几周甚至几个月等。这些时机，有的是日常性的，有的是固定的，而有的则具偶然性。

(2) 制定总进度预算和项目进度预算

一定时限的公共关系工作，需有总进度的时间预算，可绘成时间程序表，在此表中设定时间区段，并填充上工作内容。对于特定项目、特定活动，则需要有倒计时时间程序表，在此表中以日计时设定时间安排，并填充上具体进度内容。倒计时开始时距某一项目或活动结束时间较远，常以 5 天或一周左右为一区段安排任务内容，临近结束两周前则以天计时安排。

(3) 对时间以进度控制进行设计

为掌握或控制时间进度，实施方案还要设计好有效的控制方法。如：日工作时间记录表、周工作记录表。此表可掌握进度情况，也是超时的预警系统。每一责任人每日、每周的记录，是自己对工作进程的掌握，同时，又是在总体上掌握进度的基础。

7. 经费预算的具体分配

在公共关系策划工作中，已对所选择的传播媒介操作等活动经费作出了总体预算，即它只是大致决定了总经费多少及其主要流向，这是进行公共关系实施工作预算分配的依据。在实施时，则要进一步对这笔总经费作具体的分配。将公共关系策划的总体预算经费合理分配到公共关系实施的各项工作内容中去，以保证各项工作开支需要，这就叫公共关系实施工作预算分配。只有这样，才能保证总预算的经费合理、有效地分配到各项工作内容中去，才能保证被高效利用。一般而言，经费总是有限资源，厉行节约应为首要原则。为此，实施方案的设计者应反复询价，以便花更少的钱办同样的事，这样就可以把省下的钱集中用在最重要的事务上。除此之外，方案设计者应反复推敲，在预算分配上分清轻、重、缓、急，清楚哪些应多投入，哪些应少投入，投入多少为合适，并为此设计一份明细清单。

8. 制定实施工作的规章制度

要依据公共关系职业准则和组织中有关规章制度，以及公共关系实施的具体情况，制定出各项公共关系实施的工作制度。这是设立对公共关系实施人员在各项公共关系实施工作中的行为进行约束与管理的机制。

组织的公共关系部都建立有具有共性的公共关系人员行为准则和公共关系实施制度，这是任何一次公共关系实施都必须遵守的工作制度。但就某一项公共关系活动来讲，其实施具有特殊性，应根据这种特殊性，制定出特殊的工作制度作为补充。这些工作制度涉及：职业道德、信息保密、经济关系、行政关系、分工协调、交际形象、请客送礼、奖罚机制、危机处理、差旅出勤、礼仪规范。

7.1.3 公共关系计划实施的过程

在公共关系计划的实施过程中，尤为重要的是信息传播。实施公共关系计划就是通过公共关系活动的开展来获得相关公众的了解、理解、信任和支持的过程，实质上是一种信息传播活动。策划传播是整个公共关系活动的中心环节，是计划具体落实、付诸执行的过程。在这一过程中，公共关系人员将以公共关系目标和公众的需要为出发点，选择最有效的途径和手段，通过组织中全体人员的共同努力，在公众心目中树立本组织的良好形象。

1. 优化传播效果

为了获得最佳传播效果，必须注意以下两个方面。

（1）考虑目标公众利益

公共关系活动实质上是针对目标公众而进行的信息传播活动，如果要使这种传播活动取得最大的效果，就必须使发出的信息全部或大部分为目标公众所接收。这就需要选用目标公众所习惯使用的传播媒介，传播与目标公众利益相关的信息。公共关系人员在设计制作信息时，一定要充分考虑在调查研究过程中所了解到的目标公众的文化、社会和心理等各方面的特点，制作编写适合公众胃口的新闻稿件、广告稿、展览说明和小册子，从而引发公众的兴趣，这样才能使传播活动达到最优化的效果。

（2）控制信息传播活动

没有计划就没有控制，反之没有控制或控制不好，计划也不能顺利实施和实现。计划是控制的基础，控制是实现计划的保证，两者从组织公共关系计划实施开始直至终结，始终紧密联系在一起。二者关系处理不好，优化公共关系传播效果也就无从谈起。

公共关系传播计划的控制程序包括这样几个方面：一是检查公共关系传播计划目标是否切合实际；二是检查公共关系传播计划的执行情况和衡量执行结果；三是建立控制标准，把传播计划执行结果与控制标准进行比较；四是发现偏差、分析原因；五是采取纠偏措施，保证公共关系传播计划的顺利实施和公共关系目标的实现。

2. 进行媒介整合

实施公共关系工作方案，实现公共关系目标要借助一定的媒介，按照活动目标、受众特点等将媒介进行组合，以达到整合传播的效果。如“V26 减肥沙琪”通过编制《招商指导书》与目标公众经销商见面；通过拍卖经销权这一活动进入市场；同时广告策略选用的是在各卫视台的黄金时间段轮番播出，借助这种销售方式和渠道，从 1998 年 9 月 20 日到 10 月 10 日，近 20 天的时间里，V26 产品就出现在中国每一个城市的大街小巷，从此风靡全国。因此要使活动获得最佳效果，必须进行媒介整合。根据公共关系目标、根据受众的数量、分布范围、年龄、文化水平、兴趣爱好等，选择电视、广播、网络、报纸等媒介形式，选择人际传播、群体传播、大众传播等传播渠道，选择演讲、新闻发布会、记者招待会、娱乐活动等活动形式，选择宣传手册、招贴画、标语等宣传方式，在进行充分的论证分析的基础上，进行与消费者的沟通，保证所选定的传播渠道及其整合达到预期成效而耗费最小化。

3. 设计传播过程

实施公共关系计划首先要根据沟通的目的，选择传播（人际传播、组织传播、大众传播）的类型，在此基础上，再选择合适的通道，充分考虑信息传播要素（信源、信宿、编码、译码、信道）中每一个环节，使他们相互配合，协调一致，共同服务于目标。

4. 排除沟通障碍

在实施公共关系计划过程中，可能出现各种矛盾和问题，对此要防患于未然，不能等到事情闹大或问题堆积才想到要去解决，应该把矛盾和问题消除在萌芽状态。这样才能扫清实施公共关系计划过程中的一切障碍，使公共关系计划得以顺利实施。

(1) 要了解信息沟通发生障碍的原因

①信息发出者的影响力。信息发出者对信息接收者具有影响力，例如知名度高、权威性强，这样便容易使信息贯通到对方，否则容易发生障碍。

②信息对接收者的吸引力。对信息接收者有意义、有价值的信息容易贯通到对方，否则容易发生障碍。

③编码的技术性。编码后的内容准确，不会发生歧义；编码的形式多样，有利于多信道传输；编码后的信号容易破译，信号容易还原为信息，否则，容易发生障碍。

④信道传送的速度。信道传送的速度越快，信息的保真度越高，信息的价值也越大；否则信息容易失真，过期的“信息”没人感兴趣，沟通也会发生障碍。

⑤干扰“噪音”的强弱。信息接收者接收到的是被“噪音”干扰过的信号，“噪音”越强，信号越弱，要准确地译码就越困难。这也会给信息沟通造成障碍。

⑥信息接收者的状态和能力。信息接收者持积极态度，并具有准确译码的能力，容易将受干扰的信号还原为信息，否则，使信息沟通发生障碍。

由于信息沟通中存在着上述可能出现的障碍，信息沟通的过程有可能被阻断。不过，这实际上只是一种静态的分析。事实上，信息沟通往往是多个信源和信宿相互交叉着传递信息，它可以突破某种障碍；另外，信源和信宿又如两个受人工控制的水泵站互相送水一样，发现水没有送达对方或对方收到的是油库中泄漏出来的油，会采取调整措施加大水泵的压力或送出溶油液，使沟通恢复正常。所以积极地接收对方发送的信息和及时地发现和克服输送中的障碍，对保持信息沟通具有决定性的意义。

(2) 进行实施计划前的测试

在方案正式实施之前，为了增加可靠性，可以进行一些必要的测试工作。测试信息内容的可读性，找一些目标公众来试读，看他们能否正确理解；测试设备的可靠性，看录音、录像设备运转性能是否良好；检查标语的内容、展牌的位置、资料袋的内容等。这些准备工作要尽可能周全、认真、仔细，做到防患于未然。

(3) 做好各项协调工作

公共关系活动涉及面广，协调工作便显得十分重要。

①要协调好各个部门间的关系，特别是宣传、供销、广告等部门与团体之间的关系，避免相互脱节、相互牵扯甚至相互矛盾的现象产生，否则各部门间会产生抵消作用，影响公共关系计划的实施进程。

②要协调好各个项目之间的联系。各个项目在实施过程中既相互区别又相互关联，要做到有机过度，有机衔接，必须精心协调。

③要协调好人员、物资的运转关系。大型公共关系活动人员的调用、物资运输是一门技术，可以用图表形式将人员、物资和运输之间的相互关系明确地呈现出来。

(4) 处理好突发事件

对公共关系计划实施的干扰，最大的莫过于突发事件。这里所说的突发事件包括两大类：一类是人为的纠纷危机，诸如公众投诉、新闻媒介的批评、不利舆论的冲击等；另一类是不以人的意志为转移的灾变危机，诸如地震、水灾、火灾、空难等。这些重大的突发事件对公共关系计划的实施干扰极大。

突发事件一般具有以下几个特征。

①发生突然，常常令人始料不及。

②来势迅猛，常常令人束手无策。

③后果严重，危害极大。

④影响范围大，易给整个社会带来恐慌和混乱。

一个社会组织如果不善于处理突发事件，那么不但会使整个公共关系计划难以实施，甚至会影响到本组织的生死存亡。

面临突发事件应当保持头脑冷静，防止感情用事，认真剖析原因，正确选择对策。据一位日本公共关系专家介绍，面临突发事件时，在传播沟通方面应注意以下问题。

①实事求是地发表消息。不清楚的情况要坦率地告诉对方，不要把主观臆测混杂其中。

②发表的时机很重要。不能因过于慎重而贻误时机，致使流言、谣言乘虚而入，引起混乱。

③发表消息时尽量统一形成文字，因为口头信息容易被误传。

④为防止外界误传，宣传中要统一口径，不能随便发表言论。

⑤有些对社会影响大的问题，越早发表消息越好。

⑥一旦出现事故，应有专人联络新闻界，把情报工作抓好，尽快平息混乱。

学习单元 7.2

公共关系评估

公共关系评估是对公共关系工作作全面深入的研究，是公共关系“四步工作法”中的最后一步。它在公共关系实践活动中起着不可低估的作用。公共关系评估是改进公共关系工作的重要环节，是开展后续公共关系工作的必要前提，同时，它可以使组织的领导人看到开展公共关系工作的明显效果，从而更加自觉地重视公共关系工作。公共关系评估涉及到公共关系全过程的所有内容，复杂程度和难度比较大，要取得成功，应该对以下问题进行较深入的研究：评估的意义、评估的内容、评估的程序、评估的方法和评估总结报告的撰写。

7.2.1 公共关系评估概念及作用

1. 公共关系评估的概念

公共关系评估就是把评估作为公共关系活动中相对独立的一个方面，根据一定的标准和原则，选择一定的方法和途径，对公共关系计划、实施及其实际效果进行质的评判和量的估价的活动。

从实际情形来看，评估贯穿于公共关系活动全过程。比如在调查阶段，调查者不仅在调查中会不断反思调查的内容、程序和方法，而且在调查结束时一般更是会对整个调查工作进行全面总结。又如在策划阶段，策划者总是一边执行策划，一边对策划本身进行自我评价并不断加以调整。再如在实施阶段，实施者的评估意识通常更加强烈，评估也更有广度和深度。当然，比较典型的自觉评估则是产生于实施活动终止后。实施活动结束后，组织及其公共关系人员一般会安排足够的时间，对公共关系活动整个过程特别是实施效果进行衡量、检查和评价，以判断其得与失、成与败。所以，这里所讲的公共关系评估主要是指实施结束后的总体评估，同时也包括了每个阶段的随时评估。

2. 公共关系评估的作用

公共关系评估在整个公共关系活动中有着不可低估的作用，其重要性表现在以下几个方面。

(1) 公共关系评估是公共关系活动本身的重要环节

无论性质如何、规模怎样，任何一项特定的公共关系活动总是表现为一个完整的过程。它需要有调查环节、策划环节，需要有实施环节，也需要有评估环节。这就是说，评估是公共关系活动本身的重要环节，没有评估环节，就不是完整意义上的公共关系活动，或者说一项特定的公共关系活动就不算结束。这个环节存在的必然性就在于：公共关系活动是受特定目的支配的自觉活动，经过调查、策划和实施，活动是否达到了预期目的，必须通过科学评估才能判断，并在判断的基础上对经验和教训进行必要的总结。

(2) 公共关系评估是开展后续公共关系工作的必要前提

对于一个组织来说，任何一项新的公共关系活动的策划和实施都不是孤立的，它总是以先前的公共关系活动及其效果为背景。前后两项公共关系活动如果是属于系列活动，前一项活动的评估结果对开展后一项活动的意义自然是不言自明的。即使是前后两项活动所要解决的问题各不相同，开展后一项活动时也必须以前一项活动及其效果作为重要的决策依据，因为两者的最终目标毕竟都是树立良好的组织形象，它们之间不可能互不相干。所以，开展新的公共关系活动时，必须对前一项公共关系活动及其效果进行系统总结和评估。

(3) 公共关系评估是激励内部公众的重要形式

重视激励内部公众是所有好的组织的共同特征。当然，激励形式是多种多样的。公共关系评估作为一种激励形式不太为人们所重视，但它的作用是很重要的。对于组织开展的公共关系活动，由于分工不同，不专门从事公共关系工作的内部一般公众往往难以有全面而深刻的了解和认识。组织及时、有效地开展评估工作，将业已完成的公共关系活动过程及其效果向一般公众进行解释和说明，可以使其认清本组织的利益及其实现途径，自觉将本组织的战略目标与自己的本职工作紧密结合起来并转化为积极行动。同时，开展公共关系评估还可以使组织的领导人看到开展公共关系工作的明显成效，从而促使其更加自觉地重视公共关系工作。

7.2.2 公共关系评估的程序、内容与方法

1. 公共关系评估的程序

公共关系评估的程序是指评估从开始到结束工作安排的先后次序和具体步骤。合理安排评估的程序，有利于保证评估工作的顺利进行，一般来说，评估工作有以下几个方面的步骤。

(1) 明确评估的目的

进行公共关系评估，首先要明确评估的目的，由于公共关系评估是检查、分析和评价公共关系活动及其成效，因而公共关系评估的对象和内容是各不相同的。对评估的对象来说，是选择项目的评估，还是整体的评估；选择个别过程的评估，还是全过程的评估，需要根据公共关系评估的目的来确定。相反，如果评估目的不明确，评估工作盲目进行，就可能收集许多无用的资料，浪费时间和精力，影响评估的效率和质量。因此，明确评估的目的，才能确定评估的对象、内容、重点、搜集资料的方式方法以及应该注意的问题，促进评估工作的顺利进行。

(2) 确定评估的主持者

一般来说，公共关系评估可以分为自我评估、组织评估和专家评估三种形式。自我评估是由主持和参与公共关系工作的人员凭自我感觉评价工作的效果，这种评估既有反映工作真实状况的一面，也存在着不可靠的可能性。组织评估是由组织负责人出面主持，由组织各部门的负责人或有关人员参加对公共关系工作进行评价。专家评估是由组织出面聘请外部公共关系专家或顾问对公共关系工作进行的评价。外聘专家能对公共关系工作作出较为客观的评价，提出有价值的意见和建议。因此，公共关系评估的主持者既可以选择组织内部的公共关系人员，也可以选择组织的领导人或外聘公共关系顾问和专家。评估究竟由谁主持，应根据评估的目的或视具体情况及需要来确定。

(3) 选择评估的标准

进行准确、有效的公共关系评估，必须选择适当的评估标准。由于公共关系的评估对象是公共关系活动及其成效，对这些不同的对象应考虑使用不同的评估标准来进行检验、分析和衡量。因此，社会组织应根据公共关系评估的目的、对象和内容来选定公共关系的评估标准。例如对公共关系活动来说，评估的标准就是公共关系计划，即公共关系活动是

否按公共关系计划进行。对公共关系成效来说，评估的标准是公共关系目标，更具体的标准即对目标进行细分并具体化，以考察公共关系活动的结果是否达到了组织期望达到的目标。通过选择评估的标准，才能使评估工作顺利地展开，从而保证结果的准确可靠。

（4）确定搜集资料的方法和途径

社会组织公共关系工作要受多方面、多层次因素的影响，组织形象地位和公众态度的改变也是由多方面的配合所取得的，因而要准确评价公共关系的工作效果就比较困难。为了保证评估结果尽量客观、公正和准确，就不能单凭公共关系部门或人员的自我感觉和认识进行评价，还要采用科学的计量方法，使定性分析和定量分析相结合。对一些评估项目，评估所需的资料应与公共关系调查阶段所使用的一样的渠道和方法搜集，以增加现在和过去公共关系状态和组织形象地位的可比性。但是公共关系评估毕竟与公共关系调查不同，为了使评估更加可行，结果更加可信，在搜集资料的过程中，应根据评估的目的和所需要资料的内容和范围适当选择调查的途径和方法，以保证获得资料的准确性和可靠性。

（5）开展评估

通过各种途径和方法收集的资料，数量往往很多，其中有些资料可能杂乱无章，也有些资料可能是片面和不真实的。对这些资料要根据评估的目的和内容，只有系统地加以整理分析才能获得活动结果的准确情况，这部分资料才能作为评估的材料和依据。在此基础上，再把公共关系的活动情况及结果与公共关系计划及目标进行对比分析，才能确定公共关系计划是否完成、目标是否实现，确认目标是否由公共关系活动所形成，分析目标得以实现或没有实现的原因，还存在什么问题，有什么经验教训等，从而对整个公共关系活动过程及其效果进行全面准确的评估。

（6）评估结果的利用

社会组织的领导人和公共关系人员必须对公共关系评估的结果给予高度的重视并加以妥善的利用。除了利用总结性评估说明公共关系工作的作用、影响和效果外，更主要的是要把公共关系的评估结果用于决策。因为公共关系评估在公共关系活动过程中是连续不断地进行的，并贯穿于整个过程的始终，这样才能及时在公共关系工作中发现问题、解决问题，调整和修订公共关系工作和活动，使制定的目标和计划更加完善并减少实施过程中的偏差。另外，评估的结果又能为下一阶段公共关系活动提供背景性材料，使社会环境分析及问题确定更加准确，公共关系计划和目标的确定更加符合社会组织的实际和发展的需要。因此，公共关系评估不应是公共关系工作的附属物或公共关系工作事后思考的补救措施，而应是整个公共关系工作的重要组成部分和重要内容之一。

2. 公共关系评估的内容和方法

公共关系评估的内容主要包括以下方面的内容。

（1）公共关系活动过程的评估

评估的重点内容主要包括公共关系活动准备工作的评估、公共关系计划的评估和公共关系计划实施的评估。

①公共关系活动准备工作的评估。此项评估首先应评估调研的设计是否合理，调研方法的选择是否适当，调研工作的组织实施是否合理，调研的结论分析是否科学等。其次，

应评估准备的相关材料是否合理，是否符合新闻媒介的要求，开展活动的时间、地点、方式是否符合目标公众的要求等。最后，还应评估表现信息的方式是否合适，语言文字的运用、图表的设计、图片的选择、展览方式的选择等是否能够有效地传播相关信息。

②公共关系方案的评估。主要评估公共关系计划的目标是否可行，计划在执行中是否与组织整体目标一致，是否与社会环境条件适应，公共关系战略构思是否科学，目标公众的选择是否准确，媒介的选择是否适当，经费预算是否合理等。

③公共关系方案实施的评估。包括评估实施的准备工作是否充分，过程安排是否明确合理，制作的信息内容是否准确充实，传播发送的信息资料的数量，实施的效果等。

(2) 公共关系传播情况的评估

传播是将信息或观点有计划地与公众进行交流的活动，是一种信息的分享活动，它包含着公共关系的目标。因此，它必须获得公众的理解与共识即传播必须有效。对效果大小的评估主要是检测这样一些内容：公众对信息本身的了解情况即有多少公众了解，了解程度如何；公众接收信息的情况即是否接收、承认信息内容，接收的比例是多大；公众接收信息后的态度情况即有多少公众赞同信息内容，多少公众形成了对组织的良好印象；公众行为效果的情况即有多少公众对信息产生相应反应，多少公众达到公共关系目标所期望的水平，传播沟通方案怎样，目标是否得体、策略是否恰当，媒介选择是否合适，信息策略是否合适，目标对象状况如何等。

(3) 公共关系状态的评估

对公共关系状态的评估是对公共关系工作成效的总结性、全方位的评估，公共关系状态评估可以分为内部及外部公共关系状态评估。内部状态评估主要包括评估全体成员的公共关系意识，员工的归属感，组织的凝聚力和号召力，组织内部的人际关系、群体关系等。外部公共关系状态评估主要考察公众在接受信息、改变态度、引起行为等方面的变化。

公共关系评估的方法主要有以下几种。

(1) 公众评估法

通过公众意见调查来间接推断公共关系活动的效果。通常采用问卷调查、电话调查、抽样调查或访问目标公众等形式进行评估。调查之后进行分析，取得充分的评估资料，得出公共关系活动在影响公众方面取得的效果。这种评估方法有利于组织从多方面检验公共关系活动的效果。例如，某企业通过举行专项公共关系活动，来分析公众对组织了解的程度，以提高企业知名度。具体操作方式常采用抽样调查法，用问卷或访问等形式来反馈公众的意见。

(2) 专家评估法

由公共关系人员拟定调查项目，制定评价标准，聘请公共关系专家进行评价的方法。评价过程要让专家匿名、独立地发表意见。公共关系人员汇集整理意见，反馈给各位专家，以此鉴定公共关系活动的成效。此方法有利于组织对公共关系活动的效果作出客观、公正的评价。

(3) 自我评估法

由公共关系活动主体通过亲身体验对公共关系活动进行的评估。当组织公共关系活动结束后，当事者根据实施过程中情况对活动的影响效果进行评估。公共关系活动者对自己所开展的公共关系活动效果评估，这样的自我评估要从实际出发，坚持原则。可通过搜集对比各种统计数字、计划与实绩对比等进行。这种评估方法的运用，有利于提高公共关系人员的评估水平和能力。

（4）媒体推测法

通过大众传播媒体发布的组织信息的统计分析，评估组织信息的传播情况，包括传播的数量、形式、范围、影响及媒体的类型等。可通过统计新闻报道的数量推测新闻界对组织的重视程度，通过研究新闻报道的方法推测公共关系产生的社会效应，通过了解新闻报道后的反响推测组织在各类社会公众中的知名度和美誉度。

（5）资料分析法

公共关系相关部门把调查、收集的活动记录资料，经过分析，得到公共关系活动效果的评估。同时，公共关系人员还要对公共关系预算和公共关系活动后得到的可计量的经济效果进行对比分析，科学地预测公共关系活动的经济效益，正确评价公共关系工作的效果。

7.2.3 公共关系评估报告

公共关系评估的成果可由多种形式综合体现，主要形式为评估报告。公共关系评估报告是公共关系评估成果的集中体现，它是提供给组织的一种正式的公正性文本。

公共关系评估报告撰写的主要意义，在于为公共关系评估成果的运用提供依据。对于管理层领导来说，公共关系评估报告是他们统筹管理和发布新决策的依据；对于各职能部门来说，公共关系评估报告可以作为他们改善工作的参考；对于全体员工来说，公共关系评估报告有利于他们了解外界对组织的评价，从而提高士气，改善行为。另外，公共关系评估报告的公开发表，还可以供同行或其他社会组织参考和借鉴。总之，通过撰写公共关系评估报告，社会组织对公共关系过程与绩效可以总结过去，积累经验；着眼现在，克服缺点；面向未来，指导工作。

1. 公共关系评估报告的特点

公共关系评估报告是反映公共关系活动或工作评估成果的书面报告，是对一系列公共关系工作的总结，是公共关系评估结果运用的依据。它主要有以下几个特点。

（1）针对性

所谓针对性，就是目的明确，有的放矢。公共关系评估报告的针对性很强，它或是综合项目的评估，或是单项活动的评估，在单项活动的评估中包括对庆典活动、赞助活动、展示展览活动、产品推销活动、危机处理效果的评估等。公共关系评估报告是为解决某一问题而写的，目的不明确的评估报告将是毫无意义的。

（2）真实性

公共关系评估报告是一种公正性的文本，作为公共关系工作的评估研究成果，最基本的特点就是真实性。所谓真实性，就是要尊重客观实际，以具体可靠的材料为基础，真实地反映公共关系活动或工作。公共关系评估报告要做到真实、客观、有理有据，就要避免空泛议论或掩饰缺点，力戒片面分析或夸大其词。

(3) 完整性

公共关系评估报告的完整性主要有以下三个方面的内容。

①按照公共关系评估报告书的内容，对评估工作的目的、对象、原则、依据、方法、结果等要进行全面的概括。

②正文内容与附件资料要配套一致，尤其要注意附件资料要起着完善、补充、说明正文的作用。

③被评估的范围和对象要做到完整无缺、无一遗漏。

(4) 时效性

公共关系活动及其面临的环境在不断的变化，因此公共关系评估必须具有较强的时效性，在公共关系活动开展结束之后，评估人应及时写出公共关系评估报告，否则评估本身就会失去应有的意义。

2. 公共关系评估报告的内容与格式

(1) 公共关系评估报告的内容

公共关系评估报告的针对性很强，一般具有特定的目的。不同的目的，决定了评估的范围和对象的不同。因此，公共关系评估报告的内容就不完全一样。根据公共关系评估实践的总结，公共关系评估报告的内容主要有以下几个方面。

①评估的目的及依据。这里所涉及的就是为什么要进行公共关系评估，通过评估解决什么问题，以及评估所依据的文件或相关会议要求的精神等。

②评估的范围。公共关系活动涉及各个方面，公共关系的评估有时是对这一方面或那一方面评估，有时是阶段性的评估，或者是对整个过程的评估，因此公共关系评估报告还必须明确公共关系评估的范围。

③评估的标准和方法。在公共关系评估报告中，还应说明评估的标准或可测量的具体化的目标体系，以及评估过程所采用的方法。如直接观察法、问卷调查法、比较分析法、文献资料法、传播审计法等。

④评估过程。主要简要说明评估过程是怎样进行的，分为哪些阶段。从评估工作的过程和所采用的方法就可以判断评估是否科学、系统、规范和完整等。

⑤评估对象的基本情况。在公共关系评估报告中，还必须明确评估对象本身的一些基本情况，主要包括活动或项目名称、开展时间、实施的基本情况与特点等。

⑥内容评估、分析与结论。在公共关系评估报告中，还必须写明被评估的公共关系活动、工作或项目的内容以及对运行与执行、效果与效益进行分析，进而得出客观、公正的结论。

⑦存在的问题及建议。在公共关系评估报告中，评估人应当根据所掌握的实际材料、相关情况，有针对性地提出问题，同时提出对解决问题有利的建设性意见。

⑧附件。附件主要包括附表、附图、附文三部分。

⑨评估人员名单。评估人员名单包括评估负责人，参加评估的人员的姓名、职业、职务、职称等。有时评估人还需要写明电话、通讯地址、邮政编码等。

⑩评估时间。由于公共关系评估具有较强的时效性，公共关系活动处在不断的变化之

中，不同时间评估得出的结论会有所不同。因此，评估报告还必须写明评估时间或评估工作开展的阶段。

(2) 公共关系评估报告的格式

"定体则无，大体则有"。公共关系评估报告没有固定不变的模式，按照评估的目的与要求，公共关系评估报告可以采用不同的格式，灵活安排结构，结构主要服从内容表达的需要。不过，它也有其基本的格式和结构，了解其基本的格式和结构，是写好评估报告的重要前提。

通常，公共关系评估报告的结构格式依次包括以下几个方面。

①封面。封面的主要内容包括评估报告或项目的题目、评估时间、评估人（单位名称）以及保密程度、报告编号。题目要反映出评估的范围和对象。排版也应该醒目、美观。

②评估成员。主要反映哪些人参加了评估工作，负责人是谁。

③目录。目录使评估报告内容一目了然，从而方便阅读。

④前言。反映评估任务或工作的来源、根据，评估的方法、过程以及其他特别需要说明的问题。也可以把评估方法、过程等写进正文部分。

⑤正文。正文是表现评估报告主题的重要部分，也是评估报告的主体。它包括评估的原则、方法、范围、分析、结论、存在的问题、建议等。

⑥附件。附件部分是对正文内容的详细说明和补充。有些评估报告的正文包括不了或者没有说到而又需要说明的情况和问题。在全文结束时，可将这些情况和问题写出来附在评估报告的正文之后。它的内容一般是正文的证明材料、有关材料的出处以及统计图表的注释和说明等。

⑦后记。后记部分主要说明一些相关的问题。比如报告传送的范围、致谢参加人员和相关单位等。

3. 公共关系评估报告撰写的注意事项

公共关系评估报告的撰写具有一定的难度。在撰写的过程中，既要求执笔人员客观、全面、公正，又要求报告简洁、明了、可读。因此，除格式方面的要求外，在撰写过程中，还应注意以下问题。

(1) 注意报告撰写的独立性

在撰写公共关系评估报告过程中，评估人通常要与公共关系活动主办单位的部分领导、员工等进行接触，因此，在做出结论时，评估人要尽量避免受到他们的主观意志或一己之见的影响。在评估报告中，评估人必须反映自己的独立评估结论。

(2) 注意定量与定性相结合

在公共关系活动工作中，评估结论一般是定性的，但必须用定量的指标进行说明。因此需注意定量与定性的密切结合。

(3) 建议与策略要具有可操作性

提出的建议与策略要切合实际情况，只有这样才具有可操作性。

(4) 语言要明了、精炼

在撰写公共关系评估报告时，要尽量用最少的文字、篇幅来说明问题、提出建议，做到语言明了、精炼。切忌太多的学术词汇，从而给阅读者理解评估报告带来困难。

（5）结论要客观具体

评估结论不能只讲成绩不讲问题，而是一定要客观，既要看到成绩、效益，又要看到缺点和不足，以使评估工作不失去其应有的意义。另外，在结论中要避免“可能”、“大概”、“也许”等模糊语言，所有的结论都应该找到相应的材料来证明。

学习单元 7.3

案例与实践

公共关系工作方案的实施和公共关系工作效果的评估是公共关系“四步工作法”中的后两步。通过公共关系调查和公共关系策划确定方案后，结束了公共关系活动前期的准备工作，实施方案进入了公共关系活动的具体实施阶段，效果评估将是公共关系活动后的总结工作。本单元通过对相关案例剖析和模拟训练，使学习者进一步把握公共关系的实施和公共关系评估的要点。

7.3.1 案例讨论

案例 7-1 洛阳牡丹花会

一、项目背景

“洛阳地脉花最宜，牡丹尤为天下奇”。牡丹是中国传统名花，赏花是洛阳人民的古老习俗。唐代诗人白居易“花开花落二十日，一城之人皆若狂”和刘禹锡“唯有牡丹真国色，花开时节动京城”等脍炙人口的诗句，生动地描述了当时人们倾城观花的盛况。随着人民生活水平的日益提高和旅游事业的蓬勃发展，洛阳人种花、赏花的热情与日俱增。每年“谷雨”牡丹花开时节，中外游人蜂拥而至，为洛阳的对外开放创造了良好的契机。

1982 年 9 月 21 日，洛阳市人大常委会通过决议，将牡丹花作为洛阳市“市花”，每年根据牡丹开放情况于 4 月某日至 5 月某日举办洛阳牡丹花会。作为全国四大名会之一，至 2010 年洛阳牡丹花会成功举办 28 届。洛阳牡丹花会经过 26 年的实践探索和丰富完善，已经形成了自己的特色，在国内外具有较大的影响和知名度。

牡丹花会从“以花为媒，广交朋友，宣传洛阳，发展经济”到“花会搭台、经贸旅游唱戏，政府搭台、企业唱戏”，近几年又紧紧围绕“把牡丹花会办成招商引资、招才引智、招展引会、招团引游的平台，广大市民和游客的节日”的办会目标，到牡丹的盛会、人民的节日的办会宗旨，与时俱进，不断创新，呈现出旺盛的生命力，取得了丰硕成果，并从单纯的赏花观灯活动逐步发展成为融赏花观灯、旅游观光、经济贸易、文化体育为一体的大型综合性节会活动。

二、项目调查

为了成功举办好第 28 届洛阳牡丹花会，使其成为洛阳发展经济的平台和展示城市形象的窗口，成为洛阳走向世界的桥梁和世界了解洛阳的名片，成为企业展示实力、树立形象、宣传扬名的极佳平台和舞台，洛阳市政府和相关机构广泛征集社会各界的意见，进行了充分的调查分析。

经过调查显示，要想成功举办好花会，必须要具备创新思维。

首先，是观念创新。充分发挥各方面的积极性和创造性，变政府主办为全社会共办，变少数部门参与为全民参与，是办好牡丹花会的关键。牡丹花会作为一项综合性很强的系统工程，单靠政府唱“独角戏”不行。因此，除重点抓好开幕式、庆典晚会等大型活动以及城市环境、交通秩序、安全保卫外，其他多数活动都由各部门、各城区或企业牵头组织或具体承办。各县（市）区、各部门和广大基层单位结合本地区本单位实际，充分发挥主观能动性和创造性，积极承办花会各类会展、比赛、演出等丰富多彩的经济文化活动。

其次，是内容创新。以经贸活动为主线，围绕经济办花会，办好花会促经济，是办好牡丹花会的基础。举办经贸活动不但给广大企业提供了展示形象和进行经济贸易的舞台，而且使牡丹花会从最初举办时赏花观光的文化旅游活动发展成为融经贸、赏花、旅游、文化为一体的综合性活动，为花会注入了旺盛的活力。经贸活动的举办，能极大地调动各类企业开拓市场、对外宣传的积极性。

三、项目策划

1. 公共关系目标

坚持以党的十七大和十七届四中全会精神为指导，深入实践科学发展观，秉承“以花为媒，广交朋友，宣传洛阳，发展经济”的指导思想和“花会搭台，经贸、文化、旅游唱戏”的办会宗旨，以“花开五洲、情系洛阳”为主题，依托市场，节俭办会，科学安排活动内容，切实提高组织水平，努力使牡丹花会不断朝着人文花会、时尚花会、休闲花会、狂欢花会的方向迈进，着力提高牡丹花会的国际性、欢乐性、效益性和创新性，扩大对外交流合作水平，提高花会综合效应，全面展示洛阳形象，确保本届牡丹花会圆满成功。

2. 公共关系策略

①加强花会组织工作。

②提升牡丹产业水平。

③强化市容市貌整治。

④确保城市交通畅通。

⑤优化旅游交通服务。

⑥加强花会宣传和旅游推介工作。

⑦做好安全保卫工作。

⑧搞好医疗卫生保障。

⑨做好来宾邀请接待工作。

四、项目实施

第28届牡丹花会于2010年4月1日至5月5日举办，以“花开五洲、情系洛阳”为主题开展经贸、文化、体育、旅游等方面活动共34项，包括5项大型演艺活动、5项经贸活动、18个文体活动和6项旅游活动，其中既有传统经典活动，又有推陈出新的项目。

1. 大型活动（5项）

(1) 第28届洛阳牡丹花会赏花启动仪式　时间：4月1日上午9时

(2) 河南省第28届洛阳牡丹花会开幕式暨《千姿牡丹》《花开五洲》邮票发行仪式　时间：4月10日上午9时

(3) S.H.E世界巡回演唱会（洛阳站）　时间：4月10日晚8时

(4) 华谊群星耀牡丹演唱会　时间：4月17日晚8时

(5)《新不了情》——蔡琴演唱会　时间：5月1日晚8时

2. 经贸活动（5项）

(1) 第28届洛阳牡丹花会投资贸易洽谈会　时间：4月9日上午10时

(2) 第28届洛阳牡丹花会对外经济技术合作项目签约仪式　时间：4月11日上午11时

(3) 中国青年企业家洛阳论坛　时间：4月10日至15日

(4) 2010中国洛阳第九届名车展　时间：4月3日至5日

(5) 2010中国洛阳春季房地产博览会　时间：4月24日至26日

3. 文体活动（18项）

(1) 第28届洛阳牡丹花会广场文化狂欢月活动　时间：4月1日至5月5日

(2) 第28届洛阳牡丹花会歌剧院系列文艺演出　时间：4月1日至5月5日

(3) 洛阳牡丹灯会　时间：4月1日至5月5日

(4) 洛阳市第20届民俗文化庙会　时间：4月11日至17日

(5) 河洛百家绘石画增辉洛阳城活动　时间：4月10日至5月5日

(6) 文明探源——中国书画艺术展　时间：4月10日

(7) 第五届牡丹花开幸福来万人相亲交友大会　时间：4月10至11日

(8) 2010洛阳牡丹婚典　时间：4月10日

(9) 洛阳“牡丹仙子”选拔大赛　时间：3月20日至4月25日

(10) 第12届全国旅游城市国标舞公开赛　时间：4月2日至4日

(11) 第21届洛阳“泉舜牡丹杯”全国门球邀请赛　时间：4月5日至12日

(12)“丽云杯”健身操、健美健身小姐公开赛　时间：4月17日至18日

(13) 第28届牡丹花会鞭陀公开赛　　时间：4月24日至25日
(14)“西冷印社·中国印”洛阳特展　　时间：4月下旬
(15)“云林意蕴——无锡书画作品展”　　时间：4月下旬
(16) 中日韩国际书法展及书画艺术交流会　　时间：4月27日至5月3日
(17) 第28届牡丹花会全国农民画展　　时间：4月下旬
(18) 第二届大学生诗歌朗诵艺术节　　时间：4月10日至20日

4. 旅游活动（6项）

(1) 休闲旅游产业发展论坛　　时间：4月10日至12日
(2) 乘高铁游洛阳赏牡丹品杜康活动　　时间：4月1日至5月5日
(3) 伏牛山登山节　　时间：4月15日至17日
(4) 白云山高山牡丹游园会　　时间：5月4日至5月30日
(5) 第二届黛眉山旅游文化节　　时间：4月16日至4月20日
(6) 2010年河南汝阳杜鹃花节　　时间：4月25日至5月7日

五、项目评估

第28届洛阳牡丹花会的成功举办，获得了良好的社会效益和经济效益。

1. 提升了洛阳形象

花会的开幕式和庆典晚会等重要活动在中央电视台等媒体上连续播放，产生了巨大的宣传效应。花会期间，洛阳市广泛邀请中外记者对花会进行深层次报道，特别是新华社、人民日报海外版、中央电视台国际频道、香港文汇报、凤凰卫视中文台、美洲东方卫视台等中外知名媒体对洛阳和牡丹花会的全方位宣传报道，大大提高了洛阳在国内外的影响。

2. 促进了招商引资

市政府动员有关部门和相关企业，及时筛选一批技术含量高、投资见效快、收益稳定的项目，在与外商取得联系后，采取走出去、请进来的办法进一步加强了解；经贸委、商业局组织境内企业，花会期间举办专题展销活动；农工委、科技局、供销社等部门，都根据自己的职能，分别组织相应的博览会和专题展销活动，使整个花会期间的经贸文化活动丰富多彩，受到与会宾客和广大市民的热烈欢迎。

3. 带动了城市建设

洛阳市把花会工程同创造良好的对外开放环境相结合，在搞好市容环境综合治理的同时，对外开放设施进一步完善。牡丹桥、牡丹大道、牡丹广场、牡丹大酒店、牡丹城宾馆等一批以牡丹为标志的建筑物，纷纷在牡丹花会中应运而生，不仅突出了洛阳牡丹文化的内涵，而且增添了新的城市景观。

4. 拉动了旅游产业

根据统计，第28届牡丹花会期间，洛阳市共接待旅游者1 622.31万人次，旅游总收入80.06亿元，同比分别增长8.01%、8.43%。接待入境游客12.22万人次，旅游创汇2 967.39万美元，同比分别增长7.57%和7.73%；主要旅游景区接待游客1 353.86万人次，同比增长12.78%。市区旅游星级饭店平均入住率78.46%，同比增长1.93%。

5. 繁荣了文化事业

通过举办节会活动，有力地促进了洛阳文化事业的繁荣和文化产业的发展。在举办许多丰富多彩的文化体育活动的同时，创作了一大批牡丹歌曲、牡丹舞蹈。

6. 惠及了人民群众

洛阳牡丹花会的一个根本办会目标，就是坚持以民为本，强调把节会办成洛阳人民和广大游客的盛大节日，做到广大人民群众喜闻乐见、热衷参与，深受社会各界的普遍称赞。

[案例评析]

毫无疑问，第28届洛阳牡丹花会，是一个关于旅游整合营销和文化品牌推广的成功展会活动类公共关系案例。这类大型活动是有目的、有计划、有步骤地组织众多人参与的社会协调行动，它的社会影响力大、针对性强、沟通效果好，但同时实施难度也较大。

面对已经举办过20多届活动的牡丹花会，怎么才能成功的继续举办下去，并加以发扬光大，是一个机遇，更是一个巨大的挑战。必须要认识到的是，公众常常会对次数较多的项目感到厌倦，但是有很多传统节目是应该延续下去的，有一些原则是一定要遵守的。因此，要想成功地将牡丹花会延续下去，必须顺应时代发展的脉络，以创新的角度，成功定位，寻找亮点，可持续性地发展下去。而这一过程，必须要依靠各种公共关系学的手段。

首先，第28届洛阳牡丹花会非常重视创新思想。牡丹花会是个系统的大型工程，需要全民参与，因此政府部门除重点抓好开幕式、交通秩序、安全保卫等外，其他多数活动都由各部门、各城区或企业牵头组织或具体承办，充分发挥它们的主观能动性和创造性。在内容上，继续引进经贸活动的同时，也紧抓时代步伐，吸引S. H. E和蔡琴等明星来到洛阳举办演唱会，吸引公众及媒体眼光。

其次，比较注重旅游整合营销的思路，积极拓展联合各类自然和历史文化旅游项目，比如“伏牛山登山节”、“2010年河南汝阳杜鹃花节”等，以一系列的游玩项目吸引游客，并且积极举办各类文娱活动，如“中日韩国际书法展及书画艺术交流会”、“牡丹仙子选拔大赛”、“牡丹诗会”等，增加观赏性、趣味性以及参与性。

最后，政府及花会的相关机构比较重视本次牡丹花会。政府及相关机构制订了周密的计划，从环境改善到交通秩序的维护，从对有关人士的邀请到每个项目的组织工作，都做出了细致的预测和控制。各界人士均在为“花开五洲、情系洛阳”的主题目标而努力，是此次牡丹花会成功举办的重要保障之一。

案例7-2　蝙蝠电扇扬名有新招

20世纪80年代初，南京长江机器制造厂新开发出一种蝙蝠牌电扇。当时，在我国的电风扇市场上，已有3 000名生产厂家在激烈竞争。蝙蝠牌电扇较之于其他名牌产品来说，还是一个“小字辈”。它没有参加过全国性的质量评比活动，消费者对它也很陌生。

在这种情况下，如何使蝙蝠牌电扇迅速打开市场，在消费者中建立起自己的形象呢？该厂有关人员经过认真分析与研究，认为如果采取常规的实施手段，如在媒介上大做广告或派推销人员直接去全国各地进行推销，恐怕即使花上很多的宣传费用也很难奏效。于是，他们决定采用出奇制胜的战术，打破常规，别出心裁的租用了南京一家比较大的商场的橱窗，让蝙蝠牌电扇在橱窗里昼夜不停地运转，并在橱窗内醒目地写着.“自 1981 年 4 月 10 日起连续不停地运转，请您计算一下，现在已经运转了多少小时。”这种旨在“转给你看”的传播方式，立刻吸引了许多消费者的注意。当他们发现，这台电扇确实昼夜不停地运转而没有中断时，对蝙蝠牌电扇的质量就确信无疑了。很快，蝙蝠牌电扇首先占领了南京市场。随后，南京长江机器制造厂的有关人员对这次宣传活动进行了认真的总结。他们认为，要想使蝙蝠牌电扇在其他地区与城市树立形象，建立信誉，也可以采取同样的宣传攻势与手段。于是，他们又在全国其他城市如法炮制，如在广州租用了一家有名的商场的橱窗，在北京的西单百货商场也租用了一个橱窗，让蝙蝠牌电扇夜以继日地转动，以引起消费者的注意。后来，蝙蝠牌电扇果然成为家喻户晓、倍受消费者青睐的名牌产品。

[案例评析]

公共关系活动，无论其规模是大是小，都需经过认真的筹划并创造性地加以实施。在激烈竞争的市场上，如果采用多种媒介进行“轰炸”式的宣传，蝙蝠牌电扇也不是不可以在市场上占有一席之地的。但南京长江机器制造厂的公共关系人员并没有这样做，他们“独辟蹊径”，在实施中采用了“转给你看”的策略。他们之所以这样做，并不一定是因为缺少必要的宣传经费，更重要的是，他们能够深刻地揣摩出顾客的心理，这就是：再好的电扇也不能做摆设，必须要转，而且要转得好。正是基于此，他们选择了最直接的、具有最终说服力的传播方式——实物展示，取得了最快捷的沟通效果，赢得了消费者和公众，并在公众中树立起蝙蝠牌电扇的美好形象。

“转给你看”的实物展示的传播方式，虽然不如大众传播媒介的影响面大，但在全国各大城市流动型公众较集中的商业区，均用同一种方式展示蝙蝠电扇的优良性能，可通过流动型公众的人际交往进行二次传播，形成有口皆碑的宣传效果，这又是大众传播媒介所做不到的。

所以，在公共关系工作中，采用“出奇制胜”的实施手段，往往会取得意想不到的好效果。当然，这要求公共关系人员要有较强的创造性意识，还要对组织的现状与环境有精辟的认识和分析。

7.3.2　模拟训练

【训练项目】

公共关系评估综合训练。

【训练目标】

引导学生学会对公共关系活动效果进行评估，通过评估的准备阶段、实施阶段、整理分析阶段、成果报告阶段，融会贯通本项目所学的知识与技能。

【训练内容与方法】

依据所学内容，以自己所在的地市最近发生的某一个公共关系活动进行效果评估。

(1) 教师在课堂上布置实训任务，组织学生温习公共关系评估的相关理论与知识。

(2) 将学生分成若干个学习小组，发掘最新发生的公共关系活动。

(3) 按照公共关系活动评估的步骤进行评估。

【标准与评估】

由评分小组评出每组实训成绩 A（百分制），由每组组长评本组成员实训成绩 B（10分制）。学生的实训成绩 $=A\times B$。见表 7-1，表 7-2。

表 7-1　评分小组评分表

项目 组别	过程材料 20	可行性 10	创新性 10	规范性 10	完整性 10	PPT 演示 20	总体印象 20	总分 100
1								
2								
3								
4								
5								
6								
7								
8								
9								
10								

评委签名：　　　　　　　　　　　　　　　　　　　　　　评定时间：

表 7-2　组长评分表

<table>
<tr><td>组别</td><td colspan="4"></td></tr>
<tr><td colspan="2" rowspan="8">要求：
1. 满分为 10 分。
2. 根据团队成员的实训态度、角色完成情况。以及与其他成员的配合程度客观公正地打分。
3. 拉开差距，不得有相同分数出现。</td><td>身份</td><td>姓名</td><td>得分</td></tr>
<tr><td>组长</td><td></td><td></td></tr>
<tr><td>组员 1</td><td></td><td></td></tr>
<tr><td>组员 2</td><td></td><td></td></tr>
<tr><td>组员 3</td><td></td><td></td></tr>
<tr><td>组员 4</td><td></td><td></td></tr>
<tr><td>组员 5</td><td></td><td></td></tr>
<tr><td>组员 6</td><td></td><td></td></tr>
<tr><td></td><td></td><td></td><td></td><td></td></tr>
</table>

组长签名：　　　　　　　　　　　　　　　　　　　　　　评定时间：

知识测试

1. 公共关系活动的实施阶段应注意把握哪几个特点？
2. 简述公共关系实施的原则与方法。
3. 公共关系实施包括哪些过程？
4. 为什么要进行公共关系评估？
5. 简述评估的内容和常用的几种方法。

项目8　组织形象的塑造

❖学习目标

1. 了解组织形象的含义及特征。
2. 熟悉组织形象的类型与价值。
3. 熟悉组织形象的要素与指标。
4. 熟悉组织形象塑造的模式。
5. 掌握塑造组织形象的战略。

学习情境

中国银行的CI

中国银行成立于1912年。中国银行实力雄厚，信誉良好，已发展成为业务齐全的多功能服务银行。1997年，据盖洛普咨询有限公司的调查表明，中国银行是全国最知名的国内品牌，认知率达85%，成为唯一排在可口可乐前面的国内品牌。这是否得益于它所做的CI和企业形象广告呢？

随着业务的发展和管理的改进，中国银行在20世纪80年代开始进行CI工作。1980年，中国银行香港分行在与十二家中资银行推行电脑化网络管理之际，委托香港著名设计师靳漆强设计行标。靳漆强的设计是将古钱与“中”字结合，赋以简洁现代的造型，表现了中国资本、银行服务、现代国际化的主题。1986年，中国银行总行选定了这一设计行标。

靳漆强以中国银行为例，提出CI的“真、善、美”主张。他认为良好的企业形象必须具备这三项条件。

1. 真的形象，真的本质

企业形象必须符合企业的真实性格，绝对不能模仿抄袭，或照本全搬。CI作者应了解企业的本质，确定企业的文化，塑造企业的真形象。具体来说，中国银行的行标就是一个“真”的形象，它具备了以下三个要求。

(1) 原创——不抄袭、不模仿

这个行标可说是百分之百的原创设计，更成为全国很多机构争相抄袭和模仿的对象。

(2) 识别——有个性、不类同

世界各地银行的行标意念类同者很多，中国银行行标能与众不同，容易辨识，显出独特的个性。

(3) 份属——合身份、创文化

中国银行的行标造形完满大方，能配合国家专业银行的身份，更包涵着具有中国精神的企业文化。

2. 善的理念，善的行为

企业必须有清晰完善的理想和目标，在上下一心贯彻对内对外的行为中，建立出类拔萃的形象。

中国银行要建立一个“善”的形象，必须有企业的理念、行为与视觉形象三方面的配合。中国银行的理念一向是根据国家金融政策而确立，朝着国际化、集团化、企业化、现代化的方向，以新姿态为发展中国外向型经济提供高效、优质、全面的金融服务。同时注重人才的修养、专业知识的增长、完善的管理等长期的工作，以确保高效和优质的服务。

视觉形象的完善规范，有以下四个重点。

(1) 精进——千锤百炼，力求臻善

中国银行的行标设计是经过 100 多个构想草图展多个可取的意念，几番研究精选最佳的方案，再作深度造型尝试，才作定稿。

(2) 恒久——历史常新，超越时代

标志形象不是流行时装，追随潮流人有我有的东西；臻善的形象是必须与企业的性格相配，历久不会过时落伍。中行标志是在十多年前设计的，但现在看来仍有现代感，可谓是超越时代的形象。

(3) 前瞻——策略远见，形象领先

中国银行有远见的策略，领先同行，很早就建立了新的形象，成为全国银行业的形象典范。

(4) 系统——度身设计，统一规范

制定统一规范形象策略要经过缜密的研究，探索具有高度适应力的应用设计。靳漆强他们经过长期的努力，于 1992 年编订了中国银行基本形象手册，1995 年才成功规划了分支行门面设计。

3. 美的内在，美的外在

企业本身具备美的内质，是建立美的企业形象设计基础。“美”的形象亦有以下三项要求。

(1) 立意——意念先行，以形取神

中国银行的行标是由结了红绳的古钱启发出创意，钱孔与红绳构成了“中”字，现代的造型内涵着民族精神。

(2) 创新——承先启后，破旧立新

以古钱为形象的商标，并不是始于中国银行。但最重要的是怎样将一个平凡普通的题材，赋予新的造型，表现创新的意念。中国银行的行标已产生着这样的影响力。

(3) 活用——适身合用，灵活生动

建立了行标形象只是CI的开始，每一项实际的应用设计都必须符合客观的条件，小心处理每一细节，更须配合各种媒介，灵活运用，使统一的形象突破平板的常规，建立生动活泼的企业形象。

总之，中国银行要努力培养企业的内在美，企业形象要确实地表现企业的内在精神，才能建立一个完美的形象。具有内在美，才能配合外在美，发挥良好企业形象的实际作用。上下员工的修养、行为举止、谈吐礼貌、工作效率、专业知识、团结齐心及对企业文化与经营理念的认同，都是必须长期贯彻的工作。

案例思考：

1. 该案例如何体现中国银行的企业理念？
2. 中国银行的CI是如何导入的？
3. 该案例给你什么启发？

曾经有人说：如果可口可乐公司遍及世界各地的工厂在一夜之间放大火烧光的话，那么，第二天世界各大媒体的头条新闻就是：各国银行巨头争先恐后向它贷款，因为这个在红色背景上的八个白色字母标记，已经得到了世界的认可。

由此可见，塑造良好的组织形象，对组织来说是一笔无形的财富。公共关系的首要任务是在其职责范围内，通过深入细致、持之以恒的具体工作，取得社会公众对组织的理解和接受，塑造组织的良好形象，进而赢得公众的信任和支持。

学习单元 8.1

组织形象的含义与特征

8.1.1 组织形象的含义

组织形象又称为公众形象或公共关系形象，是指社会组织、组织行为及行为后果在社会公众心目中留下的整体印象和综合评价，具体表现为社会公众对组织机构的全部看法、评价及评价标准。

理解这个概念要把握三层内涵：首先，组织形象是公众的总体评价，而不是具体评价；其次，组织形象的评判者来自客体即公众，而非主体组织自身；再次，组织行为是公众对组织形象评价的重要依据，组织形象不是公众强加给组织的。

组织形象的树立，既是在社会公众中造成良好形象，形成良好的认识，获得好的评价和认同的过程，也是组织通过一系列努力来创造自己形象的过程。

8.1.2 组织形象的特征

1. 主观性

企业形象的主观性是指企业形象的形成和塑造过程反映出一定的主观性。这主要表现在以下两个方面。

(1) 社会公众对企业的认识、看法和评价的形成过程具有主观性

企业形象是社会公众头脑中的关于企业的特征和状况的抽象化的反映，是一种和主观意识相联系的评价。因此，企业形象是社会公众观念中的形象，它可能和事实有出入，并且在不同社会公众的观念中，它也可能有较大差别。所以，从公众认识的角度来分析，企业形象依赖于社会公众的主观能动性，具有明显的主观性特点。

(2) 企业在塑造自身形象中表现出强烈的主观能动性

塑造优秀的企业形象是现代企业在市场竞争的压力下追求卓越和个性的表现，是企业巩固、扩大市场，击败竞争对手的强烈内在愿望所致。因此，企业形象的形成过程，实际上就是一个有目的、有意识地强化管理、改善沟通、实现企业“自我设计”的过程，其中包含着企业明显的主观能动色彩。

2. 客观性

企业形象的客观性表现在以下三个方面。

(1) 企业形象的实际状态是客观的

尽管企业形象是社会公众观念中的形象，但这种观念中的形象不是凭空生成的，它的原型就是企业形象的实际状态，即企业实态。

(2) 企业形象形成的过程具有客观性

企业形象是企业开展系统的管理活动和传播沟通活动，对公众实施有目的、有意识的影响，通过社会公众一系列的心理活动过程而形成的。这个总过程是具有客观性的。

(3) 企业形象形成后的结果具有客观性

企业形象形成后的结果就是社会公众对企业持有一定的看法、认识和评价。这种看法、认识和评价是独立于企业实态和企业的主观意识以外的、被社会公众公认的某种客观事实。

3. 整体性

企业形象的整体性特征是指企业形象的构成及其表现具有整体性。企业形象是企业的总体外在表象和企业内在实质的和谐统一。例如，企业形象是企业外在特征、风格和内在精神、观念等的和谐统一，是社会公众的视觉、听觉感受和亲身行为体验等的和谐统一

等。此外，从社会公众把握企业形象最直观的途径来看，企业形象可以通过企业的产品形象、员工形象、环境形象三个方面体现。它涉及产品的设计、质量、名称、商标、工艺水平、人员素质、服务质量、经营方式、企业文化、硬件环境设施等诸多方面。所以，良好的企业形象的获得需要企业具备整体意识，开展全面的工作，进行长期不懈的努力。

4. 相对稳定性

企业形象一旦形成，便表现出相对的稳定性。这主要是因为，企业形象是通过社会公众的一系列心理活动过程而形成的关于企业的某种认识和评价，具有心理定势的特点，即一般很难改变。即使企业发生变化，如果给予公众的信息刺激较弱，就引不起公众足够的重视，而且，公众过去的态度和经验还会直接影响（强化或阻碍）他们对各种信息所作出的反应（即公众行为和态度的变化）。

从企业形象的相对稳定性特征中，可以得到以下几点启示。

（1）企业形象的形成或改变都需耗费相当的人力、物力和财力

塑造良好企业形象的工作必将是一个长期、渐进的积累过程。

（2）企业形象与公众态度、公众舆论、公众行为具有密切的联系

良好的企业形象，可为企业赢得公众积极的态度和行为支持，可为企业创造有利的舆论环境，从而形成促进企业发展的深厚、持久的动力源泉。现代社会里，良好的企业形象已成为企业宝贵的“无形资产”，是企业整体竞争力和综合实力的重要组成部分。

5. 多维性

由于组织及其形象处在一个网络结构中，因此，组织形象是多维多向的，它从各个角度、不同的时空，立体交叉地折射出来，再综合反映在公众的头脑中。同时，一个整体的组织形象我们也能将它分解成各种形象要素。“公共关系无小事”，任何一个细节的不善，都会使组织形象受损。

学习单元8.2

组织形象的类型与价值

8.2.1 组织形象的类型

为了能够更好地把握组织形象的内涵，更好地分析问题和解决问题，我们把组织形象从不同的角度加以分类。

1. 按组织形象的内容，可以分为整体形象和特殊形象

（1）特殊形象

组织特殊形象一方面是指组织针对某一类公众所设计的形象，如针对社区公众设计的“热心好邻居”形象，针对政府公众设计的“好公民”形象等，同时又是指组织某一方面留给公众的印象，如优质产品形象和良好服务形象等。组织的特殊形象是组织改善自我形象的突破口，是构成组织整体形象的基础。

（2）整体形象

组织整体形象是组织呈现在公众面前的由各个特殊形象构成的总体形象。它可以是对不同公众所建树的特殊形象的总和，也可以是各种形象因素所构成的特殊形象的总和。我们一般用知名度和美誉度来表示一个组织的整体形象。

2. 按组织形象的现实性，可分为实际形象和期望形象

（1）实际形象

为公众所普遍认同的形象，是实际形象。一般可以通过形象调查，用一定的方法测得组织的实际形象。了解了各类公众对组织的普遍看法和评价，才能有的放矢地开展形象塑造工作。实际形象不仅是形象塑造过程的起点，而且是影响组织生存发展的最现实的因素。实际形象又可分为受欢迎的形象和不受欢迎的形象。保持和进一步完善组织受欢迎的形象，改变不受欢迎的形象，是塑造组织形象的一个基本准则。

（2）期望形象

组织期望在公众心中树立的形象，是期望形象。它是一个组织改善自己形象的奋斗目标和努力方向。任何一个组织要改善自己的形象，都要设计自己的期望形象，即为之奋斗的目标，并具体化为执行计划，使之成为组织的工作重点之一。形象定位，就是确定一个期望形象。

3. 按组织形象的真实性，可分为真实形象和失真形象。

（1）真实形象

留给公众的符合组织实际情况的形象，是组织的真实形象。不管真实形象是好是坏，使组织形象具有真实性是最重要的。任何不真实的组织形象都不利于以后的组织形象建设。

（2）失真形象

当一个组织在公众心目中的印象与该组织真实形象产生误差甚至扭曲时的形象，就是失真形象。

造成形象失真的因素很多、很复杂，但总的来说是形象传播中的各种干扰所致。首先，组织形象的传播源没有将真实的信息传递出去，或者组织形象本身比较复杂也会造成形象失真；其次，由于传播组织形象的媒体对组织形象本身理解得不确切，或者传播者本身的传播能力、传播动机等原因，也会使组织形象失真；再次，环境因素的干扰也会使组织形象失真；最后，公众的价值取向和自身偏好等原因也可能导致组织形象失真。

当然，要根本避免组织形象一点儿也不失真是不可能的。但是努力使组织形象的失真度降低到最小限度，即力争给公众留下一个真实的组织形象却是至关重要的。只有真实的良好的组织形象才具有生命力。

4. 按组织形象的可见性，可以分为有形形象和无形形象。

（1）有形形象

凡是通过人的感官直接能感受到的组织有关的实体，都构成该组织的有形形象，如产品、设备、员工、组织外观、组织标志等。这种形象的树立和传播，主要是通过公众与组织及其相关因素的直接接触来实现的。

（2）无形形象

无形形象是公众在对组织有形形象认知的基础上，在头脑中进行记忆、归纳、抽象、综合、升华而成的。如组织信誉、组织精神、组织风格等。这种抽象形象是无形的，但是却比有形形象更深刻，更能接近组织形象的本质。

8.2.2 组织形象的价值

组织形象具有以下价值功能。

1. 组织形象是无形资产的重要组成部分

无形资产是组织资产的重要经济资源。美国可口可乐（CocaCola）公司的老板曾说过，如果公司在一夜间被大火烧成灰烬，第二天各大银行就会主动上门来向公司贷款，因为公司还有价值360亿美元的无形资产。可见，无形资产的作用、价值可以远远超过有形资产。自然灾害可以损毁有形资产，但对无形资产却无可奈何。

无形资产之所以具有如此大的魅力是因为它代表组织在公众心目中的良好形象，组织形象的好坏决定了无形资产价值的高低。无形资产主要是靠组织形象作为表现形式的。组织形象的认知度越高，美誉度越好，和谐度越佳，定位越准，无形资产的价值就越大，增值率就越高。日本丰田汽车公司就是依靠其组织形象的不断完善来维系、保护它的无形资产的。一般的汽车公司厂家维修中心都是顾客把车开到维修中心进行维修，而丰田汽车维修中心接到电话后，会派人开辆好车到用户家中，开走需要维修的汽车，留下一辆好车供用户日常使用。汽车维修好后，维修中心会在汽车中加满汽油再开回用户家中，开走上次留下的汽车。这种处处为用户着想的服务思想，为丰田汽车树立了良好的组织形象。这种深入到用户心目中的组织形象使丰田汽车公司的无形资产倍增。因此，一个组织要不断地发展，增加自己的无形资产，就必须充分重视组织的形象。

2. 组织形象是生存发展的精神资源

组织形象能以精神资源作用于组织的生存发展。良好的组织形象有助于组织中人才优势的发挥。要在激烈的市场竞争中取得优势，人才对组织来讲是关键，组织的竞争归根到底是人才的竞争，因此组织竞争力的根本源泉在于组织有高素质的员工。良好的组织形象对内形成良好的、有助于人才一展身手的组织的内部环境；对外形成良好的组织外部经营环境，展现出长远而动人的发展前景，从而对人才产生极大的吸引力。良好的组织形象有助于组织人才优势的发挥。

3. 组织形象是外在扩张的市场铺垫

在现代社会中，公众对商品的购买，不仅是对产品功能和价格的选择，同时也是对组织精神、经营管理作风、服务水准的全面选择。组织形象的优良与否，是公众选择的重要依据。良好的组织形象，会使公众对产品产生“信得过”的购买心理与勇气，使公众能够在纷乱繁杂、令人眼花缭乱的商品世界中培养起对组织、对产品的忠诚度，从而使组织达到争夺更大的市场份额、进行组织扩张的目的。德国大众汽车公司通过在北美和欧洲进行的顾客调查发现，如果顾客的愿望在一家公司没有得到满足，那么他便会疏远该公司的产品。调查报告认为，一个厂家失去了顾客，只有30%是由于产品质量或价格的原因，60%的顾客转向其他产品是由于服务或售后服务不好，使他们没有受到礼貌的接待。大多数消费者会对组织的服务进行评价，并且会一传十，十传百。这种口头传播的效力是十分惊人的。因此，树立了良好的组织形象，就等于留住了顾客，就等于达到了组织扩张的目的。

4. 良好的组织形象有助于组织取得社会各界公众的支持

组织作为社会一员，是生存在社会体系之中的，组织活动的开展，不可避免地要与环境进行密切的接触，与各种人和组织发生多方面的联系。比如组织要从其他组织采购原材料，要从资金市场和金融机构等筹措资金，要有经销商推销其产品，还要求有一定的自然生态环境、良好的社会治安等，而良好的组织形象可以为组织获得这些支持和帮助。

学习单元 8.3

组织形象的构成要素与塑造方法

8.3.1 组织形象的构成要素

组织形象的构成要素主要有三个方面。

1. 组织的总体特征与风格

组织的总体特征与风格是指组织最为显著的、能代表整体情况的一些特点，是社会公众对组织及其行为的概括性认识。组织的总体特征与风格分为内在总体特征与风格和外在总体特征与风格。

组织的内在总体特征与风格指组织的精神风格、组织的价值观、组织的凝聚力、办事效率和组织的实力，如组织的人才、技术、资金、企业等级等。

组织的外在特征与风格包括组织的建筑、设备、环境的美化和保护、员工的仪表、服饰、态度、办公用品、标志、厂旗、厂徽、厂歌、特有的色彩等。

组织的内在特征与风格和组织的外在特征与风格是一个范畴的两个方面。内在特征与风格是外在特征与风格的支柱和依据，它决定着外在特征与风格的价值取向。外在特征与风格是内在特征与风格的直接表现，很直观，易造成第一印象，使公众迅速了解组织的特色。因此，塑造组织形象时，二者不可偏废。

2. 知名度与美誉度

评价组织形象最基本的指标有两个：知名度和美誉度。知名度是一个组织被公众知晓、了解的程度。这是评价组织“名气”大小的客观尺度。但知名度是一个中性词，没有好坏之分。

美誉度是一个组织获得公众的信任的程度。这才是评价组织社会影响好坏程度的指标。

知名度和美誉度分别从量和质两个方面评价组织形象。一个组织的知名度高，其美誉度不一定高；知名度低，其美誉度不一定低。因此，一个组织要想树立良好的形象，就必须同时把提高知名度和美誉度作为追求的目标。

3. 组织形象的定位

组织形象定位是组织在社会公众中确定自身形象特定位置，这个特定位置通常是特定组织与同类组织相比较而确定的。因此，组织形象定位总是根据组织自身的特点、同类组织的情况和目标公众的情况三个要素来实施。

组织形象定位是公共关系实务或者公共关系策划的重要内容之一。一个组织选择什么样的总体特征与风格，在不同时期的知名度、美誉度要达到多高，都有一个定位才能形成组织形象。组织没有统一的组织形象，就无法开发形象资源。而准确的组织形象定位，就为组织的成功奠定了基础。

8.3.2 组织形象的塑造方法

从本质上说，组织形象塑造是市场经济和市场竞争的产物。社会组织要在市场竞争中领先同行，必须与众不同，在社会公众面前塑造超群脱俗的全新形象。

1. 组织形象塑造的理念定位

组织形象塑造的理念定位可以从以下几方面着手。

(1) 培养颇具个性的组织精神

俗话说：“塑人要在塑其神韵。”塑造良好的组织形象，最根本的在于培养组织精神。组织精神是一个组织的灵魂，是组织在长期运行过程中自觉形成的，并经过全体职工认同和信守的理想目标、价值追求、意志品质和行动准则。颇具个性的组织精神，形同凝聚全体员工的黏合剂，是塑造良好形象的持久的动力源。培养和弘扬组织精神最有积极意义的就是使组织独具个性，并能达到全员认同。

(2) 确立与众不同的经营理念

组织的经营理念是组织的立业之本，是组织形象塑造的核心部分，外界检验一个组织是否成熟，是否具有现代经营意识的一个重要标准，就是看这个组织是否确立了独具一格的组织哲学和经营理念。

(3) 设计体现社会组织价值追求的形象口号

这是组织内部员工认同本组织的精神和理念的行为原则，又是组织外部公众识别该组织独特风格的标志。组织的口号将品牌的内涵、服务的特色、公司的价值取向集于一体，运用最精炼的语言，描述组织的形象，反映和凸现组织追求的价值观念。

此外，组织形象塑造的理念定位还涉及到组织的经营方针、企业风格、员工的行为规范等方面的内容。

2. 塑造组织形象的方法

塑造组织形象的方法，是根据组织的公共关系目标和任务而实施的若干具体方法技巧。不同类型的组织机构，或同一组织的不同发展阶段，或同一阶段中公众对象和公共关系任务不同，都需要有不同的公共关系活动方式。塑造组织形象的方法，归结起来有以下几种。

(1) 建设型公共关系

适用于组织的开创阶段，以及某项事业、产品服务初创、问世阶段。为了提高知名度，形成良好的“第一社会印象”，采取高姿态的传授方式，能尽快打开局面，扩大影响。如隆重的开业庆典仪式、剪彩活动、落成典礼、开业广告等。

(2) 维系型公共关系

适用于组织机构稳定、顺利的发展时期，为了维系自己已享有的声誉，稳定已建立的良好关系，采取一种持续不断、较低姿态的传播方式，对公众施以不落痕迹、不知不觉的影响，可保持一种潜移默化的渗透力，从而取得良好的效果。如保持一定的见报率；服务性、信息性的邮寄品分收；逢年过节的拜访、慰问；给老客户适当的优惠或奖励等。

(3) 防御型公共关系

适用于出现潜在的公共关系危机的时候。为了控制公共关系失调的苗头，防患于未然，可采取这种以防为主的公共关系策略。该策略重视信息反馈，可使组织及时调整自身的政策或行为，以适应环境的变动。

(4) 进攻型公共关系

适用于组织与环境发生某种冲突、摩擦的时候。为了摆脱被动局面，创造新局面，可采取这种以攻为守的策略，抓住有利时机和有利条件变换政策，迅速调整，改变对原有环境的过分依赖，开辟新的环境和创造新的机会。

(5) 矫正型公共关系

适用于组织的公共关系严重失调，形象受到严重损害的时候。为了尽快挽回信誉，要采取一系列有效措施，做好善后的传播沟通工作，以求逐步稳定舆论，平息风波，挽回影响，重塑组织形象。

（6）宣传型公共关系

该种类型的公共关系指的是各种传播媒介迅速地将组织内部的信息传送出去，以加强社会公众对组织机构的了解程度，形成有利的社会舆论，迅速扩大组织的社会影响。宣传型公共关系的特点是主导性强，时效性强，传播面广，推广组织形象的效果快，特别有利于提高组织的知名度。其具体形式有：发新闻稿，做公共关系广告，印刷发行公共关系刊物和各种视听资料，演讲或表演等。要广泛运用报纸、杂志、电台、电视等不同的传播媒介。

（7）交际型公共关系

它是指运用各种交际方法和沟通艺术，广交朋友，协调关系，缓和矛盾，化解冲突，为组织创造“人和”的环境。交际型公共关系的特点是直接沟通，形式灵活，信息反馈快，富于人情味，在加强感情联络方面效果突出。其方式包括社团交际和个人交际，如工作餐会、宴会、座谈会、谈判、走访、慰问、接待参观、电话沟通、亲笔信函等。

（8）服务型公共关系

它是以实际的服务行为作为特殊媒介，吸引公众，感化人心，获取好评，争取合作，使企业与公众之间的关系更加融洽、和谐，从而为组织提高社会信誉。服务型公共关系的特点是以行动作为最有力的语言，实在、实惠、最容易被公众所接受，特别有利于提高企业的美誉度。如各种消费教育、消费培训、售后服务、免费保用保修、各种完善的服务措施等。服务的目的不仅是促销，更重要的是树立和维护企业的形象声誉。完善的服务型公共关系，对企业来说，往往不亚于产品的质量和技术。

（9）社会活动型公共关系

它是企业利用举办各种社会性、文化性、公益性、赞助性活动来开展公共关系的模式。其目的是塑造企业的文化形象、社区公民形象，提高企业整体的社会知名度、美誉度。其特点是社会参与面广，与公众接触面大，社会影响力强，形象投资费用也高，能较有效地同时提高知名度和美誉度。其形式有：赞助文化、教育、体育、卫生等事业，支持社区福利事业、慈善事业；扶持新生事物，参与国家、社区重大活动并提供赞助；还包括利用本企业的庆典活动和传统节日为公众提供有吸引力的大型娱乐活动机会。

（10）征询性公共关系

运用社会调查、民意测验、舆论分析等信息反馈手段，了解民情民意，把握时势动态，监测企业环境，为决策提供咨询。征询性公共关系的特点是以输入信息为主，具有较强的研究性、参谋性，是整个双向沟通中不可缺少的重要机制。其形式有：开办各种咨询业务，建立来信来访制度和合理化建议制度，制作调查问卷，设立热线电话，分析新闻舆论，广泛开展社会调查，进行有奖测验活动，聘请兼职信息人员，举办信息交流会等。

在塑造组织形象的活动中，要将上述方法有机结合起来，在具体工作中，不拘一格，勇于创新，才能树立和维护组织的良好形象。

学习单元 8.4

塑造企业形象的新战略

作为一种现代企业的经营管理战略，企业形象（CI）战略是在一种更高的起点上审视和创造企业精神、科学管理、文化品格、经营理念以及外部视觉形象，提高企业的整体形象，更好地发挥企业的整体优势和竞争力，从而使企业长期发展的战略。因此，企业实施形象战略及 CI 策划是必不可少的。

8.4.1 企业形象战略概述

1. CI 的概念

（1）CI 概念的基本内涵

CI 是英文 Corporate Identity 的缩写，直译为“企业特征”、“企业身份”，义译为企业形象识别。在这里，Corporate 不仅指企业，也包括一切法人组织；Identity 指“形象、身份、一致性、独特性”等意思。日本著名的企业形象专家加藤邦宏认为：CI 是一种借着塑造企业形象，注入新鲜感，使企业更能引起外界注意，进而提高企业业绩的经营方法。一开始，CI 只是侧重于视觉识别的概括和推广，因此，企业形象一般是借广告或公共关系的传统活动来加以塑造。但 CI 自传入我国台湾和香港地区后，常在其后加上 S（system），成为 CIS，即企业识别系统，这是在 CI 基础上派生出来的“企业统一化”体系，即 CI 战略或 CIS 战略，它以企业“形象导向”为目标，故人们称之为企业形象管理战略。CIS 不仅注重企业视觉形象及经营管理上的概括和统一，而且更加注重企业内在的行为要素及价值体现。因此，所谓 CI 就是将企业或组织的经营理念及文化精神，运用行为活动、视觉设计等整体识别系统，以动态和静态的方式传达给社会公众及目标对象，使其对企业产生一致的认同感和价值观，建立理想的企业形象。其终极目的是给企业带来更好的经营效益和社会效益。

（2）CI 的构成

CI 的本质是内在定位与外在包装的统一，是企业的一整套识别系统，其基本构成要素包括：企业理念识别（Mind Identity 简称 MI）、行为识别（Behavior Identity 简称 BI）、视觉识别（Visual Identity 简称 VI）。

理念识别（MI）是企业的内在定位，是企业在长期的运行过程中形成的并为员工所认同和接受的独特的价值观念和经营观念，它包括企业经营信念、方针、精神、标语口号、企业风格和企业文化建设、座右铭等价值观方面的内容。

行为识别（BI）是企业整体形象识别系统。它规范企业内部的组织、管理、教育以及对社会的一切活动，因而是企业理念的具体化和系统化。它包括对内和对外两个部分。对内包括：员工培训和教育（技术培训、服务态度、礼仪规范、职业道德、敬业精神、应用技巧等）、生活福利、工作环境、研究发展、公害对策、废物处理等。对外包括：市场调查、产品开发、行销活动、公共关系、大型社会活动、公益性和文化性活动等。通过对内外活动的统一整合和企业行为的规范，企业的经营思想和理念才能完整地得以再现和表征。

视觉识别（VI）是企业运用视觉传达整体形象设计的方法。采用直观设计上的差别化将企业的经营观念和战略目标充分表达出来，它是CI构成中的静态识别系统。

视觉识别一般分为基本要素和应用要素两个层面。

基本要素：包括企业名称、企业标志、企业品牌标志、企业标准字、企业标准色、企业象征图案、企业专用印刷字体、企业宣传标语和口号等。

应用要素：包括广告媒介、交通运输工具、事务用品、制服设计、室内设计、建筑设计、展示设计、包装设计等。

在三大识别系统中，理念识别是基础，行为识别是导向，视觉识别是桥梁，三者互为因果，共同作用，缺一不可。现代企业无论内在凝聚还是外在形象都依靠企业理念，通过企业理念来提高公众对企业的认知识别。企业理念不是凭空设计的，而是根据企业的历史、员工的现实状态、产品及其在同行同类中的位置、决策人风格、人际关系特点等因素，并经过专家集体的理论升华与提炼而最终形成，然后将形成的理念精神具体化为员工的具体行为规范（BI），并通过外在包装自然地表现出来（VI）。

总之，在CI的三大识别系统中，MI是最重要的，它是CI的最高决策层，是CI战略的策略面；BI是CI的动态识别系统，是CI战略的执行面；VI是CI的静态识别符号系统，是CI的战略展开面。

2. CI的特点

（1）以企业理念为基础，树立统一、独立的企业形象

CI结合企业的经营理论与营销策略将市场原有的营销标准、广告的原有设计表现标准提升为由经营哲学指导的更高层次的一体化的具体运动。

（2）企业员工共同承担和推动企业的发展

CI的职能不再只是由广告宣传部门承担对外弘扬企业形象，而是由整个企业成员共同承担对企业发展的责任。

（3）全方位的信息传播

企业信息的传播不只是通过大众传播媒介，而是通过与企业有关的所有媒介，采取全方位、多角度的传播；企业信息的传播也不仅仅是面向消费者，而且还包括企业内部的所有成员，企业外部的社会大众、机关团体等。

（4）有组织的长期发展战略

CI绝不是现代企业发展的权宜之计，而是百年大计，不能采取短期行为，而要有效地制订长期规划，有组织、有系统地定期督导管理。

3. CI 的功能

以塑造形象为根本职能的 CI，在现代企业的经营中其作用越来越大，一般而言，CI 对企业的具体功能可分为企业内部功能和外部功能。

（1）CI 的企业内部功能

CI 的企业内部功能是指其对企业内部经营管理的作用。表现在以下几方面。

① CI 有利于重建企业文化。企业文化是企业成员在企业长期的生存斗争中逐渐形成的固有价值观念、思维方式、行为方式和信念的综合。企业文化最大的作用便是强调企业目标和企业成员工作目标的一致性，强调群体成员的信念，价值观的共同性，因而对企业成员有着巨大的内聚作用，形成一致对外的强大力量。一个现代企业组织，如果没有坚强有力的企业文化，那么它必然是一盘散沙。为了适应环境的振荡变化，企业文化也应不断发展。企业通过推行 CI 策划，有利于企业文化的更新和重换，不断保持青春的活力。

② CI 有利于增强产品竞争力。CI 通过给人印象强烈的视觉设计，有利于创造名牌，建立消费者的名牌偏好。CI 通过产品的包装，广告统一设计，能赋予产品各种形象，如高级的、浪漫的、跳跃活泼的、硬健的等，能紧紧抓住消费者的心，使产品增强在市场上的竞争力。

③ CI 有利于多角化、集团化、国际化经营。现代企业为了增强适应不同市场环境变化的能力，使企业营运更加稳健、安全，正向多角化、集团化和国际化的方向发展。这种经营战略的核心就是如何共同利用经营资源，使得一种资源产生多种效用，从而把各经营项目联结起来，相互助长。企业运用 CI 战略，可以有效地使集团各关系企业互相沟通与认同，相互协作与支持，使协同效应发挥到最大。

（2）CI 的企业外部功能

CI 的企业外部功能主要表现在以下几个方面。

① CI 有利于企业经营资源的运用。企业的经营资源，不外乎人、财、物三方面，推行 CI 后，企业的经营资源开发将产生神奇的变化：CI 有利于企业稳定职工队伍，不断吸收招揽人才；CI 有利于企业的融资，扩大社会资金的来源，增强股东的投资信心；CI 有利于争取更多的供应商和推销商，扩大企业流通渠道。

② CI 有利于获得消费者的认同。名牌在消费者的眼中，是信任的标志，是荣耀的象征。调查表明，消费者在购买名牌商品时考虑最多是牌子形象。而创建名牌形象最便捷的办法是 CI。CI 能创建名牌的个性，使之向消费者强烈地显示风格，从而创建一种无形的文化价值，获得消费者的认同。

③ CI 有利于企业公共关系的运转。公共关系通过信息传递，协调好各种关系。企业导入 CI 有助于信息传递的可信性、真实性和统一性，同时，CI 的推行使企业信息传递简单化和个性化，易于公众识别和认同，从而达到最佳沟通效果，搞好公共关系。

8.4.2 企业理念识别

1. 企业理念识别的具体内涵

企业理念识别（MI）是CIS的核心和基础，它包括企业使命、经营理念、活动范围、事业领域、企业价值观等方面。有了理念识别这个指导思想，才能有效地进行行为识别和视觉识别。

（1）企业使命

企业使命是企业勇于为社会承担的历史使命，或者说是企业乐于为社会做出的贡献，也有人将它称为企业精神理念。它是企业安身立命、谋求发展的指导思想，也是企业行动的原动力。对于企业来说，其使命包含了两层意思：一是功利性的、物质的要求，即获取经济效益的目的；二是社会性的，即为社会的繁荣、发展和人民需要多尽义务，要有社会责任感。例如：日本松下公司的“产业报国”、“光明正大 ”、“顺应同化”、“感谢报恩”；再比如，中国鞍钢的“创新、求实、拼争、奉献”等。

（2）经营理念

经营理念是企业在经营方面的指导思想和大政方针，也有人称作公司方针。它反映了企业经营者及其员工的思想水平、素养以及价值观念，在企业使命这个最高层次下，经营理念要求企业的是“如何去做”。例如：不同企业的“利润第一”，“一流的质量、一流的服务”或“顾客至上”等都是经营理念的反映。

（3）活动规范

活动规范是公司及其员工涉及到企业内部经营活动的一系列行为的标准、规则，企业统一协同自身行为的标准，也有人称此为行为准则。它体现了企业对员工的要求，包括服务公约、劳动纪律、工作守则、行为规范等。例如：某些公司的“诚实”、“努力”、“责任”、“奉献”、“和睦”、“团结”、“奋斗向上”等。

（4）事业领域

公司今后生存与经营发展的空间，即公司是干什么的，如何干等。例如：某些公司的“配合时代潮流的新钟表业”、“清洁环境的环卫设施开拓者”等。

从上述内容可以看出，企业理念识别是企业形象识别的精神核心，是建立企业识别系统的理论基础和精髓，是企业识别系统的最高层次。企业理念识别系统决定了企业行为识别系统和企业视觉识别系统，它是企业识别系统的原动力。

2. 企业理念识别的作用

企业理念识别的重要性主要反映在以下几个方面。

①它能使全体员工和社会各界充分了解企业的使命，使本公司员工能够为完成这一使命而努力工作，社会各界则可对公司的责任感和使命有所了解，这对建立企业的对外形象关系重大。

②它能使人们了解企业的经营理念，认识公司的经营宗旨与方针。这可使公司员工为此而奋斗，使社会各界知道公司的经营哲学，从而为建立企业市场形象打好基础。

③它使公司和员工拥有了自己的行为准则，从而使企业的行为、员工的活动、公司全体职工的价值观具有统一的标准。这不仅能建立和增强企业的凝聚力，而且是建立良好的企业形象的基石。

④它确定了企业的事业领域，使企业具有明确的奋斗方向和目标，从而为事业的发展指明了前景，使员工和公众知道企业今后向什么样的领域发展。如日本富士软片公司以“情报的记录”来表达其事业领域；西武百货公司以“游、休、知、美”为公司事业领域。

企业理念识别是整个企业识别系统的精髓所在。一个企业具有完善而可行的企业理念，其经营活动就有了理论指导，其企业形象的建立就有了基础。确定了理念识别系统就有可能设计开发出推动企业发展的行为识别和视觉识别系统。企业理念不仅是写在纸上的信条，还是植入人们心中的正确思想，它能成为企业员工行动的动力。企业理念虽然是无形的，却能以其巨大的力量推动企业不断向前发展，引导人们正确地认识企业存在的真正意义。所以，企业在建设企业识别系统过程中，必须首先搞好企业理念识别系统的开发建设。

另外，企业理念识别的建立会使社会公众及相关企业对公司的精神理念、经营理念、行为准则，价值观念、事业领域有所认识，从而博得大众的好感，获得“信任效果”；当公司出现错误或失误时，给予谅解，从而得到“缓和效果”，并且，在顾客心目中有了良好的形象后，还可取得理想的“竞争效果”。

企业理念识别系统的重要性还在于，它决定着企业行为识别系统和企业视觉识别系统的设计开发与运行的作用。一个企业若不能正确地建立自己的理念识别系统，则它的行为和视觉识别系统就失去了依据和根基，即使能够设计开发出行为和视觉识别系统也不能发挥其应有的作用。相反，一个企业若能够建立自己正确的理念识别系统，情形就会大大的不同。

企业理念在各个企业的实际运用中，可以有不同的切入点，形成不同的实用范围，如经营策略、经营目标、价值观、经营方针、企业精神、企业性格等。

3. 不同行业企业的企业理念

企业理念是为建立企业形象服务的，企业理念识别是企业形象识别的一个组成部分。由于不同行业的企业建立企业形象的侧重点不同，企业理念也会有一定的区别。电子行业的企业形象，注重的是技术形象、未来性形象和外观形象。例如日本索尼公司的企业理念是：“索尼是开拓者，索尼的窗户永远朝未知的世界而开，索尼做别人不做的事情，索尼勇于肩负艰难的、别人逃避的工作并使之企业化”，“互相信赖，促进了解，贯彻和的精神，以健康明朗为格言，促进人格的涵养”。

汽车行业的企业重视其市场形象、外观形象和社会形象，所以，这一行业中的企业理念强调用户观念、企业可以信赖等。以日本本田公司为例，它的企业理念规定：“本社立于世界的视野，应顾客之需求，生产价廉物美的产品。”这句话强调了企业在市场形象方面的理念，而且突出了企业是世界规模，强调了在外观形象方面的理念。另外，本田的企业理念还有“常保梦想与青春，重视理论、构想与时间，热爱工作，保持工作场所洁净，勿忘不断地研究与努力”。

一般而言，服务行业的企业理念强调建立企业外观形象、市场形象和未来形象；加工制造业的企业理念则强调有关建立企业技术形象、未来性形象和市场形象的企业经营观念与精神；综合性的集团化企业和大型的跨国公司的企业理念则要强调建立企业综合形象为主的思想与精神。例如：深圳海王集团股份有限公司的企业理念就充分表达了作为综合性的大型企业的形象应具有的思想和精神。其企业理念包含为以下几方面。

①掌握最新科技动态，加速科技成果商品化、产业化的进程，不断探索，始终向新的可能性挑战。

②把爱心和信赖奉献给人们，是海王所有业务的出发点，开发适应消费者多样需求的商品，是海王集团从开发海洋保健、滋补食品开始市场开发和销售业务的主要内容。

③从开发海洋保健、滋补食品开始，扩大到食品、医药、机电、房地产、旅游、文化等领域。海王集团的发展，就是一个多元化经营的进程。

④片面追求商业利益是小生产者的狭隘。海王有一个信念，我们不仅制造和销售商品，也在创造和推广文化。

⑤人是海王事业的根本，通过加强人与人之间的接触和交流，谋求共同的发展。深圳海王集团的企业理念是一个典型的综合性集团企业的企业理念，海王集团正是有了这个正确的企业理念，才使企业短时间内就发展成为国内令人瞩目的大型集团化企业。

8.4.3 企业行为识别

1. 企业行为识别的概念及内容

企业行为识别（BI）又称为企业活动识别，它是企业形象识别中的动态识别方式。企业行为识别是企业理念识别的具体体现和落实，它几乎贯穿于企业的各项活动中，是企业形象识别的一个重要组成部分。

企业行为识别的具体内容如下。

（1）对内部分

①干部教育。

②员工教育。包括：服务态度、应接技巧、工作精神、服务水平、电话礼貌等。

③员工福利。包括：养老保险、医疗保健、文化娱乐、体育比赛、休假、劳动保护等。

④工作环境。包括：生产场地、办公场地、休息场地等。

⑤生产设备。包括：降低劳动强度、保护人身安全、隔离与去除有毒有害物作业等。

⑥研究开发。

⑦废弃物处理和公害对策。

⑧生产、办公氛围。包括：人际关系、行为约束与激励等。

⑨其他。

（2）对外部分

①市场研究。包括：市场调查与市场开发等。

②产品开发。

③公共关系工作。

④促销活动。包括：人员推销、宣传报道、定价优惠、有奖销售等。

⑤流通对策。包括：经销商、批发商、零售商的友善对待、销售网络的合理建立、售后服务的提供、质量三包等。

⑥金融股市对策。包括：银行开户、储贷、股票上市、红利发放等。

⑦公益性活动。包括：赞助、义卖、助教、助学、助残等。

⑧文化性活动。包括：资助或主办各类演出、影视拍摄、体育比赛、文化、文物保护等。

⑨其他。

2. 企业行为识别的重要性

企业行为识别的重要性表现在它对建立良好企业形象的贡献上。一般而言，社会大众对一个企业的认知与喜恶感，是通过与企业直接或间接的接触获得的，包括与企业的人（企业员工）、企业的事（企业的对外活动）和企业的物（商品、服务、办公设施、环境）等的接触。无论是直接的还是间接的这些都是形成对企业印象的主要来源。因此，企业员工的精神面貌、工作表现，企业对外活动中的表现和它的商品、服务与环境等，这些企业行为识别系统的内容对建立企业形象都是十分重要的。虽然企业视觉识别系统和公众媒体的传播报道也会对建立企业形象起到一定的作用，但那只是起到打招呼和提醒的作用，而企业行为识别系统是用行动直接向社会公众塑造展示企业的形象。

企业行为识别的重要性，对内表现为它能增强企业活力和凝聚力，规范员工的行为，从而使企业理念在企业员工的行为中得以体现，这有利于鼓舞员工的士气，建立良好的组织与团体风气，提高工作绩效；也有利于加强企业管理，增强股东的信心，使企业内部上下一致，同心同德，携手努力，共创佳绩。

企业行为识别的重要性，对外表现为它能使人们感觉到企业组织健全，行动一致，使人们产生信任感和认同感，从而提高企业的知名度，促进形成良好的企业形象。同时，它通过对外展示企业良好的内部人际关系，优越的工作环境，真诚的社会责任心以及积极谋求合作的精神，能够收到吸引人才、吸引资金、吸引合作伙伴、改善企业经营环境的效果。

8.4.4 企业视觉识别

1. 企业视觉识别的概念

企业视觉识别（VI）系统是企业形象的外在表现，是一种静态识别符号。它包括企业名称、企业标志、标准字、标准色、企业造型、标语口号、建筑物外观设计、交通工具外观设计以及办公用品的设计等。它把企业鲜明独特的个性、经营理念和风格以及企业行为等内在的形象用企业名称、标志、标准字、标准色、企业象征等视觉手段，统一地、完整地表达出来，使社会各界和消费者感性地掌握企业的具体形象，并达到认知的目的。

2. 企业视觉识别的重要性

企业视觉识别的重要性可以概括为以下几点。

(1) 企业视觉识别是企业扩大知名度和塑造良好形象最有效、最快速、最便捷的方式

企业的视觉识别是CIS的静态识别符号，是具体化、视觉化的传达方式。心理学理论表明，人类接受外界刺激所获得的“讯息”，由视觉器官获得的占所有感觉（听觉、味觉、嗅觉、触觉及视觉）的83%左右，而且，由视觉感官所归集的讯息，在人类记忆库中具有较高的回忆值，可以传达的项目最多，层面最广，效果最直接。因此，配合不断发展的视觉传播媒体，开发透过视觉符号的设计系统以传达企业精神理念是极为重要的。

(2) 企业视觉识别具有将具体可见的外观形象与其内蕴特质的抽象理念融合成一体的功能

与企业理念识别和企业行为识别相比，企业理念识别表现的是抽象思考的精神理念，难以具体显现其中的内涵和精神实质；企业行为识别表现的是行为活动的动态形式，偏重其中的过程，缺乏视觉形象化的具体，而企业的视觉识别有着极强的传播力和感染力，能将企业识别的基本精神和差异性最充分、最直接、最具体地表现出来，把具体可见的外观形象与其内蕴特质的抽象理念融汇成一体，让消费者一目了然地掌握其传达的情报信息，轻而易举地达成识别、认知的目的。人们形象地把企业的理念识别比喻为企业的“心”，把企业的活动识别比喻为企业的“手”，把企业的视觉识别比喻为企业的“脸”。

(3) CIS的视觉识别是企业理念表达的重要载体，是企业个性的重要体现

以MI为基础的标志设计拥有持久的生命力。把特定的艺术形象印在包装箱、招贴画、吊旗、办公桌和户外广告上，简洁、单纯、明确地表现出企业的精神、经营意识和产品属性。商标、产品、企业命名“三位一体”的整体效果，使公众熟记了企业名称和产品，又得到了艺术陶冶，在公众脑海中留下了难以忘掉的印象。

3. 企业视觉识别设计的原则

企业在进行视觉识别设计时，要注重以下原则。

(1) 要以企业的理念识别为核心

企业的视觉识别设计是企业理念和企业精神表达的重要载体，是企业个性的重要体现。以企业的理念为基础和核心的企业视觉识别设计才具有持久的生命力，它与一般的商标设计是不同的。普通的商标设计往往是与企业理念、企业精神相脱节的，而优秀的企业视觉设计无不是在表达企业理念和企业精神方面取得的成功。

(2) 视觉识别设计要突出和体现人性化的特点

现代工业设计需要以充满人性的作品来使消费者接受，与人产生关系，使人感到有被关心的亲和感，这是现代工业设计的基本点。

(3) 视觉识别设计要表现出民族个性特征

视觉识别设计中的差别化、个性化是企业形象脱颖而出、迅速传播的关键，而最能体现出差别和个性的，要属民族的个性特征。世界上不同的民族其思维方式是不同的，在审美、好恶、历史、文化、民俗、性格、语言沟通等方面存在着差异，而且对待同一事物和

同一信号也有着不同的心理感应。因此，在视觉识别设计方面表达出民族特色，方能被国人及民族所认同，才会具有非凡的生命力，也才会使企业在国际化经营中树立民族特色，为创造出世界名牌奠定基础。

(4) 视觉识别设计要力求化繁为简，化具体为抽象，化静为动

这一原则是现代设计发展的一种趋势。在一定范围内对设计内容进行缩减，把企业具体的形象、特征、信誉、文化进行综合、浓缩，使之变成内涵丰富，内容具有很强的传播力和感染力，以及在造型上能体现动态美的抽象符号，这种形成完美的总体功能，是企业获得良好的认知和迅速提高声望的最佳形式和手段。

(5) 视觉识别设计不可忽视不同国家、不同民族、不同文化区域的习惯和禁忌

由于不同的国家、民族和文化区域的人们，在社会制度、文化传统、宗教信仰、风俗习惯上存在着区别与差异，因此，对产品牌号、企业形象有着不同的偏爱，同时对企业标志、商标名称、产品设计乃至数码都有不同的要求和禁忌。对此必须格外注意，避免闹出笑话或带来不应有的麻烦。此外，在商标设计上还应注意避免采用诸如国旗、国徽、镰刀、斧头等带有强烈政治色彩的形象、符号和语言等。

(6) 视觉识别设计应遵循相应的法律和国际惯例

由于视觉识别符号具有强烈的表征性和会意性等特点，并蕴含着知识产权等内容，因此，进行视觉识别设计必须注意不应违背国家的法律和国际惯例，以及相应的商业规则，如“宪法”、“商标法”、“保护工业产权巴黎公约”等。

(7) 视觉识别设计不可忽视的基本特性

①视觉识别设计的标志应具有可读性和清晰的辨视性。

②应具有区别于其他竞争厂商的差异性。

③应具有国际性。

④应具有系统展开所获得的相乘累积效果的特性。

⑤应具有姊妹产品能顺利推展的适应性。

⑥应具有节省成本的节约性和管理的高效性。

⑦应具有使视觉符号接收者在视觉审美过程中，能得到精神享受的艺术性。

8.4.5 CIS 的导入

CIS 作业是一项复杂、系统的工程。虽然 CIS 的导入会因各个企业特点和问题而有所不同，但总要遵循大致相同的作业程序和原则才能完成企业形象的塑造。

CIS 系统工程主要作业划分为四个阶段：提案阶段、调查阶段、开发设计阶段和实施管理阶段。四个阶段的规划包括了 CIS 作业的主要内容和程序，是一个互相衔接的过程，每个阶段都有其特定的任务和工作重点。

1. 提案阶段

良好的开端是成功的一半。提案阶段的主要任务是明确导入 CIS 的目的，制订基本计划，落实人、财方面的必要条件，为 CIS 工程立项。

(1) 建立 CIS 委员会

一旦决定实施 CIS 计划，就要组织 CIS 委员会，主任最好由董事长、总经理或董事担任。

① 委员会的分类。

a. 以设立类型划分，可以分为计划团体型和部门负责型两种。

计划团体型：由各部门派出代表来组成，共约 10～15 人。大部分委员属于兼任性质，只有少数人专属于 CIS 委员会。大公司往往需要专职的计划团体。

部门负责型：由总务、宣传、企业文化等单位负责 CIS 的推行业务。以前多由宣传广告单位负责，现在有些公司为了推行 CIS 而设置独立的专门处理部门。

b. 以组成的人员结构划分，一般分成上位管理型、活力型、混合型三种。

上位管理型：集合各部门的负责人组成 CIS 委员会，这种委员会可兼任公司的主管团会。由于成员均属高级主管，所以研讨问题时很快就能达成结论。但在推行 CIS 计划时，常易形成上司向属下发号施令或压迫现象。应特别注意作业技巧。需要能从事实质活动的部门来协助。

活力型：由公司一些工作数年的年轻员工组成。这些员工的服务年限均在 10 年以内，也较会提出富有朝气的活泼意见，易得到大胆而新鲜的结论。可能会出现委员会的力量不够，很难达成结论的情况。但如果公司的最高负责人也参加委员会，则一切会迎刃而解。

混合型：由各种不同年龄、职位的人组成，最好有公司的最高负责人参加。

② CIS 委员会的职责。

CIS 委员会的职责如下。

a. 确认 CIS 系统，关于 CIS 导入的方针和计划等，都应加以立案。

b. 根据导入方针和系统内容，策划事前调查，并管理调查作业的进行情况，同时举办公司内部员工教育活动。

c. 参考调查结果设定 CIS 概念，将立案后的活动计划呈送给公司的最高负责人。

d. 按照上级主管单位批准的概念和计划，制作配合理念表现和识别系统的具体企划案。

e. 按照被批准的识别系统计划，制作新识别的设计开发要领，为开发新识别系统采取适当行动，有些计划则包给外界，由委员会负责管理设计开发过程。

f. 审议新识别设计表现的内容，将结果呈送公司最高负责人，得到批准后，新识别设计才算正式通过。

g. 对公司内外发表开发 CIS 的结果。

h. 在公司内部彻底贯彻实行新 CIS 概念。

i. 整理结论，确认日后的活动计划和管理结构。

j. 不断总结在 CIS 实施中出现的新问题，并为第二次、第三次、第四次 CIS 作准备。

CIS 的作业方式，大致先由委员会企划上述项目，并审议其内容，然后付诸实行，同时把结果编成报告得到最高负责人的承认。

(2) CIS 导入动机与目的确认

什么企业需要导入 CIS？导入 CIS 的目的何在？这是 CIS 作业首先应明确的项目。台湾 CIS 专家林磐耸先生认为，企业导入 CIS 的动机主要有两方面。

①企业内部的自觉需求。

a. 吸收人才，确保生产力。

b. 鼓励员工士气，改造组织气候。

c. 增强金融机构、股东的好感与信任。

d. 号召关系企业。

e. 提高广告效果。

f. 增进公司营业额。

g. 统一设计形式，节省制作成本。

h. 方便内部管理，活用外部人员。

i. 提升企业形象与知名度。

②市场经营外在压力。

a. 成本的挑战。

b. 竞争的挑战。

c. 传播的挑战。

d. 顾客的挑战。

e. 消费者的挑战。

一般来讲，新成立的企业导入 CIS，旨在树立企业形象、谋求长远的发展；经营中的企业导入 CIS，是想解决企业现有形象识别系统中存在的某些问题。出于不同的动机，应有不同的目的，CIS 委员会必须根据企业的现状确认导入 CIS 的目的。

（3）CIS 作业项目与日程安排

CIS 导入、推行是一项长期、复杂的工程，至少需要 1～2 年的时间，因此在作业开展之初，最好有一个长远、明确的计划，知道 CIS 作业主要有哪些项目，在时间上又如何安排。按照 CIS 作业的四大阶段的划分，可以在作业项目、主要内容、时间安排、负责人确定之后，编制出一份“CIS 作业日程表”。

（4）CIS 的投资与预算

CIS 投资是一项回报潜力很大的软性投资。合理的投资应该具有合理的预算。CIS 预算是 CIS 委员会专案人员在提案阶段必须认真完成的一项工作，它直接关系到 CIS 导入计划的成败。CIS 预算是 CIS 项目资金费用的使用计划，它明确在 CIS 导入期从调研、设计到管理、实施所需的投资总额，具体投资项目与项目投资的使用范围、使用方法。

（5）CIS 提案书的草拟

提案阶段一切准备就绪，有关导入的动机、目的、基本方针、计划与费用都已初步明确，CIS 专案人员应按程序向企业主管、董事会、顾问等提交一份书面的 CIS 导入企划案。

“导入 CIS 企划案”应包括下列内容：

①标题；

②提案的目的；

③导入 CIS 的理由和背景；

④导入 CIS 的方针；

⑤具体的施行细则；

⑥CIS 导入计划；

⑦CIS 计划的推动组织、协办者；

⑧实施 CIS 计划所需的费用。

2. 调查阶段

调查是 CIS 导入的第一步。CIS 的导入过程，从某种意义上说，就是企业“大换血”的过程，这个过程必须建立在企业对过去的经营行为有着正确而深刻的认识基础上，而获得这个认识的途径就是调查。即使公司在社会上已具有某种程度的知名度，也能给公众留下某种印象，但这种知名度和印象完全是从个人主观出发的，而且可能只是模糊的、轮廓的认识，不一定反映客观的真实情况。因此，为了使 CIS 的发展方向合理化，就必须参考客观性的资料，而不可单凭主观的判断得出关系企业命运的结论。所以，企业形象调查是一项不可缺少的工作。

(1) 调查对象和内容

调查对象大致可以分为外部环境和内部环境。

企业内部的调查工作，包括企业经营理念、经营方针、产品开发策略、组织机构、现有 CIS 等，均需一一检讨与分析，整理出企业经营理念定位。其市场对象主要是各个层次的主管人员、普通员工及相关公众。

企业外部调查的范围较广，应着重于竞争对手企业的信息资料的收集与分析，消费市场环境与产品对象背景等资料的研究与运用，这些也是企业实态调查的重点。透过各项调查进行企业诊断，以寻求足以传达完整的企业形象的个性所在。

CIS 调查所采取的方法是多种多样的，最主要的有访谈和问卷两种形式。访谈的基本要素有两类：一类是企业外部人员，一类来自企业内部。相对来说，访谈企业外部人员要容易一些，因为这种访谈一般与他们没有直接的利害关系；而在企业内部的访谈则比较困难，需要领导出面，在调查开始之前进行宣传教育。对 CIS 调查来说，不论对企业内部的问卷还是对企业外部的问卷，必须是不记名的。另外，问题的设置要简明扼要，易于回答，并且包含最大的信息量。

(2) 调查报告书的撰写

调查报告书的结构通常由标题、导语、正文、结尾四部分构成。

其重点包括以下几方面。

①在调查报告的开头，应该详细列出调查的目的、方法、时间及其他有关调查事项。

②结论或要素。必须将结论写在报告的开头部分。

③企业认知度。根据调查资料，统计企业的认知度，并比较不同对象的认知度的差异。

④认知途径。说明受访者接触传播媒介的动机和情况。

⑤企业的各种形象。说明公众对于企业的业务的认知程度和有关业务或规模的了解程度。

⑥品牌认知度。给出品牌形象的比较调查结果。

⑦基本形象。统计“美誉度”、“信赖度”、“一流评价率”等项目。

⑧不利形象。说明企业现有的不利因素。

⑨关于企业的品牌名称、标志、标准字、标准色等的评价。

⑩其他方面。关于商品、质量、服务、竞争对手、企业标语、企业说明书等的调查结果。

3. 开发设计阶段

这一阶段是 CIS 工程的关键阶段。在充分调查研究的基础上 CIS 专案人员应定位 CIS 概念并完成总概念书。

(1) CIS 总概念书的策划

参考事前调查结果，重新评估企业理念，构造新的经营策略——形成 CIS 计划的方针，并作为未来管理作业的方向，统称"总概念"。CIS 范围的扩大、成就、效果，完全取决于这种 CIS 总概念的整理、策划方法。

总概念书是有关 CIS 的策划书，也可以说是给企业最高主管的建议书，因此，必须具有解决问题、改善企业、指出未来方向的分量。总概念书应能针对调查结果，表达出正确的判断，进而提供有关 CIS 的活动指针和改进建议，深入浅出地指出未来企业应该具有的形象，并明示以后一连串的 CIS 作业及管理办法。

总概念书的内容大致如下。

①调查结果的要点。对调查报告的主要结论进行概述。

②企业的 CIS 概念。包括本企业未来作风、理念、形象、活动领域、方针、重要概念等。总之，必须把企业未来的概念作完整、扼要的叙述。

③具体可行的策略。为了具体表达上述概念，应列出具体可行的办法。

④CIS 开发设计要领。具体列出 CIS 开发设计计划，使之能立刻展开作业。

⑤与 CIS 有关的补充计划。为实现 CIS 目标，企业还必须有与 CIS 开发计划相配合的信息传达计划、宣传推广计划等各种相关计划。

(2) 开发识别因素设计系统

CIS 开发要求达到表达统一，包括行为表达和视觉表达。行为表达是指企业在 CIS 策划设计公司的协助下，由 CIS 委员会设定企业内的组织、体制及信息传递系统，积极进行内部宣传教育活动，使企业理念渗透到每个员工的心中，力求企业整体行为统一化。视觉表达是指公众看到的信息传达媒介，如企业名称、标志、商标、标准色等也必须加以统一。

4. 实施管理阶段

这一阶段的主要任务在于完成 CIS 计划对内、对外的传播发布，完成从物到人的推行管理，还要完成导入效果的评估与改进方案。

(1) 建立相应机构监督 CIS 系统的执行

当 CIS 策划设计完成后，CIS 委员会应该改组。CIS 推行管理主要是企业内部的事，多涉及总经理办公室、公共关系企划部、营销部门的工作，CIS 管理委员会应主要由这些部门的主管和专职人员负责，规模大的也可以考虑长期聘用一位 CIS 专家留在企业内负责 CIS 实施管理的督导。如果 CIS 导入后缺乏管理，没有一个机构去监督其运作发展，那么前期所投入的心血和耗费巨资开发的成果就有可能付诸东流。

（2）选择 CIS 导入的时机

成功的 CIS 导入，除了有周密的调查、良好的设计外，导入时机的把握是至关重要的一环，此谓“天时”，时机选择好会起到事半功倍的效果。一般说，企业导入 CIS 的时机大致有如下几种。

①企业进入一个新的发展阶段或转折时期。以杭州景新集团为例，该企业从一家食品商场发展成为以食品业为龙头，以景新电子工业公司、新龙经济贸易公司、小芳园酒店、可口食品商店等为侧翼，科、工、贸、商一体化的集团公司。为了适应市场经济发展的需要，该集团公司斥巨资邀请 CIS 专业设计公司全面策划，设计景新新形象。

②企业内外环境有了很大变化。例如，中国民航为了适应国际竞争，曾邀请世界著名的美国奥美公共关系公司帮助策划 CIS 形象，也大获成功。

③市场状况的变化。当市场处于衰退时期，优秀的企业经营者会对 CIS 的导入更加关注。在普遍不景气的市场上，一个新的形象有助于改变社会公众对企业的感观，有助于增强客户对企业的信赖感，有助于增强企业内部员工的凝聚力。

④导入 CIS 的时机中，还有比较普遍的一种是企业周年纪念。当企业发展即将走入一个新的时期时，对创业至今的历史进行总结，在此情形下导入 CIS，以最新的气氛和形象迎接新时期的到来。例如，美孚石油公司为纪念创业一百周年而导入 CIS，他们设计策划的“MOBIL，The Second Century”系列活动，取得了很好的效果。就我国许多企业来说，“二次创业”也是一个很好的机会，如果他们在企业创业周年导入 CIS，一定会在提高企业知名度、振奋员工士气等方面取得良好的效果。

⑤利用社会的重大事件。在导入 CIS 的过程中，企业要善于利用各种偶然的机会，如国内、国际的各种重大事件。企业形象如能与这些联系起来，就会给人以经久不衰的记忆。

（3）对内、对外进行 CIS 系统的发布

这种发布除了日常的运行和操作外，还应包括举行隆重的 CIS 发布仪式，利用尽可能大的媒介空间向社会和企业内部进行宣传。

CIS 对内传播是 CIS 导入成败的关键，可以与员工教育结合起来，让员工感受到企业发展的生机，培养员工的凝聚力以及对企业的奉献精神。CIS 教育与宣传应采取不同的方法和重点，对管理层的人员，CIS 教育应注重具体计划、安排的通知传达；对于员工，则应注重 CIS 意识的普及与行为规范的宣传；对于营销部门的员工，则应加强 CIS 设计、应用与制作的说明等。

对外发布企业导入 CIS 的成果是 CIS 实施管理中关键的一步。CIS 的对外发布主要是通过广告与新闻报道的形式，宣传企业导入 CIS 的新设计系统、理念系统以及有关 CIS 的重大活动，让社会公众广泛知晓企业的 CIS 活动与企业形象的全新面貌。

（4）效果测定

当企业导入并推行 CIS 战略之后，为了了解是否达到预期的目的，就必须对导入和推行 CIS 的效果进行测定和评估，以便肯定成绩，总结经验，发现问题并找出改进办法，对下一步的推行工作进行某些策略性调整，以期取得更好的成绩。

测定可分为企业内部测试和企业外部测试。测试方法有定性与定量两种，可以当面采

访、问卷回答，亦可进行统计分析。

测定和评估应以 CIS 目标为标准，以导入前企业完整调查的种种资料与数据作为导入后效果测定的参照，最后综合评估导入后的具体实效和问题，以便总结修正。

(5) CIS 的管理

CIS 正确实施和严格管理是 CIS 真正能发挥作用的关键所在。再好的设计如果不能很好地落实到各种应用场合，也无法产生效果。要确保 CIS 正确实施，就必须建立一套包括教育和监督两大机制在内的、完整的 CIS 管理制度，保证 CIS 系统的日常运作、维护和发展。

学习单元 8.5

案例与实践

本项目介绍了组织形象的的含义、特征，组织形象的类型和价值，以及组织形象的构成要素和塑造方法。尤其重点介绍了企业形象塑造的 CIS 战略。下面通过案例分析进一步熟悉组织形象塑造的操作方法、步骤和相关知识。

8.5.1 案例讨论

案例 8-1 联想集团更换新标识

1. 项目背景

2001 年，联想制定了新的三年发展目标“高科技的联想，服务的联想，国际化的联想”。联想国际化的必备条件之一，是拥有一个全球通行的品牌标识，但联想沿用 18 年的英文标识 Legend 已在多个国家被抢先注册。因此，联想决定推出全球品牌新标识，并对联想品牌架构进行全面的梳理和系统的推广。

2. 项目调查

联想作为一个中国 IT 业的旗舰，在今天这样一个品牌至上的时代，换标行为的成败关乎企业的生死存亡。如何在最短的时间内，以最有效的方式将联想换标的信息和意义准确地传递给最广泛的公众，吸引社会各界对联想品牌的持续关注，成为其面临的一大挑战。

2002 年 5 月，联想成立了以杨元庆为组长的品牌切换小组，通过对包括联想老员工、原副总裁在内的数千联想员工的访谈，征询联想人自己对联想品牌精神的感知。同时，联想委托国际知名的品牌管理顾问公司，针对品牌议题进行了长达两年的深入调研，共走访了2 800名消费者，700多位企业客户，并在海外5个国家进行了6场访谈。

联想还成立了专门的品牌研究小组，反复研究了历史上其他厂商更换品牌标识的案例以及联想的品牌历史。此外，联想委托专业调查公司，抽样调查和跟踪访问了500名消费者，研究了他们在一个品牌更换标识后对此品牌的重新认知过程和主要认知途径。

3. 项目策划

(1) 公共关系目标

① 使受众充分理解联想此举的意义，并避免传播中可能的各种舆论风险。

② 向公众准确诠释联想品牌的特性和内涵，在业界树立联想鲜明的品牌形象。

③ 形成“换标事件”持久的影响力，以渐进的方式使联想的品牌精神深入人心，以期产生持久的经济效益和社会效益。

(2) 目标受众

鉴于目前联想主要的运作和营业收入仍集中于国内市场，因此国内消费者、联想的经销商、代理商、投资者、媒体和有关政府机构是主要的诉求对象。

(3) 策略

①标识。以Lenovo替代原有的英文标识Legend。其中，“Le”取自原先的Legend，承继“传奇”之意；“novo”代表创新。整个名称的寓意为“创新的联想”。

②特性。诚信、创新有活力、优质专业服务、容易。

4. 项目执行

将联想换标的发布活动设计成一个联想品牌管理的“系统工程”，分为四个阶段进行：

2003年4月28日，在北京借助网络媒体发布新标识。平面、网络、影视媒体三管齐下，深入传播引起社会各界广泛关注。同时，安排在同一天发布首批带有Lenovo标识的产品。

从2003年7月31日开始，借联想2003年科技巡展之机，在巡展所到之处深入传播和集中展示联想的品牌内涵，诉求联想“创新科技，畅想未来”的理念。

2003年10月15日，利用神州五号火箭成功发射的契机，同步在全国展开以“只要你想”为主题的系列推广活动，诉求“人类用想法改变世界”的创新理念。

2003年10月18日，启动品牌沟通日活动，安排联想高层与京城各大媒体进行面对面的互动式沟通，进一步传达“Lenovo联想”的内涵，并宣传联想新的品牌战略。

5. 项目评估

为期半年的联想新标识的推广活动收到了显著的成效，联想品牌在公众当中的曝光度较去年同期增加了20%左右，并使2003年真正成为了联想的“品牌年”。

[案例评析]

联想品牌是中国最著名的品牌之一，联想换标预示着联想开始进入一个新时代，一个互联生活时代，关联应用时代。

①由于 Legend 是英语常用词汇，并且具有丰富的内涵，这个名称已经在世界很多国家被其他企业捷足先登。如果联想的产品继续打着 Legend 的旗号进入国际市场，那它很可能面临被控侵权的危险。如果联想购买这些商标，不仅仍要耗费巨大人力物力，更要面对商业社会里可能发生的漫天要价。因此，像联想这样用一个原创词汇（Lenovo）代替原英文名称（Legend）的做法，虽然在短期内耗费巨大，但长远来看，它为区域性品牌的世界化建设铺平了道路。这也是在全球一体化进程中，企业品牌建设需要注意的新问题。

②联想集团更换新标识前，准备充分，工作细致。为了做好品牌更换工作，联想成立了专门的品牌切换小组和品牌研究小组，由集团总裁兼 CEO 杨元庆挂帅，并委托专业公司做了深入详细的分析和调研工作。从某种意义上说，公共关系活动是组织与目标公众之间的信息沟通过程，因此事先对公众的详细调研，了解公众的需求和心理变化过程，对于公共关系活动的顺利实施和成功起着关键作用。

③联想集团更换新标识过程中，从调研、发布到推广等各环节的工作手法，充分体现"创新"品牌内涵。以 Lenovo 替代原有的英文标识 Legend，整个名称的寓意为"创新的联想"，并以神州五号火箭成功发射为契机，将"只要你想"广告将联想的未来与中国的未来挂钩，传递出联想的追求和价值。

案例 8-2　川池公司 CIS 案例分析

川池集团股份有限公司是中国最大的原酒基地——四川邛崃的一家大型民营股份制企业，为中国白酒协会确认的中国八大原酒生产企业之一，年产优质基酒 10 000 吨，为中国几大知名品牌白酒的原酒供应商，拥有成都市最大的花园式生态酒业园区。

1998 年，全国白酒销售下降，原酒生产受到致命打击，川池集团开始生产瓶装白酒。由于缺乏市场经验，集团在瓶装酒产品"川池酒"在集团公司投入 5 000 万元巨资后，颗粒无收，样板市场江苏扬州、苏州的"川池酒"产品被号称为"头疼大曲"。集团公司严重亏损，大量包装积压，库存产品达到 3 000 万元，公司陷入危机。

1999 年，川池集团管理层经过反思与总结，从沿海引进外资企业高级管理人员，对川池集团进行全面的改造，确认实施 CIS 战略和品牌战略，对公司原有组织结构、产品包装、市场设计以及销售人力资源进行全面调整。

新战略在企划班子对原公司的市场以及管理进行三个月全面调研后实施。

川池集团股份有限公司 CIS 系统开发总体思路

① CIS 系统在川池集团现有条件下推广有一定难度，因此，对于企业的理念系统，行为规范系统的导入，必须建立在公司上下统一认识，提高管理素质与管理水平的基础上。从市场的角度来看，VI 系统的开发是当务之急；因此，VI 系统确立后，MI，BI 在企业的运营中边导入，边实施，以实现企业战略目标和战术运用的高度统一，又避免因为不适应带来的意外因素。

②面对 CIS 的庞大工程，企划部的工作原则是：抓重点，分阶段，稳步推进。先完成 VI 系统的开发以及应用；然后针对 MI，BI，以及企业发展战略，品牌战略，营销战略，人才战略进行规划，在结合企业运营的实践中不断完善。

③企划部力求从长远的、全面的、动态的角度来规划川池的MI，BI，VI，使企业理念、行为规范不仅具有操作性，还应该具有生命力、稳定性，经得起时间、时代的考验。

④重视白酒行业的特殊性。中国白酒行业的整体经营水平偏低，品牌运作能力不强，市场形势相对混乱；但是酒作为中国最原始、最传统的饮品，又是国家财政和人民生活之必需。因此，谋求品牌经营，实施市场的网络化是企业壮大的必经之路；在这一点上，谋求厂商双赢，谋求地域突破；谋求强势品牌；是我们的主攻方向。面对畸形、扭曲、混乱又带一点微妙、难以捉摸的市场，我们必须有清醒的认识。这种清醒的认识，是开发CIS系统、设计各项战略的一个重要的指导思想。

⑤川池集团股份有限公司从原酒起家，涉足产品运作是企业发展新的起点。这里有市场的压力，又蕴涵着极大的商机。客观环境的恶化是市场经济的必然趋势，是不可逆转的；但提高经营水平，增强企业的核心竞争力是现代企业实现蜕变的跳板。中国的白酒市场正处于洗牌阶段，新一轮的竞争是网络、管理、营销与人才，而不是现有的资源掠夺式恶性竞争。因此，通过CIS的导入，增强了企业的凝聚力，规范了市场管理，规范了市场运作，并使之体现在企业运营的方方面面。在企业的成长阶段，管理问题显然是最重要的。

⑥MI开发，我们将在川池人艰苦创业的精神特质上进行深入挖掘，并借鉴国内外优秀企业管理理念，使其形成积极向上、开拓奋进的企业核心价值观。MI不仅适用于酒业，理念也能统合别的行业，并作为川池集团的精神信仰，成为川池集团的无形资产核心。

⑦BI涉及到企业的组织制度及各方面的管理制度，企划部将依据公司实情逐一规范，边导入，边实施，先易后难，通过一系列的培训和市场的锻炼，逐步使员工走上正轨。

⑧VI系统方面，除核心系统，应用是目前市场的急需。因此，我们将加大开发的力度。其中：核心系统包括企业标志、标准字体、标准色、标准组合；应用系统包括公司形象、广告形象、促销礼品、办公用品、产品展示，橱窗、专用车辆、纪念品、员工制服，促销服装、产品形象、包装、展会形象等。

企业理念开发

凡是优秀的企业，都拥有了不起的企业理念。这些企业理念成为企业活动的准则，员工奋斗的目标。川池在现阶段并没有严密的制度，但是员工对企业的向心力极强，这是由于企业的性质决定的。随着股份制的建立，市场的拓展以及市场环境的变化，企业的凝聚力逐渐减弱，必然需要一种崇高的精神和美好的信念来支持企业和员工。

川池企业理念汇总为以下几点。

①企业本质。提高大众生活品质的社会功能性组织。

②企业定位。高品质产品的生产者，高品位生活的缔造者。

③企业哲学。顾客为尊，市场为首，人才为源。

④企业信条。诚信，勤劳，敬业，开拓。

⑤企业道德。尽忠企业，敬守职业。

⑥企业目标。产业报国，奉献社会。

⑦企业精神。燃烧自我，永耀川池。

⑧企业口号。酿造品质，超越平凡。

⑨经营方针。高品味，大品牌，大众生活潮流的缔造者。

⑩广告语。品味人生，人生品位。

企业行为规范开发报告

在 CIS 中，企业理念是灵魂，视觉识别是理念静态的表现，行为识别是理念动态的表现。企业这个法人如同自然人，一言一行，一举一动，无不贯穿着企业的理念。有了好的想法，行动是最重要的了。

1. 员工社会行为规范

(1) 员工的仪容仪表

①生活化。以寻求与社会大众的共同点，使人容易亲近。

②品位化。在生活化的基础上突出川池人审美的品位。

(2) 员工语言

中国是礼仪之邦，日常用语的规范是 CIS 行为识别系统中的重要环节，因此，推广标准语言是各部门主管的重要工作，推广初期，甚至必须与奖金挂钩。

(3) 员工的对外行为

①员工的行为符合法律准则。

②员工的行为符合道德标准。

③主动献爱心，助人为乐。

2. 川池窗口行为规范

川池集团股份有限公司承担对外接待的部门统称为“窗口”，如集团办公室、直销部、销售部、电话总机、招待所、餐厅等涉外部门。这些部门的具体行为要求有以下几点。

(1) 热情

热情体现出川池人对每一位顾客、朋友的尊重，体现了川池人真诚的本性。

(2) 注意每一个细节

细节最能体现职业素质和职业修养，也是川池人关心顾客、关心朋友的集中体现。

(3) 体现时代精神

客人，朋友的来临，尽量采用形式简单、物化因素小的接待方式，不提倡铺张浪费。

3. 公共关系活动行为规范

公共关系活动是宣传企业，树立企业形象的大好时机，充分抓好公共关系活动，以规范的行为来传播企业各类信息。

(1) 新闻宣传

主要是媒体报道、新闻发布会、记者招待会等，新闻宣传是隐性的广告宣传，比真正的广告宣传更具威力。

(2) 文体活动的参与

文娱与体育活动的参与对企业形象的提升、知名度与美誉度的提高有直接的作用。

(3) 赞助公益活动

依企业实力，有选择地进行。

(4) 赈灾济困

可以发动员工参与，激发员工的美德。

4. 营销活动行为规范

营销活动内容很多，有广义和狭义之分。狭义的营销活动指产品发布会、定货会、推广会、展览会、经销商会议、消费者恳谈会、市场调研会、品牌评估会等。广义的营销活动包括了营销管理、促销管理、广告管理的方方面面，这里从狭义的营销活动行为进行规范。

①针对经销商的营销活动行为规范。

a. 让利于商。

b. 以诚待商。

c. 服务于商。

②针对消费者营销活动的行为规范。

包括促销活动、市场调研活动以及各种类型的终端活动。

a. 诚恳。

b. 简洁。

c. 企划组织。

③针对学术活动的行为规范。

5. 广告活动的规范

把川池的企业信息、产品信息通过收费媒体传播给大众的一切行为统称为广告活动。广告活动有广义和狭义的区分：狭义的广告活动指广告的设计，制作，发布，反馈等一系列活动；广义的指的是有计划、有组织、分阶段，按主题进行的一系列广告活动。在这里，我们强调广义的广告活动。

①广告的专业性不可替代。

②广告中固定元素的权威性。

③广告活动的艺术性。

④广告活动的生活性。

⑤广告活动的连贯性。

川池 VI 系统开发提纲

1. 基本设计系统

1.1 标志 001

1.2 标准字体 002

1.3 标准色 003

1.4 辅助色 004
1.5 吉祥物 005
1.6 标志标准组合 006

2. 应用系统

2.1 广告宣传类：
2.1.1 大型户外灯箱 007
2.1.2 店招 008
2.1.3 超市灯箱 009
2.1.4 横幅 010
2.1.5 巨幅 011
2.1.6 宣传海报 012
2.1.7 POP 挂旗、桌旗、企业形象旗帜 013
2.1.8 传单 014
2.1.9 产品手册 015
2.1.10 促销布景 016
2.1.11 专柜形象 017
2.1.12 展览形象 018
2.1.13 新闻形象 019
2.1.14 电视标榜 020
2.2 产品：
2.2.1 贡酒系列 021
2.2.2 豪酒系列 022
2.2.3 美酒系列 023
2.2.4 其他系列 024
2.3 包装：
2.3.1 贡酒系列 025
2.3.2 豪酒系列 026
2.3.3 美酒系列 027
2.3.4 其他系列 028
2.4 办公系统：
2.4.1 信封 029
2.4.2 文件夹 030
2.4.3 专用笺 031
2.4.4 传真纸 032
2.4.5 合同文本 033
2.4.6 导引牌 034
2.4.7 名片 035

2.4.8 邀请函 036
2.4.9 办公室形象 037
2.5 礼品、纪念品类：
2.5.1 打火机 038
2.5.2 化妆盒 039
2.5.3 其他小礼品 040
2.5.4 年历/贺年卡 041
2.5.5 烟灰缸 042
2.5.6 茶具 043
2.5.7 桌布 044
2.5.8 酒店用桌牌 045
2.5.9 经销商牌匾 046
2.6 车辆：
2.6.1 专用车辆 047
2.6.2 公交车身 048
2.6.3 出租车广告 049
2.7 服装：
2.7.1 业务员服装 050
2.7.2 促销小姐服装 051
2.7.3 展示礼仪服装 052
2.7.4 酒厂工人制服 053
2.8 整体形象类：
2.8.1 总部环境 054
2.8.2 分公司形象 055
2.8.3 办事处形象 056
2.8.4 专柜形象 057
2.8.5 区域总经销展示形象 058
2.8.6 橱窗形象 059
2.8.7 展览形象 060
2.8.8 公共关系形象 061
2.8.9 企业刊物 062
2.8.10 网页界面 063

[案例评析]

在案例 8—2 中，川池公司的 CIS 导入比较全面，从企业理念、管理制度、VI 系统三个方面对企业进行全面改造，是 CIS 导入案例的经典案例之一。

8.5.2 模拟训练

【训练项目】

组织形象调查与分析。

【实训指导】

1. 培养组织形象调查的能力。

2. 培养组织形象调查资料分析的能力。

【训练内容与方法】

根据本项目所学知识，查找相关资料，研讨并设计某社会组织的形象调查方案。

1. 每班分成4～5人为一个小组的若干小组。

2. 每个小组选同一行业的3家在规模、经营方式、实力、形象方面相当的组织为调研对象。

3. 实训步骤：

(1) 制订调研计划；

(2) 设计形象调查表；

(3) 实地调查；

(4) 撰写调研分析报告（2 000～3 000字）。

企业形象调查表（举例）

企业形象构成项目：雅戈尔专卖店、罗蒙专卖店、报喜鸟专卖店

产品形象

服务形象

员工形象

外观形象

【标准与评估】

1. 标准：能正确运用本项目知识加以指导，并结合社会组织的特征设计科学可行的方案。

2. 评估：①每位同学填写好一份企业形象调查表；②以小组为单位提交一份调研分析报告。

知识测试

1. 简述组织形象的构成要素。
2. 简述组织形象的重要性。
3. 简述组织形象定位的方法。
4. 如何进行组织形象的管理？
5. 简述CIS的构成及功能。
6. 企业如何导入CIS？

项目 9　常见的专题公共关系活动

❖学习目标

1. 熟悉处理危机事件的程序。
2. 掌握处理危机事件的方法和原则。
3. 熟悉公共关系广告的基本要求。
4. 掌握公共关系广告的表现手法。

学习情境

迟了一周的反应

1999 年 6 月 9 日，比利时 120 人（其中包括 40 名学生）在饮用可口可乐之后发生呕吐、头昏眼花及头痛等中毒现象，法国也有 80 人出现类似症状。两周后中毒原因基本查明：比利时的中毒事件是由于安特卫普工厂生产的包装瓶内有二氧化碳所致；法国的中毒事件则是由于敦克尔克工厂的杀真菌剂洒在了储藏室的木托盘上而造成的污染。

从一开始，这一事件就由美国亚特兰大的公司总部来负责对外沟通。近一个星期里，公司总部得到的消息都是因为气味不好而引起的呕吐及其他不良反应，公司认为这对公众健康没有危险，因而并没有启动危机管理方案，只是在公司网站上粘贴了一份相关报道，报道中充斥着没多少人看得懂的专业词汇，也没有任何一个公司高层管理人员出面表示对此事及中毒者的关切。此举触怒了公众，消费者认为可口可乐公司没有人情味和不负责任。很快，消费者开始罢买可口可乐饮料，而且比利时和法国政府还坚持要求可口可乐公司收回所有产品。

可口可乐公司这才意识到问题的严重性，然而遗憾的是，可口可乐公司没有使比利时和法国的分公司管理层充分参与该事件的沟通并及时做出反应。而公司总部的负责人员根本不知道就在事发前几天，比利时发生了一系列肉类、蛋类及其他日常生活产品中发现了致病物质的事件，比利时政府因此受到公众批评，正在急于向全体选民表明政府十分重视食品安全问题。可口可乐事件刚好撞在枪口上，迫使其回收全部产品正是政府表现的好机会。而在法国，政府同样急于表明对食品安全问题的关心，并紧跟比利时政府采取了相应措施。在这起事件中，两国政府扮演了白脸，而可口可乐公司无疑是黑脸。

可口可乐公司因为对这一事件处理延误共花费1.3亿美元，几乎是最初预计的两倍。1999年底，公司宣布利润减少31%，全球共裁员5 200人，董事会主席兼首席执行官道格拉斯·伊维斯特被迫辞职；竞争对手抓住这一机会填补了可口可乐货架的空白，并向可口可乐公司49%的市场份额挑战。

所幸的是，可口可乐新管理层吸取了教训，并采取积极措施重振公司声誉，整顿分公司管理及其作风，密切联系零销商，认真对待顾客诉求，严把质量关，并对受害者作出合理赔偿和诚挚道歉。随着可口可乐公司公共关系宣传的深入和扩展，可口可乐的形象开始逐步地得到了恢复。正如比利时的一家报纸事后评价说，可口可乐虽然为此付出了代价，却终于赢得了消费者的信任。

案例思考：

1. 分析可口可乐公司最初失误在哪？

2. 此案例危机得以解决的关键是什么？

公共关系专题活动就是为了某个公共关系主题有效传播的目的，有计划、有步骤地组织目标公众参与的集体行动。它其实是企业或组织为达到一定的目的，在特定的时间和场合下，组织某种活动，并使活动的参与者都能直接体会到某种刺激的一种信息传播方式。社会组织通过开展公共关系专题活动，加强了与社会公众的联系，促进了公众对组织的了解，从而使参加专题活动的公众在特定的气氛中更真切地感受到组织的特点，感受到组织的作用。

学习单元 9.1

危机事件处理

在激烈的市场竞争中，任何社会组织都难以做到一帆风顺，遇到风险和危机是不可避免的。在对风险和危机的预防和处理过程中，公共关系活动具有特殊的作用。被称为现代公共关系之父的美国公共关系专家艾维·李，在其整个公共关系实践生涯中，最令其重视的公共关系实务莫过于公共关系危机处理，其突出的公共关系业绩也主要在于公共关系危机处理方面。在当今社会里，由于社会组织自身的构成因素复杂多样，所处的社会环境变化加剧，因而各种社会组织出现公共关系危机的可能性都在不断增大。在这种情况下，任何社会组织都更需重视公共关系处理工作，且都更需运用科学规律、科学规范、科学方法、科学手段来进行公共关系危机处理。本单元我们将探讨公共关系危机事件的处理。

9.1.1 公共关系危机事件的含义及特征

1. 公共关系危机事件的含义

危机（Crisis）一词来源于希腊语中的 krinein，原始含义是筛选。在《现代汉语词典》中的解释有两层含义：一是指危险的根由；二是指严重困难的关头。在《韦氏字典》中解释为一件事物“转化与恶化”的分水岭，是决定性或关键性时刻，是生死存亡的关头。

我们将所研究的企业危机定义为：企业发展过程中，由于外部环境和内部条件的突变，对企业发展目标和利益构成威胁的一种紧张状态。这一定义包含三层含义：

第一，危机是企业潜伏的祸端，由突发事件引起。突发事件就是超越常规、突然发生的，需要立即处理的各种紧急事件；

第二，所谓的“突变”具有一个量变的积累，导致事物内在矛盾的激化而产生质变，往往使事物处于无序、混乱、失控的状态；

第三，这种“威胁”处理不当会给企业带来灾难性的后果。

2. 公共关系危机事件特征

一般地说，尽管危机事件的原因与表现形式各不相同，但都具有如下共同特征。

（1）突然显现特征

一般来说，社会组织的公共关系危机总是在始料未及的情况下突然显现的，因而它具有突然显现特征。公共关系危机的这一特征，并不是说它是一种偶然事件，实际上公共关系危机的形成是社会组织公共关系系统中诸危机因素从量变到质变的过程。也就是说，在社会组织的公共关系系统中，总可能存在着某些引发公共关系危机的因素，这些可能引发公共关系危机的因素在经过了一定的潜伏期的隐藏和埋伏后，如果未能得到有效控制，它就会继续膨胀，当膨胀到一定程度后，就会导致公共关系危机的总的爆发，酿成公共关系危机的严重事态。这种爆发，来得非常迅速，而且力度很大，往往使人惊讶不已，措手不及，有突临泰山压顶之感。

（2）严重危害特征

凡危机必有危害。任何公共关系危机的出现，对社会组织、相关公众、社会环境都不是一件好事，它会给社会组织或相关公众带来诸多的麻烦，会给社会环境造成不良的影响。这就是公共关系危机的严重危害性。公共关系危机的危害很多，主要表现在三大方面：第一，公共关系危机可以使社会组织的各种公众朝着不利的方向急剧转变，使社会组织的社会地位和社会声誉迅速下降，使社会组织的内聚力和外张力大大削弱，使社会组织的社会效益和经济效益严重受损，对社会组织的生存与发展造成严重影响和巨大障碍。第二，公共关系危机也可能使相关公众蒙受严重损失，或物质上的损失，或精神上的损失，或显在的损失，或潜在的损失等，复杂多样，不一而足。第三，公共关系危机还可能使社会环境受到严重干扰，如市场环境、生态环境、道德环境、社会心理环境等，都可能深受影响，形成极为不良的社会后果。

（3）引人注目特征

社会组织的公共关系危机一旦爆发，往往是令人瞩目的，它常常会成为社会和舆论关注的焦点与热点。一时间，它可以成为一般公众街谈巷议的话题，它可以成为新闻媒介追寻报道的内容，它可以成为竞争对手发现破绽的线索，它可以成为主管部门检查批评的对象，它可以成为不怀好意者恶意攻击的把柄等。总之，公共关系危机一旦出现，它像一枚突然爆炸的“炸弹”，在社会中迅速扩散开来，对社会造成极大的冲击；像一根牵动社会各界的“神经”，迅速引起社会各界的不同反应；像一棵耀眼的“慧星”，令社会各界密切关注。这时的社会组织，必定会受到组织内外，特别是社会各界的强大的舆论压力，置身于极度不良的社会舆论环境。

(4) 动态扩散特征

公共关系危机的动态扩散特征是指公共关系危机可以由公共关系的局部危机扩展到公共关系的整体危机，可以由公共关系领域的危机延伸为社会组织其他领域的危机，甚至还可能扩散为社会的危机等的特征。在社会组织的公共关系领域，我们不难看到这样的情况，如果一个社会组织与其顾客之间的关系形成了严重危机，那么，这个危机便可能扩展到媒介关系、社区关系、政府关系等领域，甚至酿成整个社会组织所有公众关系领域的危机。在社会组织的整个经营管理中，我们也不难看到这样的情况，如果一个社会组织的公共关系出现了严重危机，那么，这种危机便不可避免地要扩散到生产、销售等多个经营管理领域，甚至使整个社会组织的各个方面形成连锁性危机。在社会组织的相关环境中，我们也不难发现这样的情况，如果一个社会组织的公共关系发生严重危机，它还可能导致其他社会组织的公共关系危机，如一个企业出现信誉危机，便有可能导致其他与之相关的企业也出现信誉危机等。这些正是公共关系危机动态扩散特征的表现。

(5) 紧迫性特征

危机的突然发生，往往需要决策者在有限的时间内做出快速的处置反应，但因其与平时情景有异而无法以平时的标准作业程序来处理，且在时间的压力及信息不足的情况下，决策者为了寻求快速而简单的解决办法，往往会忽略了其他人员或部门的不同意见而影响决策的质量。同时，面对危机的连锁反应以及新闻的快速传播，如果给公众留下反应迟缓、漠视公众利益的形象，势必会失去公众的同情、理解和支持，损害品牌的美誉度和忠诚度。因此对于危机处理，可供做出正确决策的时间是极其有限的，而这也正是对决策者最严峻的考验，经验的积累及不断的学习是克服此限制的不二法宝。

(6) 不确定性特征

密里肯（Milliken，1987）根据决策者在察觉上的不同，将不确定性区分为下列三个方面：

①状态的不确定性（State uncertainty）；

②影响的不确定性（Effect uncertainty）；

③反应的不确定性（Response uncertainty）。

除上述以外，危机还具有普遍存在性、客观性、阶段性和效果双面性等特点。普遍存在性，是指产品危机存在于每个企业，存在于企业活动的每时每刻。《危机管理》一书的作者菲克调查了美国《财富》杂志列出的500家大公司的董事长和总经理。在回答问卷的公司中，3/4说他们曾经遭受过严重的危机（实际数目可能大于此，因为有些公司不愿承认公司曾发生过危机）。客观性，是指危机是一种客观存在，存在于企业生产经营过程中的每一个阶段、每一个方面，是人们不能忽视和否定的。

3. 公共关系危机的类型

准确认识和区分公共关系危机的类型，有助于针对不同危机类型的特点，作出相应的预防和处理对策，有效地控制和扭转局面，改善组织公共关系状态。

按照危机发生的原因与组织的关系，可分为内部危机和外部危机。内部危机的发生主要是由该组织的成员直接造成的；其责任主要由组织内部成员承担。内部危机具有范围较窄、较易控制等特点，但如果处理不及时或方法不当，也容易转化为外部危机。外部危机是指组织外部的因素导致危机的产生，不仅组织的利益受到危害，且公众也受到较大的影响。其波及的范围广，不可控因素很多，较难处理，需多方沟通协调。

按照危机产生的原因是否有人为因素，可分为人为危机和非人为危机。人为危机是指由与组织有直接联系的人的行为引起的危机。如生产工艺设计欠科学、配方有问题、有关工作人员不尽职、财产管理不善、有人蓄意破坏等，三鹿奶粉事件正是由于个别政府部门工作人员工作失误导致的。非人为危机大部分无法预见，具有不可控性，如地震、洪涝、飓风等自然灾害，其造成的损失通常是有形的。

按照危机给组织带来的损失，危机的表现形态可分为有形危机和无形危机。有形危机给组织带来直接而明显的损失，如房屋倒塌、人员伤亡、财产损失等。有形危机造成的损失与危机的产生往往同步，易于评估，但难以挽回，只能采取措施补救。有形危机也易造成无形损失。无形危机给组织带来的损失表现得不明显，往往在不觉察间损害了组织形象，如不采取及时有效的措施，组织形象必会遭受更大破坏，从而使组织蒙受更大的有形损失。

此外，危机按严重程度可分为一般危机和严重危机，按形成过程分为直接危机和间接危机，按显露程度分为显在危机和内隐危机等。

9.1.2 处理危机事件的程序与方法

1. 对公共关系危机迅速作出反应

公共关系危机一旦出现，社会组织的领导者和公共关系人员就应对其作出迅速反应。具体的工作内容有以下几方面。

（1）成立临时专门机构

公共关系危机爆发后，社会组织的领导者和公共关系人员应立即组织有关人员成立临时的危机处理专门机构。临时的专门机构是危机处理的领导部门和办事机构，一般由社会组织的主要领导者负责，公共关系人员和有关部门负责人参加。成立这样一个机构，对于保证危机事态能够顺利、有效地进行处理是十分必要的。如系重大恶性事件，临时专门机构还可以设领导小组、办公室、突击队等，以全面保证公共关系危机事件的有效处理。

（2）迅速隔离危机险境

当出现严重的恶性事件和重大事故时，为了确保社会组织及其相关公众的生命财产不受损失或少受损失，要采取各种果断措施，迅速隔离危机险境，力使各种恶性事件和重大事故所造成的损失降低到最低程度，为恢复社会组织的良性运行状态提供保证。在社会组织的公共关系工作中，危机险境的隔离应重点做好公众的隔离和财产的隔离，对于伤员更要进行无条件的隔离救治，这也是社会组织在危机过后有可能迅速恢复组织良好形象的基础。

(3) 控制危机蔓延事态

在严重的恶性事件爆发后的一段时间内，危机不会自行消失，相反，它还有可能进一步恶化，迅速蔓延开来，甚至还会引起其他危机的出现。因此，社会组织必须采取措施，控制危机范围的扩大，使其不致影响别的事物。如在社会组织内部发生局部性的危机事件时，进行局部危机隔离即可奏效的情况下，其他部门应维护正常运行，以免整个组织陷入混乱，造成更大的危机。在交通运输事故中，还要特别重视线路的开通，以免造成线路的长时间堵塞，形成新的交通危机。

(4) 及时搜集有关信息

在危机爆发和延续的过程中，公共关系人员还要即时实施全面观察，其内容包括危机事件发生的时间、地点、涉及人员、影响范围、发展情况、危害程度等。在危机事态得到控制后，还要迅速进行调查，从事件本身、亲历者、目击者和有关方面的人士那里广泛全面地搜集本次公共关系危机事件的信息。无论是现场观察还是事后调查，都应详细地作好记录。除一般文字记录外，最好利用录音、录像、摄影等进行更为客观的记录，为进行危机处理提供充分的信息基础。

2. 查清造成公共关系危机的原因

社会组织的公共关系危机事件基本平息下来后，就要致力解决危机问题。解决危机问题的基础是查清造成危机的原因。具体而言，就是要在广泛搜集公共关系危机有关信息的基础上，对造成公共关系危机的原因进行深入的分析探索，为正确处理公共关系危机拿出充分的依据。

社会组织公共关系危机产生的原因很多，一般说来，大致可分为社会组织内部原因和社会组织外部原因两种。

(1) 社会组织内部原因

引起公共关系危机的社会组织内部原因主要有以下几方面。

① 社会组织自身素质低下。社会组织自身素质低下不仅可能引发公共关系危机，而且在公共关系危机出现后也难于自觉有效地处理危机。就社会组织素质构成来说，社会组织素质低下的核心是社会组织人员素质低下，这又包括领导者素质低下和员工素质低下两个方面。这两类人员的素质低下都有引发公共关系危机的可能。特别是如果领导者素质低下，导致公共关系危机的可能性更大。在社会组织的经营管理中，如果领导者能运筹帷幄、高瞻远瞩、内外兼顾、慎重决策，不仅可以给社会组织带来效益，同时也能给公众带来好处，能使社会组织与内外公众之间关系融洽，共谋发展；反之，则可能力不从心，举步维艰，决策失误，四处碰壁，形成严重的公共关系危机。

② 社会组织管理缺乏规范。这里所讲的规范主要是指社会组织的管理制度和员工行

为规范。管理缺乏规范的含义有两个：一是指社会组织各项基础工作差，管理的规章制度不健全，以至于工作无定额、技术无标准、计量无规矩、操作无规程，给组织管理带来极大的麻烦，也给公众留下诸多的隐患；二是指社会组织员工行为无规范，以至于员工工作不讲质量，不讲服务礼节，不讲社会信誉，不讲职业道德，甚至严重损害公众的利益和伤害公众的感情。这些，都有可能成为引发公共关系危机的祸根。

③ 社会组织经营决策失误。社会组织经营决策失误也是造成公共关系危机的重要原因之一。在现代社会中，社会组织的经营决策都应自觉考虑到社会公众、社会环境的利益和要求，不能有损于公众，不能有损于环境，反之，即属于决策的失误。经营决策失误情况繁多，主要体现为方向的失误、时机的失误、策略的失误等。各种失误都可能导致公共关系危机的出现，特别是其中的方向性失误和策略性失误，更是引起公共关系危机的关键原因。如背离公众和环境的利益与要求作出决策，或采取有损公众和环境的策略实施各种决策，都是可能严重危及公众和环境的，也都可能引发公众对社会组织的抵触、排斥和对抗，从而使社会组织公共关系陷入危机状态。

④ 社会组织公共关系行为失策。现代社会的公共关系实际上是一种社会信息交流关系，现代社会组织的公共关系工作实际上是组织与公众之间的一种信息交流工作。在信息交流过程中，严格遵循以客观事实为基础的原则、以公众利益为出发点的原则和以科学方法为指导的原则，是保证信息交流正常进行，求得组织与公众之间消除隔阂，达到动态平衡的基本要求。如果违背这些原则，传播信息不真实，甚至有意弄虚作假，技巧运用不合法，甚至严重损害公众利益，那么，再多的信息交流活动也无益于社会组织与公众之间关系的协调，它只能为公众所坚决抵制和坚决反对，只能使社会组织与公众之间的关系走向恶化，形成危机。

(2) 社会组织外部原因

引起社会组织公共关系危机的组织外部原因主要有以下几方面。

① 环境突变原因。环境突变是指社会组织所处环境发生突如其来的变化，主要有两类情况：一类是自然环境的突变，如地震、雷击、水灾、风灾、瘟疫等；一类是社会环境突变，如战争、政变、恐怖事件、激烈的社会动荡等。环境的突变虽多不是依社会组织自身的意志为转移而发生的突发事件，但它会使社会组织蒙受多方面的损失，如经济损失、形象损失等。可以设想，在环境突变的情况下，社会组织的公共关系状态也是有可能出现激烈动荡的，有的情况下出现公共关系危机也是在所难免的。

② 恶性竞争原因。所谓恶性竞争即不正当竞争，它是指市场经济活动中，违反国家政策法令，采用弄虚作假、投机取巧、坑蒙诈骗等手段牟取利益，损害国家、生产经营者和消费者利益，扰乱社会经济秩序的不良竞争行为。恶性竞争作为引起社会组织公共关系危机的一个外部因素，是指本社会组织受到外部其他社会组织的不正当竞争，使本社会组织面临着严重的经营危机和信用危机，从而发展成为公共关系危机。在现实生活中，一些不正当竞争者或采用散布谣言恣意损害竞争对手的形象，或进行比较性广告宣传有意贬低竞争对手的能力，或采取恶劣行径严重扰乱竞争对手的经营秩序等，这些恶性竞争行为，都可能造成社会组织严重的公共关系危机。

③ 政策体制原因。政策体制原因是指来自于国家政策体制方面的可能引起社会组织

公共关系危机的原因。国家的经济管理体制和经济政策是社会组织难以控制的外部因素，它对社会组织的经营和发展产生重大的影响和制约作用。一般来讲，任何社会组织都希望国家的经济管理体制和经济政策有利于本组织的生存和发展，但这些希望在某些特定情况下又总是不可能完全达到的。如果体制不顺，政策对社会组织的发展不利，那么社会组织就可能在经营活动中遭遇很大的风险，出现严重的问题，甚至陷入一种欲进不能，欲退不忍，欲止不行的困境。在这种情况下，出现暂时的公共关系危机是完全有可能的。

④ 公众误解原因。公众对社会组织的了解并不都是全面的，有时公众会因获取信息的缺乏或专听一面之词而对社会组织形成误解。公众的误解包括几个方面：一是服务对象公众对社会组织的误解；二是内部员工公众对社会组织的误解；三是传播媒介公众对社会组织的误解；四是权威性公众对社会组织的误解等。无论是哪一类公众对社会组织发生误解，都有可能引起社会组织的公共关系危机。特别是传播媒介公众和权威性公众对社会组织的误解，更可能使误解范围扩大，程度加深，形成极为不利的舆论环境，带来社会组织严重的公共关系危机。

3. 对公共关系危机事件作出处理

通过广泛全面地搜集公共关系危机的有关信息，查清了公共关系危机的具体原因后，就应根据公共关系危机事件的性质、特点、起因、责任承担者等的不同，采取一定的方法对公共关系危机事件作出具体的处理。对公共关系危机事件进行处理的方法很多，在这方面，公共关系危机处理策划者就是要从各种方法中择善而行，择优而用，以有效地平衡社会组织与当事者公众之间的各种利益关系。

（1）协商对话法

协商对话法是指通过对话的形式，开展社会组织与当事者公众之间的平等交流和双向疏导，双方在互相倾听和思考对方意见的基础上，化解积怨，消除隔阂，统一认识，平衡关系，达到新的合作，以积极的态度处理好已经出现的公共关系危机事件。

（2）思想工作法

思想工作法是指通过意识形态的传播、宣传和教育，对当事者及其他有关公众开展思想政治工作，使公众提高觉悟，认识问题，并主动协助和配合社会组织处理公共关系危机事件，解决由公共关系危机事件导致的各种纠纷问题。这种方法一般在社会组织内部关系危机处理中应用得比较广泛。

（3）舆论引导法

舆论引导法是指通过对社会舆论的引导来理顺社会组织与有关公众的关系，从而达到公共关系危机事件的妥善处理。这种方法要求事先了解可能或已经在公众中出现的一些反映，通过发布新闻等形式进行舆论宣传，去影响公众，引导公众，使不正确的、消极的公众反映和社会舆论转化为正确的、积极的公众反映和社会舆论，从而引导公众朝着与社会组织密切合作的方向发展。

（4）损失补偿法

损失补偿法特指在社会组织和公众之间出现严重异常情况时，特别是出现事故时，公众有着较大损失，社会组织必须承担责任，在这种情况下，社会组织应给予公众一定的精神的和物质的补偿，以弥补公众的损失。在重大事故中，如有遇难者，这种补偿还应尽力使其家属满意。

(5) 权威意见法

权威意见法是指在某些特殊的公共关系危机处理中，社会组织与公众的看法不相一致，难以调和，这时，必须依靠权威发表意见，按权威意见进行处理。权威主要有两种：一种是权威机构，如政府部门、专业机构等；另一种是权威个人，如公共关系专家、社会知名人士、有关行业专家、行政首长等。在很多情况下，权威意见法往往对社会组织的公共关系危机处理能起到有效的作用。

(6) 法律调制法

法律调制法就是指运用法律手段来处理公共关系危机事件。法律调制主要包括两个环节：其一是依据事实和有关法律条款来处理；其二是遵循法律程序来处理。运用法律调制方法处理公共关系危机事件有两个作用：一是维护处理公共关系危机事件的正常秩序；二是保护社会组织和公众的合法权益。这种方法在当今市场经济不断发展，法制建设不断完善的情况下，其应用范围越来越广，实际作用也更加明显。

4. 重建社会组织良好公共关系形象

公共关系危机事件得到了妥善的处理，并不等于公共关系危机处理的结束。严格地讲，还存在着一个社会组织良好公共关系形象的恢复问题。因此，在对公共关系危机事件作出妥善处理的同时或之后，社会组织的公共关系危机处理就要进入重建社会组织良好公共关系形象的营运阶段。重建社会组织良好公共关系形象阶段的工作要点有以下几点。

(1) 树立重建良好公共关系形象的强烈意识

公共关系危机对于任何社会组织都是一场严峻的考验。任何公共关系危机事件的出现，都会不同程度地使社会组织的形象受到不同程度的损害，使社会组织的公共关系状态发生不同程度的逆转。正由于这样，社会组织还必须进行公共关系形象的恢复和重建工作。要有效地重建公共关系形象，在危机处理中，社会组织除了平时要有强烈的公共关系意识外，还必须树立强烈的重建良好公共关系形象的意识，要有重振旗鼓的勇气，要有再造辉煌的决心，而不能破罐破摔，死缠烂打。须知，只有当社会组织的公共关系形象重新得到建立，社会组织的公共关系才能谈得上真正的转危为安，社会组织的公共关系危机处理才能谈得上真正的完结。

(2) 确立重建良好公共关系形象的明确目标

在重建良好公共关系形象的过程中，确立重建良好公共关系形象的目标是必不可少的一个步骤。总的来说，重建良好公共关系形象的目标是消除危机带来的形象后果，恢复或重新建立社会组织的良好信誉和美好声望，再度赢得社会公众的理解、支持与合作。具体来讲，大致可分为四个方面：第一，使公共关系危机事件的受害者或其家属得到最大的安慰，取得他们的谅解；第二，使利益受损者重新获得作为支持者的信心；第三，使观望怀疑者重新成为真诚的合作伙伴；第四，更多地获得事业上的新的关心者和支持者。公共关系危机处理只有达到上述目标，才能真正称得上高明。

(3) 采取重建良好公共关系形象的有效措施

社会组织在确立了重建良好公共关系形象的明确目标之后，其关键在于采取有效的措施，达到重建良好公共关系形象的目标。这些措施主要包括对内对外两个方面。对内，其一要以诚实和坦率的态度安排各种交流活动，以形成组织与其员工之间的上情下达、下情上达、横向联通的双向交流，保证信息的畅通无阻，增强组织管理的透明度和员工对组织的信任感；其二要以积极和主动的态度，动员组织中的全体员工参与决策，作出组织在新的环境中的生存和发展计划，让全体员工形成乌云已经散去，曙光就在前头的新的感受；其三要进一步完善组织管理的各项制度和措施，有效地规范组织行为。对外，其一要同平时与组织息息相关的公众保持联络，及时告诉他们危机后的新局面和新进展；其二要针对社会组织公共关系形象受损的内容和程度，重点开展某些有益于弥补组织形象缺陷、恢复良好公共关系状态的公共关系活动，全面沟通广大公众；其三要设法提高社会组织的美誉度，争取拿出一定的过硬的服务项目和真正的优质产品在社会中公开亮相，从本质上改变公众对社会组织的不良印象。

9.1.3 处理危机事件的原则

危机事件处理的基本原则有以下几个方面。

1. 及时原则

许多危机事件发生以后，所产生的危害仍在持续，并且有加剧、扩散蔓延之势，如果事态得不到及时控制，将给组织和社会公众带来更大的有形或无形损失。所以，公共关系危机处理的首要原则是要及时反应，以最快捷的速度用最有效的措施控制事态的发展。否则，事故已经被发现，仍然漫不经心，麻痹大意，甚至是听之任之，视而不见，必定会导致小事变大事，小灾变大灾，使组织和社会蒙受更大的损失。及时原则要求：一是组织成员要有高度的责任心和警惕性，时刻对各种周边事态发展进行监控，一旦发现某种不良情况出现，要及时作出反应将事端处理在萌芽状态；二是组织要建立内部反应机制，在机构设置、人员安排、权责划分、奖惩制度及必需物质设备方面都要适当安排，以防止事态发生后，无人问津或相互推诿。

2. 坦诚原则

坦诚原则要求公共关系人员在处理危机事件时的态度要坦率诚恳。许多危机事件发生后，如何公正合理地处理，关系到组织与社会公众之间的利益。而此时，社会公众最关心的是组织的处理态度。只有组织的态度明确，坦率诚恳，才能赢得大家的信任、理解和谅解，才能缓和矛盾，缓解对立和紧张情绪，才能使解决方案得到大家的支持与合作。倘若，公共关系人员一味地躲躲闪闪，吞吞吐吐，给人以虚假的感觉，就会失去了公众的信任，反而会把事情越弄越糟。

3. 公正原则

公正原则要求在危机事件处理过程中要恰当处理好组织与当事人之间的利益关系，做到公正合理，这要求既要充分考虑组织的根本利益，又要照顾当事人和社会公众利益，要从整体的、长远的利益出发，从维护大局和组织整体形象出发，不过分计较小得小失。对于当事人的合理要求要充分予以满足，对于不合理要求，不予以答应也要耐心解释和劝导，并说明原委；必要时，主动作出一些牺牲，反而还会在公众中留下更好的印象，对树立组织形象更加有利。

4. 求实原则

求实就是要敢于正视现实，客观、公正、准确地反映事实。不遮掩事实，不文过饰非，更不能歪曲或捏造事实，在尊重事实的基础上，分清是非和责任，本着公平、合理的原则妥善加以处理。

9.1.4 企业危机管理系统

1. 危机预防系统

“凡事预则立，不预则废”，企业要想有较强的“免疫力”，就必须加强危机的预防。预防是企业危机管理的重要组成部分。由于危机是企业的突发事件、偶然事件，一般都是突如其来，从天而降，首次发生，无章可循的，如果没有强烈的危机意识和有效的危机预防措施，企业很可能会束手无策，在迟疑和犹豫之中坐失良机。因此，进行有效的危机预防不仅可以使企业提高警惕，还可以使企业提高危机来临时快速反应的能力。

(1) 制订企业危机处理计划

危机处理计划应该是危机动态管理行动的指导原则。因此，危机处理计划在结构上应有下列的项目安排：目录封面要清楚注明日期，好让使用者知道此危机管理计划的有效性；指导原则和政策；排定演练计划程序；确定危机管理团队；设立危机指挥中心；后勤补给；危机辞典和沟通政策；危机事前部分和危机解决部分；预警和警报部分；恢复管理部分和后果管理部分。

(2) 组建危机管理工作小组

根据需要企业可以调整组织结构，建立矩阵式的危机管理中心。它是灵活多变的组织形式，高层以危机管理委员会的形式存在，由最高领导者担当委员会主席，并从各个职能部门抽取核心的管理骨干担当委员。危机工作小组的目的在于有系统、有计划地收集危机信息、处理危机因素，使危机防患于未然。它的任务包含了危机处理的目标、危机的侦察、危机的辨别、危机的评价等工作。一般在设计危机处理的组织时，应将多学科的专业人才编在处理危机的组织内，而且要根据危机的性质，分为不同的危机编组。危机工作小组的编制要有 6～8 人，在角色扮演上，要设置最高决策者来总揽权责，其他则为总务、公共关系、保险和法规等。

(3) 检测经营环境的危机信号

潜在危机指从企业业绩表象看是处于良好状态的，但已经潜伏着危机的因素。企业潜在危机是指企业内存在可能危及企业发展的因素，这些因素往往是逐步增长的，是企业内部人为的。只要细心地检测经营环境，大多数潜在危机都是可以发现的、可防范的内生变量。而企业外在的环境，又称为企业不可控制的变数，是企业生存发展所必需的空间。因此，管理者应该对企业内外环境进行信号检测，如政策法规、经济状况、产业发展的威胁、技术变化、顾客满足度、市场需求度、消费者忠诚度的变化、投入产出、竞争者的经营战略、销售渠道结构的变化等。

（4）制订危机管理手册

由于危机出现多以突发性事件为导火线，因此针对性的危机管理手册是企业的必备工具。企业的性质、组织架构、背景，包括所处的产业业态环境都不尽相同，在管理手册的制订上也要根据组织的不同性质进行合理的调整。一般来说，它应将下列几个问题纳入手册考量：危机手册必须公布，而且要经常重新评估；让所有员工都了解紧急联络网，并按时重估联络网；进行员工教育，加强员工自律、自发性的防卫行动；重大的社会危机要与当地政府商定相互支援体制；事先决定企业陷入困境的运作机制；同行业间的生产融通协定；应急储备和可用物资；应急的备选方案；危机出现时，警报如何发出和发出何种警报。

（5）加强企业日常危机教育

要想有效地解决企业遇到的各种危机，就要对企业危机有透彻而深入的认识，树立起科学的危机观。科学的危机观，不仅反映了企业的业务素养，而且也是策略化、实效化、艺术化处理危机的保障。企业要使每一个员工都从思想上做好应对各种危机的准备，树立全员危机感，其关键是要开展日常的危机教育，让全体员工都了解危机的特征和危害，增强他们的危机意识，帮助他们优化自身行为。企业可将危机理论指导、危机发生情况和相应的处理措施等以通俗易懂的语言编成危机管理计划手册，配发给每个员工。还可以通过各种形式，如录像、幻灯片、卡通片等向员工全面介绍应付危机的方法，让全体员工对出现危机的可能性有足够的了解，使其警钟长鸣。

2. 危机反应系统

企业危机处理是一项系统工程，忽视任何一个环节，都可能产生或大或小的失误，甚至完全失败，它是危机动态管理的核心部分。鉴于企业危机的破坏性、复杂性、扩散性，危机处理在顾及全局的前提下，要采取主动攻势，来达到企业的目标。

（1）应对企业危机的媒体管理对策

① 成立危机公共关系小组。危机产生后不能回避，要大胆地面对，尽快成立危机公共关系小组，对危机进行有条不紊的管理。一般情况下，危机公共关系小组的人员由企业的公共关系部成员和企业涉及危机的高层领导直接组成。

② 重点媒体分析。公共关系小组必须把危机按其对企业潜在的危害程度及损失大小进行分析、处理、汇总，比较哪一类危机会导致媒体关注；如果会引起媒体兴趣，还要着重分析这类危机是一般性的传媒注意点，还是破坏性极强、会上升到引发头版新闻的严重地步的焦点。在对危机损失程度进行分析之后，下一步便是依照媒体关注强弱顺序列出目标媒体的联系方式、办法，如重要版面编辑、记者的电话号码、住址。确定的传媒清单还应包括所要联系的媒体规格，是全国性的中央媒体，还是省、市一级的媒体。

③ 选择新闻发言人。当第一篇负面新闻报道出现时，一般会吸引大量媒体的兴趣，而他们会通过各种渠道去挖掘深层的新闻，于是不可避免地要采访企业内部有关人士。而此时企业内部正处于震荡的非常时期，随着记者接触的人逐渐增多，很容易会出现口径不

统一的情况。而记者此时也许会把正面的解释当成是辩解而不予采纳，而对于企业的负面消息却孜孜以求。迅速选好新闻发言人，有助于统一对外口径，避免危机进一步恶化。

④ 发布公开信。危机突然从某个媒体冒出来的时候，这条消息就已经开始蔓延，第二天马上就会有媒体跟进报道。如果此时得不到有效的应对，星星之火就会在几天之内呈燎原之势。在这个时候，最有效的方法就是紧急向各个媒体发布公开信，向它们说明事情的真相，表明企业的立场，避免媒体的报道走向负面。迅速发布公开信，不仅扼杀危机于萌芽状态，而且也表明企业对危机的重视程度。

⑤ 召开新闻发布会。快速召开新闻发布会，告知真相，表明态度，使企业本身成为信息权威的中心，掌握报道的主动权，控制事态的发展。在新闻发布会的时间选择上，既要准备充分，又要反应及时。准备不充分可能会忙中出错，火上浇油。但如果反应太慢，就会让人感觉态度傲慢，留下不良印象，而且给谣言以可乘之机。

（2）与企业内部员工的沟通

在企业的所有内外部公众中，员工是最复杂也是最敏感的。他们关心自己的工作、前途，进而关心企业的前途和命运。与员工沟通的首要工作是稳定军心，以免耽误了危机以外的领域的正常工作。在与员工沟通时要设身处地地想员工最关心的事情，善待员工。危机发生时，企业能不裁员就尽量不要裁员。一方面裁员是件很麻烦的事，这时裁员会分散危机处理的精力；另一方面裁员会给人以“企业不行了”的感觉，会严重影响投资者、分销商、供应商的信心。

① 危机中企业内部沟通的作用。

第一，调动员工的使命感和责任感。通过有效的内部沟通，员工可以详细了解危机状况，容易激发出员工对企业处境的同情并增强责任感。如在 PPA 风波中，中美史克公司向员工传递了正确及时的信息，通报了企业举措和进展，企业的推心置腹、坦诚相见和诚挚果断打动了员工，在企业内部取得了积极的成效。

第二，避免谣言从内向外传播。企业进行了有效沟通之后，员工会减少对企业的胡乱猜测，避免去做任何他们认为可能伤害到企业的事情，很少会主动去传播有关企业的谣言。

第三，保持员工的积极态度。危机中的企业很容易人心涣散，各种问题会接踵而来，增加危机的破坏程度。通过内部沟通，让员工充分了解危机情况与企业的进展状况，这样员工就不会很容易就被危机分散注意力，更可能保持一种对于危机解决积极乐观的态度，并自觉地充当企业危机管理的宣传者，有利于说服顾客、供应商和其他公众。

② 内部沟通的注意事项。

第一，尽快和员工沟通。危机发生之后，员工们应该在通过其他途径了解危机情况之前就获知危机的真相，让他们成为企业危机的知情者和承受者。企业就危机形势与所有员工进行开诚布公地沟通，让员工清楚地知道企业可以公开的信息，如果有可能，可以采纳员工对危机处理的建议。

第二，尽可能多地向员工传达有关信息。在危机中，员工也希望知道尽可能多的危机情况，尤其是一些核心信息。如果员工觉得自己能够以一种真实的不被操纵的方式了解整个情况，他们可能会更支持企业，与企业共渡难关。企业应站在员工的立场上，设身处地地为员工着想，确保所有的员工基本上能同时得知所有重要的信息。这样既可以减少员工通过其他的途径得知这些信息而出现信息偏差的机会，又有利于企业沟通工作的开展。

第三，为员工提供更多的机会来表达个人意见。在危机中，员工需要有机会来提出问题、探究问题的根源以及发泄不满。收集和了解员工的建议和意见，做好说明解释工作，让员工知道在出现新的信息和事情有所改变时，企业会及时与他们进行沟通，确保员工对于危机变化的情况都能及时了解，让员工随着企业的行动而行动。

③ 内部沟通的途径。在危机中，企业要考虑选择效果最好的沟通工具来传递信息，向员工告知事故真相和企业采取的措施，使员工同心协力，共渡难关。企业可以采用的沟通途径有：员工大会与部门会议、企业简报和公告牌或企业报纸、单独会见、电话与电话会议、企业内部局域网、企业内部非正式传播渠道等方式。

(3) 与企业外部的沟通

危机管理的外部沟通更为复杂和难以控制，在信息技术高度发达的现代社会中，媒体对信息传播具有很强的加速、放大和扭曲的效应。危机管理者必须认识到在公众面前怎样进行有效交流。因此对交流的有效管理如同处理危机本身一样重要。毕竟，外界对危机的看法依赖于他们所收到的信息。

一旦危机发生，企业首先应以最快的速度派出得力人员调查事故起因，安抚受害者，尽力缩小事态范围；同时企业应该确定谁是危机利益相关者以及他们如何看待该风险，综合制订公司应对危机的立场基调，统一对外沟通口径。其次应主动与政府部门和相关机构，尤其是与具有公正性和权威性的机构沟通，说明事实真相，尽力取得政府机构和专家的支持。另外，企业的危机公共关系要主动，要尽力争取说话机会，使所有的危机利益相关者获得真实信息。沟通中要充分体现出企业主动负责的精神，任何被动的处理方式都会造成公众的不信任感。

危机发生后，外部沟通的对象主要是：消费者、社会公众、经销商、政府部门、竞争者、权威机构。

① 消费者。消费者是危机的直接受害者，对企业给予一个明确说法的期望值最高，因为企业的态度将直接关系到他们的切身利益。他们会积极地关注着企业公共关系的每一个举措，并会对外发表自己的评价。

虽然消费者对于企业的重要性不言而喻，但企业发生危机时把消费者放在怎样一个位置上，却不是任何一个企业都清楚的。很多企业认为不能让消费者知道危机，否则就可能失去这些顾客。这种想法错误的原因在于，不可能阻止顾客对危机的了解，不能从企业了解危机，他们就会通过媒体、渠道商，甚至竞争对手那里获取相关信息，而这些信息是不规范甚至错误的，从而增加危机的严重程度。另外，消费者也会认为企业对其不够重视，同时也会认为企业不负责任，这样对企业有害无益。相反，如果消费者能从企业获得有关危机的信息，会感到得到了尊重，还会少受流言蜚语的影响。当然，可能不方便把所有危机信息都告知消费者，但至少告诉他们关心的核心部分。这些内容包括危机产生的原因、对消费者和企业有哪些影响、企业已经或打算处理的措施等。

另外，与消费者沟通时还要清楚地表达对其支持的感谢、并希望继续得到他们支持的愿望。与消费者沟通的方式有很多种，特别要注意专门开设企业热线来解答消费者的疑问。

② 社会公众。社会公众是企业生产、销售、公共关系的现有的或潜在的对象，对企

业会有无形的压力。危机也许只涉及很少的一部分人，但是会潜在影响到所有的消费者，他们会据此重新判断企业产品或服务的价值问题。企业要注意争取社会公众的理解、支持与信任，防止社会信任的丧失，这就意味着企业要积极主动地作出某种表示或说明来挽救企业声誉。危机中传播的失误造成的真空，很容易被颠倒黑白、胡说八道的流言所占据。如果危机发生后，没有什么人能出来说些什么，那么人们就会用想象来填满所有的疑问，谣言听多了也就成了真理。

③ 经销商。能否对经销商进行有效的管理，调动各级经销商的积极性，很大程度上决定了企业能否生存。当企业危机出现时，企业应及时与经销商进行沟通，给予更多的解释和承诺，必要时要以自身的经济损失换来经销商的忠诚，才能取得经销商的谅解和支持。这样才有利于保障整体危机公共关系措施得以全面有效地贯彻和执行，为以后的重整旗鼓做好准备。

④ 政府部门。企业危机事件经媒体曝光后，会引起技术监督执法部门、卫生部门或工商行政部门、消费者协会的跟踪检查，以核实相应的报道。所以企业要特别重视政府部门的作用，尤其是某些行业监管部门，它们对于企业的评价往往具有决定生死的力量。事实上，挽救危机的一个关键也是争取这些部门的坚定支持，他们的结论往往是公正评判的最终依据，是消费者和社会公众对企业重新建立信任的基础。同时政府的态度往往影响着舆论的导向，某些企业会说服政府质量监督等部门，让他们来告诉消费者产品的品质并无问题，或者问题的危害并不是想象的那么大。

⑤竞争者。商业竞争本身就是此消彼长的过程，尤其到了鱼死网破的竞争阶段，会体现得更加明显。良性的商业经营范围更多的则是适度的竞争，即竞争与合作相伴而生。当企业危机发生的时候，竞争对手是明哲保身，是施以援手还是落井下石，对正遭遇危机的企业将会起到极为关键的作用。

在企业经营的“商道”中，有一个公认的原则，即可以说自己的好，但不能说竞争对手的坏，尤其不能把整个行业都牵扯进去，更不能破坏行业的生态环境。竞争对手可能存在违法、违规或者不规范经营行为，自然会有执法监督管理部门对其进行查处。

⑥权威机构。某些特殊的危机处理中，企业与公众的看法不一致，难以调解时，必须靠权威发表意见。由于在很多情况下，权威意见往往对企业危机的处理能够起到决定性的作用。所以，企业要善于借助公证性和权威性的机构来帮助解决危机。

3. 危机恢复系统

(1) 恢复管理

危机一旦被控制后，企业危机管理小组就需要着手致力于组织的恢复工作，尽力将企业的财产、设备、工作流程和员工等恢复到正常状态。通常在经历危机情境之后，人和物都会遭受不同程度的冲击和影响，不可能完全复原到危机发生以前的常态。但在危机过后，可以通过改进工作流程、效率和产品配送等方式来提高市场占有率和利益相关者的忠诚度，重新集中力量致力于改善组织的经营效果。根据从危机处理过程中总结出来的经验和教训，企业对其经营管理活动进行的改进，主要是根据在危机处理过程中发现的问题和总结的经验来进行。危机恢复管理中十分重要的一个方面就是对危机处理过程中发现的问题，有针对性地开展一系列的企业形象恢复的管理活动，包括投放企业形象广告、产品广告；调整企业的管理团队，引进新的形象良好的高层人物；公布企业新的市场拓展计划和产品发展计划等。通过一系列有针对性的形象恢复管理活动，充分利用公众对企业的注意力减弱之前的宝贵时间，改变公众对企业的印象并增加其对企业未来的信心。

(2) 形象管理

在危机处理接近尾声时，企业就应该考虑开始实行形象管理。进行形象管理包含五个程序：

一是确认形象管理的问题。危机过后，企业高层管理者要对企业面临的主要形象问题，进行信息收集，然后在此基础上确认最需解决的问题。

二是解决问题。一旦情况或问题得到了确认，解决方案也就同时被提了出来，以消除企业现有的困境。

三是企业高层管理者要使危机朝积极的方向转变，就必须重新审视结果。可以通过使用 SWOT 市场策略管理分析工具，管理者可以辨别出哪些审查是明显的威胁，哪些劣势可能暴露在这种审查之下，哪些劣势和威胁可以转化为机会甚至优势。

四是强调积极因素和解决方案。管理者应强调环境的积极因素以及他们对事件做出的反应，把注意力引导到积极方面上来，这样才能消除或减轻危机或危机的长期影响。

五是通知利益相关者。将准确的信息及时地通知给那些依靠企业生存、生活的公众。

学习单元 9.2

公共关系广告

公共关系广告又称形象广告、声誉广告。它是通过一定的媒介，将组织的公共关系信息有计划地传递给公众，以取得公众信任和支持的传播手段。它具有塑造组织形象、提高美誉度、扩大知名度、影响公众态度、赢得公众的理解和信任的作用。它与商品广告有着本质的区别：商品广告的侧重点在于推销商品，如“我的眼里只有你——娃哈哈纯净水”属于商品广告。而“蓝岛——给您一个温碧的梦”则属于形象广告，它侧重宣传组织的宗旨、信念、经营方针、社会责任，通过树立良好的社会形象而间接地推销产品。

公共关系广告的特点与我们已经很熟悉的商品广告相比，有许多显著的特点。它在传播内容方面主要是传递与组织形象有关的信息；在传播对象方面，针对的是公众和舆论；在传播目的方面，以树立组织形象为宗旨；在传播效果方面，强调的是社会影响和组织的良好声誉的建立。

9.2.1 公共关系广告的主要类型

公共关系广告，根据其所宣传的内容和主题，可以分为多种类型，常见的有以下几种。

1. 公益广告

公益广告是显示组织对社会公益事业热心支持的广告，比如提醒公众注意交通安全、防火防盗、尊老爱幼、计划生育、保护环境、爱护公物等都属于公益广告。由于公益广告只是组织对公众和社会公益事业的关心和爱护，不像商业广告那样自我推销、自我标榜，因此，更容易为公众所接受，更容易引起公众的注意，获得公众的好感和赞美。

2. 信誉广告

信誉广告是社会组织通过公众对其优质产品、优质服务的良好信誉以及在国内外评优获奖情况进行宣传的广告。此类权威机构的认定、消费者的认可和客观评价，对公众来说有着较高的可信度，也可以是社会组织直接向消费者征求意见的方式，表现其服务至上、信誉第一的宗旨。

3. 实力广告

实力广告是指用广告的形式向公众展示组织结构的实力。如组织的机构设施、技术装备、人才阵容、生产与经营状况等，使公众对该组织产生信任感。实力广告是公共关系广告中较为常见的一种广告形式，它要求用实实在在的数据、图片说服公众，不能有丝毫虚构和浮夸。制作实力广告的目的不是自我炫耀、而是通过系统的情况介绍，增加组织的透明度，使公众对组织更了解、更关心，对组织现状和发展明确表示赞赏或批评的意见，以促进组织工作的不断改进。

4. 响应广告

响应广告是指用广告的形式响应社会生活中的某一重大主题，表示组织与社会生活的关联性和公共性，以求得各方公众的理解和支持。响应广告的一个重要内容就是响应政府或社会团体有意义的社会活动，表达组织积极参与社会活动，以整个国家的利益为已任，关心整个社会的进步和发展的良好意愿和所做的努力，并借这一主题的影响扩大组织在社会上的知名度和美誉度。

5. 谢意广告

谢意广告是用来对公众和合作者的支持表示感谢的广告，谢意广告是我们经常可以见到并非常普及的一种广告形式。如，“新春之际，海尔向国内外新老朋友、广大客户鸣谢！”

6. 观念广告

观念广告是向公众宣传组织的价值观念，如企业的经营目的、管理哲学、方针政策、企业精神、传统风格、社会责任等，使公众深刻了解组织的内在精神，争取公众对组织的理解，缩短组织与公众之间的距离，确立组织的良好形象。

7. 解释广告

解释广告是以解释问题为目的、以消除误解为内容的广告。当公众对组织的某些情况不了解而产生误解时，可以运用这种广告形式，向公众解释或澄清事实真相，争取公众的了解、理解和同情，转变公众的态度，使组织声誉免遭破坏。

8. 祝贺广告

祝贺广告是以向社会各界公众贺喜为主要内容的。祝贺广告也可以作为响应广告的一个分支，一般在重大纪念日、节日、开业庆典时采用，并以组织或领导人的名义通过适当的媒介向对方表示祝贺。祝贺广告在联络组织与公众的感情和在公众心目中建立组织的形象方面有着其他广告所不能取代的作用。

9. 鼓动广告

也称创意广告，是指以组织的名义率先发起某种运动或提倡某种有益的观念。这种广告的目的也是要表明组织积极参与社会生活的态度，以此显示本组织领导社会新潮流的能力，树立独特的社会形象。

10. 征询广告

征询广告是指通过征询公众意见和建议，提高组织知名度和记忆度及熟悉度的广告。征询的内容一般有组织的名称、标志、商标、品牌、口号等。通过对公众广泛征集以上内容的设计、构思和创作，吸引公众的注意，引起公众对组织的兴趣，从而建树组织形象。有时还把这种征求变为有奖征答，收到的效果更好。

11. 新闻广告

这种广告也是近年来才形成的一种公共关系广告形式，也称为纪事广告、“软广告”。用新闻的形式来表达组织的历史、发展状况、对社会的新贡献，或具体参与某一社会文化、体育活动的来龙去脉与过程等内容，结合公众的兴趣，将这些内容编辑成新闻报道、专题报道、消息综述、故事、通讯、报告文学等新闻体裁，以较大的篇幅或以连续的形式出现在大众传播媒介上。

12. 歉意广告

用来承认错误、消除误解，求得公众的谅解。也可以以退为进，用谦逊的方式表达组织已获得的进展和进一步的发展。例如，广州中药厂曾在报上刊登“道歉启事”，说明该厂生产的某产品由于购者众多，一时出现脱销，厂方深表歉意，目前工厂正在加紧生产以满足消费者的需求。这个出其不意的广告用迂回的方式说明了两个问题：一是该厂的产品深受欢迎，二是厂方时刻为消费者着想。这样，用歉意之名，行宣传产品之实，既宣传了企业，又推广了产品；既扩大了知名度，又增强了美誉度，当然会收到好效果。

9.2.2 公共关系广告的设计

1. 公共关系广告的设计原则

(1) 真实坦率

所谓真实，就是公共关系广告必须以事实为依据，不能有所夸张，更不能有弄虚作假。如在阐述组织的具体特点时，要坚持实事求是，尽可能举出实例，运用定量化手段加以说明。所谓坦率，是指分析组织有关成就时，不仅要承认内部因素的作用，也要承认外部因素的作用；评价自身组织时，不仅要看到成绩，也要坦承自身的不足。

(2) 引人注意

不引人注意，其他方面再好的公共关系广告也难以收到应有的效果。引人注意的方法很多，如扩大广告的版面面积、选用红黄颜色、增加刊播频率、采用动感设计、使用简练易懂的语言等。

(3) 触动情感

公共关系广告只有触动公众的情感，才能有效地转变公众的态度。触动情感的方法也很多，如采用色彩效应、形象效应、权威效应等。

(4) 强化记忆

公共关系广告在设计时，必须充分考虑最大限度地有利于强化公众记忆。强化记忆的方法同样很多，如通过重复刊播以刺激受众大脑等。

(5) 立足长远

公共关系广告不但要说明自身组织在纵向水平上的发展程度，更要说明组织在横向水平中所处的地位；不但要善于说明组织的现在，更要善于揭示组织的未来。

2. 公共关系广告的设计步骤

一般来说，公共关系广告的设计步骤可以分为确定主题、选择媒体、构思写作三个步骤。

(1) 确定主题

这里的“主题”是指一则公共关系广告中要说明的重点问题与所期望达到的主要目标。公共关系广告的总目标是树立、提高组织的良好形象。但由于每个社会组织的具体情况不同，所制作的公共关系广告的主题重点也就不同。一般来说，公共关系广告的主题可围绕以下几方面来确定。

① 组织声誉主题。通过广泛宣传企业的历史、规模、产品、政策方针、企业文化、精神理念、分配制度、管理制度等，来树立组织的良好声誉。

② 公共服务主题。通过向公众说明本组织对社会所做的重大贡献，包括对社区、对本行业、对国家所做的贡献及提倡某种有意义的新观念、新风尚、新行为，引起公众对组织的注意和赞誉。

③ 特殊活动主题。通过宣传和报道公共关系专题活动，如庆典、展览、新厂落成、设备投产等，引起公众对组织的兴趣和好感。

④ 职工关系主题。通过宣传组织内部公共关系工作的新情况、新动向，促进与内部员工的积极沟通。

⑤ 经济贡献主题。其目的在于加深社会公众对目前经济情况的了解，说明企业经济活动的成就以及对国家、对社会的贡献。

(2) 选择媒体

公共关系广告应用的主要媒体是报纸、杂志、广播、电视。选择广告媒体的目的，在于求得最大的经济效益和最好的社会效益，即依据媒体的量与质的价值与广告费用之比，力争少花钱、多办事、办大事，并求得传播信息的最大量和传播效果的最大范围。正确地选择媒体，一般要考虑以下因素。

① 媒体的性质。不同的广告媒体，有不同的性质与特点。公共关系广告媒体选择得合适，公共关系活动效果就会显著；反之，会弱化公共关系活动的效果。

② 广告内容的特性。公共关系广告所涉及到的具体内容各有其特点，应依据不同公共关系广告内容选择不同的广告媒体，以保证特定的社会公众能够看到、听到、读到。

③ 社会公众的习惯。不同的社会公众在工作职业、兴趣爱好、文化程度、知识结构及生活习惯等方面各具特点，从而形成了对媒体的不同接触习惯。企业在选择公共关系广告媒体时，要根据特定目标公众对媒体的接触习惯，选择他们愿意接触和接受的广告媒体。

④ 广告目标的要求。企业在选择广告媒体时，必须要考虑公共关系广告目标与企业社会活动及经济活动的结合。

⑤ 企业自身的实力。各种广告媒体，其费用支出不尽一致，企业在选择公共关系广告媒体时，应量力而行。可行的办法是依据企业自身的财力来合理地安排公共关系广告活动，选择适当的传播媒介，适当的刊播时间，适当的刊播空间。

(3) 构思写作

公共关系广告的写作需要很高的公共关系技巧。

① 标题。标题是公共关系广告的题目，它应揭示广告的主旨。公共关系广告对标题的要求：醒目、通俗、自然、亲切，能吸引人。公共关系广告标题切忌双关语、文学典故或晦涩文字的出现。

标题拟写的方式，主要有以下几种。

a. 直述式。就是把广告的主要内容直接、准确地告诉公众，给公众留下明晰的印象。如：“祝贺 XX 公司成立”，“ XX 公司向社会各界人士拜年”，“常饮劲酒，精神抖擞”等。

b. 内蕴式。这种标题比较含蓄、委婉，只有看了广告文之后才会明白标题的含义。如：“千万不要卖掉你的黄金”，“乘本航空公司飞机从香港飞往旧金山只需 5 分钟”，“天上彩虹，人间长虹”等。

c. 提问式。标题中向公众揭示与组织有关的问题，以引起人们的思考和注意。例如生产草珊瑚牙膏的企业在电视广告中，首先提出“为什么全国 90%以上的人患有不同程度的牙周疾病”的问题，以引起公众的注意，从而体现出该组织对公众的关切之情，同时推出自己的产品，为公众排忧解难。

②正文。正文是广告的中心部分，也是表现主题的主要部分。由于公共关系广告内容广泛，目的有别，很难规定一个统一的模式。但通常的要求是：重点突出，简明易懂，具

体亲切，真实自然。如日本三菱商社在我国做的广告的正文是："童年的时代，在长大成人以后会消失到哪儿去呢？那满身大汗全身泥巴，直到傍晚还在踢足球的日子！我们三菱商社珍爱日常生活的充实，同时也愿意向您提供丰富每日活动的美梦与感动，日常感觉的幸福与珍藏于胸怀的幸福融合为和谐的新生活。长大成人之后，感动是忘不了的，这就是我们每个职工的纯朴心情。"优美、朴实的语言，诚心诚意，真实自然，完成了沟通企业与公众的感情。

③ 标语。标题与标语在广告的写作中都是以引人注目的词句出现的，但二者不完全一样。

a. 标题的作用是引导公众注意广告和阅读广告正文；标语的作用是使消费者建立一种观念，用以指引选购行为。

b. 广告标题可以随广告设计的变化而变化；广告标语一经选定，可以在相当长的一段时间里不变，用在各种不同设计的广告上。

因此，在拟定标语时，应注意：简短、独特、易记，精心推敲，认真措词。有些广告标语之所以人尽皆知，就因为它具备这些特点。如"雀巢咖啡，味道好极了!""新飞广告做的好，不如新飞冰箱好"，"要想皮肤好，早晚用大宝"，"维维豆奶，欢乐开怀"，"飞利浦，让我们做得更好"，"钻石恒久远，一颗永留传"等。

④写清随文。随文是公共关系广告中对组织名称、地址、法定代表人、邮编、电话、传真、商标、牌名、价格、经销部门等内容的说明，对公众起联络式购买指南的作用。

⑤结尾。更多的公共关系广告是没有结尾的，只有少数特殊的广告才有结尾。作为公共关系广告，如果有一个漂亮的结尾，将会使人们回味无穷。

9.2.3 公共关系广告的效果测定

公共关系广告设计前后及设计过程中，必须要对公共关系广告效果进行测定。尤其是在公共关系广告宣传之后，测定公共关系广告效果，认真总结经验，以便更好地指导下一步的公共关系广告设计。公共关系效果评估的有关方法可用于测定公共关系广告效果。此外，以下三种方法也是行之有效的。

1. 产品销售情况测定法

公共关系广告必然会间接地促进产品销售。公共关系广告设计组织可在公共关系广告发布较长一段时间后，采用此法测定，通过销售额的增减，来判断公共关系广告的效果。

2. 公众注意情况测定法

能够引起公众广泛关注，是公共关系广告效果的一个重要体现。它可通过公众对公共关系广告内容的阅读率、视听率和记忆率反映出来。阅读率、视听率越高、记忆越准确、深刻，说明广告效果就越理想。

3. 绩效对比检测法

在促销方面，商品广告与公共关系广告从不同角度在起作用，销售量的增长可能是二者共同作用的结果，当然还有其他复杂的因素在起作用。绩效对比检测法就是企业把只做商品推销时的销售情况与又增加公共关系广告后的情况作比较，用以检测公共关系广告效果的方法。随着广告费的增加，可带来销售额的上升，但升至饱和点后，即使费用再升，销售量也不会增加，还可能有下降的趋势。如果增加公共关系广告的费用，则可望获得较为持久、稳定的效果。国外公共关系专家测定出一个 10∶7 的比率，即与其增加一倍的费用去做一般的商品广告，不如增加 70％的费用去做公共关系广告。

总之，组织的具体情况不同，公共关系目标不同，公共关系广告的目标也各异，因而测定公共关系广告效果的角度、方法也不同，要在实践中灵活运用。

学习单元 9.3

其他专题活动

9.3.1 庆典仪式

庆典仪式是企业或组织根据自身及所处社会环境中有关的重大事件、纪念日、节日等所举办的各种庆典、仪式和纪念活动的总称。

庆典仪式是现代企业或组织公共关系策划中重要的工作方式之一。这种活动多由公司的重要领导亲自主持参加，公共关系策划部门具体承办，组织各有关部门共同参与，邀请相关社会公众参加，是一种内、外公共关系作用兼具的公共关系专题活动。

企业或组织如何将这类活动举办得有声有色，引起社会公众的广泛注意，这是要颇费策划人一番心思的。通常需把握以下重要环节。

1. 确定纪念庆典活动的主题

每次纪念庆典活动都有其确定的名目，这便是举办纪念庆典活动的缘由和目的。企业或组织举办纪念庆典活动必须要根据所确定的目的，以及自身的需要和公众的需要进行精心的设计，选择适合于形式主题的实际内容来巧妙地开展公共关系活动，也只有这样才能显示开展纪念典礼活动的目的和作用，才能收到应有的效果。

2. 选择纪念庆典活动的形式

在庆典活动的主题内容确定以后，还必须确定反映和表现本主题的有关活动项目和形式，而且其活动形式要选择多种方案。例如，举办企业的开业庆典，可供选择的形式有：开放参观、商品展销、企业成就展览、联谊舞会、招待酒会、新闻发布会、消费者座谈会等。如此多的活动项目与活动形式，需要策划人员根据实际情况进行选择，以求最佳的活动效果。

3. 安排纪念庆典活动的程序以及工作任务

作为公共关系活动的纪念庆典活动规模一般都比较盛大，要做到有条不紊、忙而不乱，首先就需要成立一个专门的机构来指挥和协调各项商务工作的开展。

其次，要安排纪念活动的具体程序。单一的典礼程序一般可以分为：主持人宣布典礼开始；宣读重要来宾的名单；剪彩或授旗、授勋；签字与互换文本；来宾致辞。程序最好能够事前就提前印制好，并且在来宾到来之前，分发到每个座位上，也可以在签到时一同分发。一般来讲，进行纪念庆典活动的具体内容并不是单一的，因此各种活动内容的次序安排显得尤为重要，否则很容易就会出现忙乱不堪、顾此失彼、相互冲突的局面。特别是重点活动的安排一定要突出其高潮，并做到井然有序，相互配合，重点明确。

另外，根据纪念庆典活动的程序安排确定具体的工作任务，要妥善安排各种接待事宜，确定专人负责来客签到、接待、剪彩、放鞭炮、摄影、录像、录音以及环境的布置、道路、场地、照明、音响、订制与发放纪念品等琐碎的细节，并印制好任务安排表，发放给有关人员，以作为协调各种具体工作的依据。

4. 精心拟定邀请宾客的名单并发出请柬

企业或组织举办纪念庆典活动当然需要邀请一些宾客光临。邀请宾客时不仅要考虑有关单位和左邻右舍，特别是比较重要的庆典活动还要邀请一些社会名流和新闻界人士参加。在宾客名单中，要考虑到政府有关部门的负责人、社区负责人、社团代表、新闻记者、员工代表以及其他公众代表。名单拟定之后，要将请柬于庆典活动举行前至少 72 小时送到被邀请人手中。如果是函寄方式，对于那些特别的宾客还有必要采用打电话等办法进行双重邀请。

5. 确定纪念庆典活动的主要发言代表以及亮相人物

纪念庆典活动，发言人必不可少。发言代表包括本企业或组织的代表和来宾代表等。发言代表必须具有一定的代表性，或应该具备一定的社会影响力。企业或组织的发言代表应该事先拟定好致辞，重要活动还要将发言稿提前印发给与会者。如果需要来宾发言，则应该提前与之联系，并在活动之前逐一落实。如果庆典活动安排有剪彩活动，那么参与剪彩的主办方代表应该是企业或组织的重要负责人，客方人员则应邀请地位较高或有一定名望的知名人士。

在现代公共关系活动中，为了突出企业或组织的经营宗旨，造成社会轰动的效应，企业或组织也可以别出心裁地在庆典活动中灵活地使用一些技巧。比如商场开业典礼仪式上，就不妨可以邀请社区消费者剪彩，并美其名曰“上帝剪彩”。这样做实际上既表现出公司对社区公众的友好态度，也表明了公司视消费者为上帝这一经营宗旨，而且也必定会因其强烈的新闻色彩而引来众多新闻媒介的宣传报道，这远比正规的剪彩更有意义，真可谓一石三鸟。

6. 安排纪念庆典活动的辅助活动

企业或组织也可以在举办主要的纪念庆典活动时，举办一些辅助性的小节目，以增加公共关系活动的吸引力。这类助兴节目的安排可以从以下两个方面来考虑。

（1）制造气氛的辅助活动

这是为了活跃纪念典礼活动气氛而安排的，如敲锣打鼓、挥舞彩旗、舞龙舞狮、燃放礼花爆竹、合唱歌曲、呼喊口号和张贴标语等辅助性活动。这些活动的安排无疑会使整个纪念庆典活动的气氛活跃起来。

（2）增进情谊的辅助性活动

如茶话会、恳谈会、参观活动、招待演出、联谊舞会和赠送纪念品等。这些辅助性的活动最好由本企业或组织的员工来亲自策划安排，以培养其当家做主的精神和职业自豪感，增强公司内部公众的亲和力。

7. 纪念庆典活动的具体实施

一切准备工作完成后，就应当紧锣密鼓地实施纪念庆典活动了。事先要布置好会场，确定要登上主席台或在第一排的主要宾客的名单，并应有醒目的名卡。在主要宾客站立的地方应该铺上地毯，以示庄重。接待人员应该在活动开始前5分钟引导主宾进入既定区域。主席台座位的顺序应该以中间最为重要，左右两边依次类推，工作人员要妥善安排好宾客的座次。如果是筹办签字仪式，则应摆好签字者的桌椅，以及仪式的座次顺序。

典礼的进行过程当中，要安排有专人负责总调度的工作，保证各项工作按计划展开。若原计划有不够周到的地方，执行时则要应变灵活、妥善办理，以保证活动的顺利进行。整个活动过程中，还要注意做好新闻报道的工作，帮助记者做好各项事宜的采访，向记者提供有关资料。若记者未能亲临，企业或组织就要充分发挥利用自己的条件和设备代为完成录音录像等工作，并写出新闻稿，提供给新闻媒介播发，以扩大纪念庆典活动的影响面，把具体的纪念庆典活动真正提升到高层次的公共关系上来。

值得注意的是，公共关系策划人员在策划纪念庆典活动时，一定要开动脑筋，群策群力，在创新上下工夫，力求达到既开展了一次有声有色的纪念庆典活动，又巧妙地完成了现实的促销，并最终提升企业或组织社会公众知名度的目的。

9.3.2 社会赞助

赞助活动是组织通过资助一定的实物或者承担全部或部分费用，赞助兴办文化、体育、社会福利事业和市政建设等向社会表示其承担的责任和义务，以扩大组织影响，提高知名度和美誉度的公共关系活动形式。

1. 开展赞助的基本原则

组织的社会赞助活动，作为一种投资行为和宣传方式，具有较强的政策性与技巧性，在实际操作中必须遵循以下基本原则。

（1）社会效益原则

组织开展赞助活动的目的是树立道德人格服务形象，表明社会组织积极承担社会责任和义务。因此，开展赞助活动必须着眼于社会效益，以获得公众的普遍好感。一般地说，社会组织要优先赞助社会慈善事业、福利事业、公共市政建设以及文化教育活动。

（2）合法原则

合法原则是开展赞助活动的基本要求。主要有两方面含义：第一，赞助的对象要合法，即遵守法律道德要求，符合社会利益和公众利益。否则，就会给公众以“助纣为虐”之感，不仅不利于实现赞助活动的目的，反而会损害组织形象。第二，赞助的方式要合法，即严格遵守政策法规。违背政策法规，利用赞助搞不正之风，也会破坏组织的形象。

（3）实力原则

组织开展赞助活动应当量力而行，根据组织的经济实力和利润额，支出合理的赞助经费。赞助经费的数额，必须在社会组织能够承受的范围之内。

（4）相关原则

一般地说，组织赞助的活动对象应当与公众生活或社会组织的经营内容相关联，以获得直接的公共关系宣传效果。

2. 社会赞助的类型

（1）赞助体育运动

由于体育比赛活动拥有众多的观众，而且往往是新闻媒介热衷报道的对象，对公众的吸引力大，因此，组织常常赞助体育运动，以增强对公众施加影响的广度和深度。赞助体育运动常见的形式有：赞助体育训练经费或物品，赞助体育竞赛活动、设立体育竞赛奖励项目等。

（2）赞助文化生活

文化生活是公众社会生活的主要内容之一。组织积极赞助文化生活，丰富公众的生活内容，不仅可以增进社会组织与公众的深厚感情，而且可以提高组织的文化品位和知名度。赞助文化生活的方式主要有：赞助拍摄与社会组织有关的影视片，资助文艺演出队伍，赞助文化演出活动等。

（3）赞助教育事业

教育是立国之本，发展文化教育事业是一个国家的基本战略方针。组织自觉地赞助文化教育事业，如捐资建立图书馆与实验室，设立某项奖学金制度，资助贫困学生，捐资希望工程，设立优秀教师奖金制度等，既可以促进学校教育事业的发展，又可以为组织树立一种关心社会教育事业的良好形象。

（4）赞助社会福利事业

为各种需要社会照料与温暖的人如孤寡老人、残疾病人、福利院儿童等提供物质、经费帮助，开展服务活动，既是组织向社会表明履行社会义务的重要手段，也是组织改善社区公众关系、政府公众关系的重要途径。

（5）赞助社会公益事业

组织出资参加市政公共建设，如修建马路、天桥、公园、候车棚、路标等，一方面可以为政府减轻建设压力，赢得政府公众的信赖；另一方面又能为广大市民公众带来方便，赢得市民公众的称赞。

（6）赞助学术理论活动

组织赞助学术理论活动，如提供开会地点，资助会议的经费，设立学术研究基金等，既可以利用学术理论活动在公众中的影响提高社会组织的知名度，又能直接得到理论工作者的科学诊断和积极建议，从而改进组织的生产与管理工作。

(7) 赞助公共节日庆典活动

组织利用自己的产品或服务项目赞助公共节日庆典活动，增加节日气氛，让公众在心情舒畅的气氛中享受社会组织的祝贺与便利，也能收到良好的公共关系效果。

(8) 赞助建立职业性奖励基金

有经济实力的企业组织，可资助或者组办某种职业奖励基金，通过冠名或者参与能获得很好的社会效益。如国内一些地区有一些名目不同的奖励基金，如某某教育基金等，用于奖励在相应领域中有成绩者。

此外，还有公共宣传用品的制作、社会竞赛活动的开展等，公共关系人员都应认真研究，不断开发，以增强赞助活动的效果。

3. 赞助活动的步骤

赞助活动是一种技术性很强的公共关系专题活动，一次完整的、成功的赞助活动，需要做好以下工作。

(1) 做好赞助研究

组织要开展赞助活动，进行赞助研究是非常重要的一步。组织应从经营活动政策入手，分析组织公共关系目标，明确赞助目的，并据此考核需要赞助的项目是否对社会、对公众有益，是否能对本组织产生有利影响，还应进行成本核算和效益分析，保证社会和组织都能获益。

(2) 制订赞助计划

组织要在赞助研究基础上制订赞助计划。赞助计划的内容应该具体、详实，对赞助的目的、赞助的对象、赞助的形式、赞助的费用预算、赞助的具体实施方案等都有所计划，并控制范围，防止赞助规模超过组织的承受能力，节制浪费现象，做到有的放矢。

(3) 审核评定赞助项目

组织每进行一次具体赞助活动，都应由组织的高层领导或赞助委员会对其提案和计划进行逐项的审核评定，确定其可行性、具体赞助方式、款额和时机。

(4) 实施赞助方案

组织要派出专门的公共关系人员，去实施赞助方案。在实施过程中，公共关系人员要充分利用有效的公共关系技巧，尽可能扩大赞助活动的社会影响；同时，应采用广告和新闻传播等手段，辅助赞助活动，使赞助活动的效益达到最佳峰值。此外，公共关系人员的形象应与组织形象一体化、谋求公众的好感，争取赞助的成功。

(5) 测定赞助效果

赞助活动结束后，组织应该对照计划，测定实际效果。检测过程包括检查，收集各个方面（如公众、新闻媒介、受赞助组织）对此次赞助的看法、评论，看是否达到预定目的，还有哪些差距，原因是什么，并把这些写成总结报告，归档储存，为以后的赞助活动提供参考。总之，公益赞助活动是组织重要的公共关系活动之一，组织在操作时，必须注意其科学性。但目前的赞助活动还存在以下问题：

① 主体意识强，但盲目性大；

② 赞助活动多，但科学性差；

③ 活动形式多，但创造性差。这一方面是因为组织对公共关系理论以及赞助技巧的掌握不够；另一方面同企业的现实环境有关。

赞助存在赞助方和征募方，作为赞助方的组织公共关系人员既要努力学习，灵活掌握赞助技巧，提高赞助创意能力又要坚决抵制赞助上的人情风，不为威胁、利诱所屈服，坦率而诚恳地说服征募者，只有这样，才能增强赞助活动的科学性和有效性，实现组织公益赞助的目的。

9.3.3 新闻发布会

新闻发布，又称信息发布会。它是组织把各新闻机构的记者召集在一起，宣布某一重要消息，并就这一消息答记者问的一种特殊会议。

1. 新闻发布会的特点

（1）权威性强

组织以新闻发布会的形式发布组织信息，其形式比较正规、隆重，而且规格比较高，有极强的权威性。

（2）针对性强

新闻发布会上，答问是活动的主要形式。在活动中，记者就自己感兴趣的方面和角度进行提问，问题针对性较强。同时，在提问中，记者们还可以相互启发，能更深层地掌握信息。

（3）较高的价值性

举办新闻发布会一般在组织急需情况下进行，时间要求紧迫。如组织拟定了的重大发展规划或新决策即将付诸实施之时；新发明、新产品试制成功之日；组织涌现了典型先进人物；突然事件的发生等。这样，导致召开新闻发布会的信息，必然具有较高的新闻价值，值得新闻媒介和广大公众广泛宣传。

（4）难度大、要求高

召开新闻发布会不仅成本高，而且占用组织者和与会记者的时间也较长，对组织发言人和主持人的要求较高，因此举办新闻发布会与其他专题活动相比，难度较大。

（5）利于情感交流

在新闻发布会上，主持者与记者进行面对面的交流问题达成共识，加强了组织与新闻记者的相互沟通。

2. 新闻发布会的筹备

组织举办新闻发布会的目的是借助新闻媒介向公众传播真实、清晰、权威性的重要信息，引起社会公众的广泛关注，成败得失至关重要。因此在举办新闻发布会之前，必须进行周密筹备。

（1）确定会议主题

主题是新闻发布会的核心内容，整个活动都要围绕主题开展。在召开新闻发布会之前，必须确定会议的中心议题。同时要从新闻媒介和公众的角度出发，进一步考察主题的重要性，看是否具有广泛传播的新闻价值，能否对公众产生良好的重大影响等。

（2）选择会议主持人和主要发言人

由于记者的职业要求和习惯，他们提出的问题大都尖锐、深刻，有时甚至很棘手。这就对会议主持人和主要发言人提出了很高的要求。要求主持人和发言人必须对问题比较敏感和清楚，思维敏捷，反应迅速，有较强的口头表达能力和较高的文化修养。一般来说，会议的主持人应由有较高专业及公共关系技巧的人担任；而会议的发言人应是组织的高级领导者。因为他们清楚地掌握组织整个发展情况及方针、政策和计划等问题，只有他们的回答才具有权威性。

（3）准备主要发言提纲和辅助材料

为了使参与会议的记者能够对组织发布的消息或所解释的问题给予充分透彻的理解和报道，要求组织成立专门班子负责起草主要发言，供发言人参考，报道提纲连同宣传要点、背景资料、实物模型、图表等辅助材料一同在会议举行时分发给记者。

（4）确定应邀记者范围

就记者的机构来源而言，邀请的覆盖面要广，各方面新闻机构都应照顾到。而就地域而言，邀请范围应与组织期望事情的知晓范围相对应，不需要扩张范围。需要向公众作解释的事情，记者邀请的范围应控制在消息传递到的地方；需要向社会公布的好消息，在资金允许的情况下，邀请记者的范围越广越好。

（5）确定新闻发布会的地点

新闻发布会地点选择主要考虑的是要给记者创造各种方便采访的条件。如照明设备、视听设备、会场要安静不受干扰，室内桌椅要尽量适合于记者记录，同时要顾及交通条件。

（6）确定会议召开的时间

新闻发布会的时间安排应尽量避开节假日和有关重大社会活动的日子，以免记者不能参加发布会。一周之中周末举行发布会不大适宜，就具体时间而言，一天之内最好安排在上午十点和下午三点左右，会议时间控制在一小时左右为宜。

（7）制订预算计划

新闻发布会的预算计划可按发布会不同的规格和规模去进行制订。预算时应留有余地，以备急需。一般新闻发布会的预算费用应包括：场地费、会场布置费用、印刷品、音响器材、邮费、餐饮费、礼品、文书用具、交通费、电话费用等。

（8）其他准备工作

① 举办新闻发布会的日期和地址选定后，要提前几天把请柬送到应邀记者手中，以便记者妥善安排时间，会议召开前一两天应询问落实一下记者出席情况。

② 安排好足够的工作人员和招待人员，避免出现冷落与会者的不愉快情况发生。

③ 事先准备音响及辅助材料，如电话、电传、电源及其设备以给记者提供方便。

④ 安排好会议记录者、摄影者、录像者，做好会议记录工作，以备宣传、纪念之用。

3. 新闻发布会注意事项

①一个新闻发布会只确定一个主题。同时发布互不相关的几条信息，会分散新闻媒介

与公众的注意力，影响主题新闻价值的实现。

②发给与会者的请柬应精致一些，最好不要油印。请柬发出后，不要随便改变会议地点或时间，以免产生不郑重之感。

③组织的与会人员应穿戴整洁，适宜，仪表端庄，精神饱满，并配戴名鉴。与会记者要发给写上姓名和传播机构名称的襟牌。会议桌上名牌要分清主次依次排好。

④在回答记者问题中，主要发言人和其他发言人口径要统一，防止因口径不一而引起记者猜疑和混乱。

⑤会议主持人要充分发挥主持和组织作用。言谈要庄重、有涵养、有感染力，能活跃会议气氛，引导记者踊跃提问，切记把握主题范围。当记者的提问离主题太远时，要巧妙地将话题引向会议主题。会议出现紧张气氛时，能够及时调和，不要随便延长会议预定时间。

⑥会议发言人要掌握好回答问题的“火候”，不要用语言、表情、动作及其他任何方式对记者表示不满，也不要随便打断记者的提问。即使记者提出带有很强的偏见或明显挑衅性的问题，也不要激动和愤怒，应很有涵养地用平静的话语以确凿的事实给以纠正或反驳。遇到一些不能回答的问题，应采取灵活的办法给予答复，不能只简单地说“不知道”、“不清楚”，以免引起记者不满和反感，而发表对组织不利的新闻报道。

⑦发言人发布和回答的问题及信息必须正确，若发现错误，应及时公开纠正。

4. 新闻发布会的程序

①签到。在接待站设签到处，接待最好有组织地一个主要人物出面迎宾，一方面表示出主人的礼貌和会议的郑重，另一方面也可通过问候寒暄加强接触，建立感情。

②发资料。在会议正式开始前，要将准备好的资料有礼貌地分发下去，使记者对会议先有一个粗略了解，以便在主持人发布信息时对会议主题有更进一步的认识和理解。

③会议开始。由主持人说明召开会议的目的，并公布信息或事件经过。

④答问。发言人答记者提问。

⑤会议结束时，组织的领导要站在门口，以笑脸相送，感谢对方光临。为以后更好合作打下良好基础。

5. 新闻发布会会后工作

①会议结束后，要尽快整理会议的记录材料，对会议的组织、布置、主持和回答问题等方面工作做一书面总结，并将总结材料归档。

②搜集列会记者在报刊、电台、电视台上的报道，对搜集的信息材料进行归类分析，检查是否达到了组织预期的目标。如有失误，应及时分析原因，设法弥补。若是不正确或歪曲事实的报道，应立即与新闻机构联系，说明真相，提出更正要求。若报道事实正确，但不利于组织，应通过报道机构表示虚心接受批评和意见，并对自己方面的不足表示歉意，以挽回组织声誉。

③对照会议签到簿，查看与会记者是否都发了稿件，并对记者所发稿件的内容及倾向作分析，以此作为以后举办新闻发布会邀请记者范围的参考。

9.3.4 公共关系联谊

1. 公共关系联谊活动的类型和形式

公共关系联谊活动是同公众进行情感交流、信息沟通的一种特别的群体传播形式，是“感情投资”的一种重要手段。其目的是强化、扩展与某些目标公众的关系，促进组织的“人缘”、“声誉”向更好的方向发展。

公共关系联谊活动的类型从内容上分，可以分为经济联谊、文化联谊、科技联谊等；从联谊活动范围和对象上分，还可以分为内部公众的联谊和外部公众的联谊。内部公众的联谊，如职工联谊会、股东年会、青年联谊会、妇女联谊会等。外部公众的联谊有顾客联谊会、读者联谊会、社区联谊会、系统领导和上级主管部门的联谊会、与业务联系密切的“关系单位”的联谊会等。另外，像我国一年一度的春节联欢晚会，在某种意义上讲也是一种公共关系联谊活动，它对于传达党和国家的各种信息，沟通我国各族人民的感情，形成强大的凝聚力和向心力，激励人们在新的一年努力工作、获得更大的成绩都具有十分重要的作用和意义。

公共关系联谊活动的具体形式很多，主要包括各种类型的茶话会、座谈会、聚餐会、舞会、卡拉 OK 演唱会、游艺大联欢、文艺晚会、电影晚会等，还有近几年各地相继举办的“风筝节”、“啤酒节”、“服装节”等，都是很好的联谊形式。

有的联谊活动会持续 1 年以上。例如：某大学举行建校 100 周年校庆，年前就成立了校庆筹备委员会，并陆续开展了活动，如摄影校情影片、出版校史、印制校友通讯录、主持召开学术研讨会、举办展览、在学生中开展各种竞赛活动、组织体育文艺活动、印制校庆纪念品、成立旅游团、举办报告会。在校庆的日子里，还要举办大型庆祝仪式和联欢晚会，老校友和广大师生通过拍照和其他多种联谊活动融洽感情、增进友谊，把学校几十年风貌再现出来。校方把这些照片、宣传资料和纪念品寄给远在世界各地的校友，会扩大知名度。这是比较大型的、持续时间比较长的联谊活动。实际上，无论哪种形式的联谊活动，都必须精心安排和巧妙设计。

2. 举办联谊活动应注意的几个问题

(1) 要确定目的，选定联谊的对象

无论哪种形式的联谊活动，最重要的是明确你要取悦的是哪一部分、哪一层次的公众，联谊的双方有无联谊的需要、内容和能力。

(2) 确定联谊的内容层次

联谊活动的内容一般可以划分为三个层次。

①感情型，即以联络感情为主要内容的联谊。

②信息型，即以互相沟通信息为主要内容的联谊。

③合作型，即以经济合作为主要目的的联谊。一般说来，合作型联谊属于较高层次的联谊，是联谊成果的最终体现。各类公共关系的主体可以根据自己的需要和能力以及公众的特点来确定联谊的内容。

（3）确定联谊的具体方式、程序、主持人以及时间、地点

联谊的方式指是采取舞会、联欢会还是聚餐会等形式，要确定下来，然后安排好各项节目、内容的先后顺序，确定哪些人讲话、主持人是谁、讲话的内容等，时间和地点的确定要注意考虑参与者的便利。

（4）坚持联谊原则

联谊活动主要应把握以下三条原则。

①真诚的原则，联谊活动不能以损人利己为出发点。

②互利的原则，联谊活动应使双方受益，还要讲究社会效益。

③效益原则，即联谊活动要争取在有效时间和定向范围内取得成效。

（5）其他应注意的问题

落实经费，安排接待，印制材料，购买礼品等要注意：经费预算要稍有富余作备用，接待工作要求耐心细致，车辆、餐饮、礼宾座序安排要有序，印制有关材料、购买赠送礼品要适当等。

9.3.5 对外开放参观

向社会公众开放，组织他们参观本组织的设施和工作现场，是增进与公众之间的联系和了解的手段之一，故应列入经常性的公共关系活动。

对外开放接收公众来本组织参观的直接目的是增强本组织的透明度和扩大本组织在社会上的知名度。表明它的存在是有利于社会、有利于公众的。同时，有助于消除人们对本组织的某些不解和疑虑。

对外开放参观的内容，要服从主题要求，力求实事求是。其可以分为现场观摩、介绍、实物展览等。

现场观摩就是让公众参观现场，是对外参观的重要内容。现场观摩以目击为主，当然要作必要的介绍和解释，但不能口若悬河，滔滔不绝，那样容易产生逆反心理，难免给人宣传气氛太浓或强加于人之感。

介绍包括口头介绍、书面介绍和影像介绍等形式。无论以何种形式，都不能讲大话，讲过头话。如果事先准备好文字精炼、深入浅出、图文并茂、印制精良的小册子，发给每个参观者，则既可节省口头介绍的时间，又有助于公众加深了解，便于查考。此外，在参观前先利用电影、电视录像或幻灯片做简要介绍，使公众对本组织的情况有个概貌性的了解，效果会更好。

实事展览，是指图片、实物或模型、产品陈列等，均可对参观者起补充导游说明的作用。

对外开放参观，有特殊和一般参观之分。所谓特殊参观，即邀请特定的公众参加特定的活动而进行的参观；反之，无特殊目的或特定公众，仅为社会各界增进对本组织的一般了解而组织的参观，则统称一般参观。这两者均有个时机选择问题。

特殊参观，通常在本组织创建或获特殊荣誉的纪念日，与本组织相关的纪念日以及本组织发生特殊事件需让有关社会公众了解的时日，皆是安排这类参观的较好时机。上述时机如无必要专邀特定公众，也可列为一般参观。

开放的目的在于让公众了解本组织各方面的情况，接触员工，所以原则上应避开节假

日。邀请特定公众参观，应尽量避免对方忌讳的日子。

参观期间是本组织的决策层广泛联系公众的机会，因此，主要领导人是否外出，也应是对外开放参观时机选择的重要条件之一。

对外开放或接待参观，涉及面广，要求较高。因此，要严密做好开放参观的组织工作。可以建立开放参观的工作班子。通常由公共关系或总经理办公室等机构牵头，会同有关部门组成对外开放参观的接待班子，具体负责开放参观事宜，制作介绍本组织的小册子、录像或幻灯片，在参观前打投影或作介绍，确定参观路线，建立显眼的路标或绳索，以保证正常的生产和工作。有关部门必要时主要负责人要亲自出场，热忱地对参观的观众迎送，介绍本组织的发展情况，感谢公众光临，竭诚征求大家的意见。如参观时间过长或特邀公众参观，应备以茶点招待，赠送有意义的纪念品。对重要的公众，可由组织的最高决策者或他所委托的代表，召开参观公众的代表座谈，听取公众的呼声和建议，从而改进管理，提高本组织的社会地位。

学习单元 9.4

案例与实践

9.4.1 案例讨论

案例 9-1 当“红牛”遭遇“牛鬼蛇神”

一、事件缘由

2003 年 8 月，海南检验检疫局在对进口红牛饮料的检验过程中发现饮料无中文标签，咖啡因含量超过我国标准，且尚未取得我国标签审核证书。根据医学专家介绍，违规进口的“红牛饮料”与酒混合饮用则会引起脱水现象发生，并且损害心脏和肾功能。同时功能饮料中的咖啡因会增加心脏的负担，过量服用会产生心慌、烦躁的现象，严重时可能导致死亡。随后国家质检总局发出通知，要求各地检验检疫局对辖区市场销售的进口红牛饮料进行检查。南宁一家都市报对此进行了不准确的报道，随后被几家网站转载……红牛的品牌质量危机由此展开……

二、背景

红牛功能饮料源于泰国。凭着卓著的品质和功能，产品行销全球 50 多个国家与地区，凭借着强劲的实力和信誉，“红牛”创造了非凡的业绩，成为世界销量第一的功能饮料，在全球年销量达 10 亿美元。

1995 年 12 月，红牛来到中国，成立了红牛维他命饮料有限公司；1998 年，中国红牛公司将总部从深圳迁到北京，增资注册，成为北京市最大的外商投资企业之一。2007 年又在湖北武汉成立分部，企图打开华中地区销售大门。

从2003年4月份开始，红牛开始将自己的品牌内涵定位为动感、国际、活力，为此，红牛开展了一系列公共关系活动，深化品牌内涵，尽可能淡化产品功能和属性，如赞助一些时尚的篮球赛、高尔夫运动，或支持一些白领职业人士的健身运动、旅游和极限挑战运动。通过这些公共关系活动，并通过媒体将这些活动所蕴涵的理念传播出去，极力塑造自己动感、国际、活力的品牌形象和附加价值，让消费者在喝红牛的时候会感觉“我是活力的，动感的”，让消费者在喝红牛的同时体现了自己的价值。

功能性饮料，指的是通过调整饮料中天然营养素的成分和含量比例，以适应某些特殊人群营养需要的饮品，包括运动饮料、营养素饮料和其他特殊用途饮料三大类。

消费者在挑选功能性饮料的时候，因根据各种营养素的不同，依照成分补充身体所需，就可以达到相应的效果。专家指出，一般来说，如果身体很健康、正常，或是没有体力消耗、不需要补充能量的人，喝这些功能性饮料除了能够解渴外，没有太多的实际意义。

三、事件分析

红牛的失误：这些所谓的“进口红牛”缘于2003年夏天以来，在广西、云南、海南等几个边境和沿海城市，有一小批人在销售从非法渠道走私进口的红牛饮料，而中国红牛饮料公司也一直在配合当地执法部门查处这些无中文标识的走私产品。当时，红牛公司认为这种打击只是针对少数几个地区，而且走私的进口红牛数量也很少，不会引起媒体的关注，因此就没有对媒体和公众做出声明和解释。

媒介的失误：新闻只报道“进口红牛被查”，却没有指出这个产品是“走私进口”的非法产品，与中国红牛饮料公司生产的产品完全没有关系，而且还把主要问题扣在咖啡因超标上面。其实，国家质检总局查处“进口走私红牛”并不仅仅是因为其咖啡因超标，更重要的是因为它属于走私进口的非法产品，没有经过任何部门的检验，严重干扰了正常的市场秩序，与我国严厉打击走私相违背。事实上，在我国市场销售的红牛饮料主要有进口和国产之分，其中，国产红牛饮料是红牛维他命饮料有限公司在海南和北京设立的两个工厂的产品。而这则新闻的刊发则可能使消费者对两个“红牛”的概念产生混淆，而且还会对同样含咖啡因但用量严格符合国家相关部门规定的正品红牛发生质疑。

四、采取措施

快：任何一个不好的信息都传播得很快，尤其企业没有正面的消息出来的时候，坏的消息更会迅速蔓延。当“被查事件”发生后，红牛维他命饮料有限公司品牌策划管理部部长连续接到两个电话，询问进口红牛被查事件。根据这一线索，马上查找信息来源，并及时向总经理汇报，与负责质检、工商、法律、条法等部门紧急沟通。

弄清事情真相后已是下午2点，红牛公司立即召集条法部、客户服务部和品牌部等相关人员召开紧急会议，并一致认为必须向公众澄清事件，并消除由此可能带来的负面影响。会议对危机处理的各项事务作了详细的安排，指定相关责任人。因此争取到了时间和主动权，避免了混乱。

准：按照轻重缓急的顺序，红牛公司决定首先在媒体方面扭转舆论导向。红牛品牌策划部立即同国内刊登该新闻的一些主要网站取得联系，向其说明事情真相，然后动用公共关系手段，促使有关网站摘掉所转载的不准确的新闻，换上红牛公司法律顾问的“严正声明”，并附以红牛公司质量承诺宣言和获得国家相关认证证书的列表。正是由于红牛的这个举措，防止了媒体可能存在的“恶炒”，树立了公司的信誉。

狠：针对第二天平面媒体可能出现的报道，红牛公司的品牌策划部起草了一份新闻通稿，于当晚向全国一些主要媒体以传真形式发出。同时，该公司又针对全国约 50 家主要媒体做了一个广告投放计划，每家做半个版的广告，而广告的内容是向消费者说明和承诺红牛的品质没有问题，红牛的品牌绝对值得信任。就连广告也于当天晚上连夜设计出来，与危机抢时间。

在与媒体联络沟通的同时，红牛通知全国 30 多个分公司和办事处，要求它们向当地的经销商逐一说明事情真相，红牛公司将自己的声明传真给每个经销商，让经销商先期有了知情权，使经销商得到尊重，并加强对中国红牛的信赖，坚定经销商的信心。与品牌策划部同时工作的还有条法部，它们主要负责同各地的质检、工商等部门沟通，以说明情况，消除影响。

［案例评析］

从整个红牛的危机公共关系事件中可以看出，企业进行积极有效的沟通是解决红牛危机公共关系最成功的地方。其实，积极、迅速和有效的沟通原本就是危机公共关系的真谛。红牛危机公共关系的案例显示了红牛公司在与媒体、客户、分销商、投资者和其他人沟通的艺术和技巧。

危机发生后，对于公司来说，要清楚哪些人正在关心公司的一举一动，哪些人在危机发生后关注公司的情况。找到相对利益者，是使企业在危机中迅速恢复正常的基本要素。比如在这次“假红牛”风波中，尤其身处食品行业，而食品的安全性将影响到千百万人的安全，所以消费者是最重要的利益相关者，经销商是经销红牛产品的渠道，渠道当然也是利益相关者，而媒体则会密切关注事件的发生和进展，一方面告诉公众真实和确切的消息，一方面吸引读者的眼球。打击假冒产品是工商和行政部门的职责，他们也是利益相关者。所有这些都构成了危机公共关系事件中的利益相关者。这些群体对于红牛的未来的生产与品牌形象将起着举足轻重的作用。

为了处理好危机，在沟通中必须针对每一个利益相关者设定一个明确的相关目标。对于股东，最重要的是维持股价的平稳；对于顾客来说，避免不必要的误会以避免拒绝购买；对于经销商来说，保证产品的质量和稳定其信心，维持其继续代理产品的决心；对于媒体来说，迅速提供给他们准确及时的消息是最关键的；对于工商行政部门，要积极配合他们的工作，处理危机等，所有这些都设定了企业的危机公共关系的目标。在“假红牛”的事件中，避免消费者对红牛产品产生误解是针对消费者的公共关系目标，让经销商有信心、稳定的代理其产品是红牛针对经销商的公共关系目标；配合工商行政部门积极打击假冒产品是红牛公司针对工商部门的公共关系目标；针对媒体，告诉事情的原委，寻求正面、积极的报道是企业应该设定的目标。

案例 9-2　IBM 公司的“金环庆典”活动

美国 IBM 公司每年都要举行一次规模隆重的庆功会，对那些在一年中做出过突出贡献的销售人员进行表彰。这种活动常常是在风光旖旎的地方，如百慕大或马霍卡岛等地进行。对3%的做出了突出贡献的人所进行的表彰，被称作“金环庆典”。在庆典中，IBM公司的最高层管理人员始终在场，并主持盛大、庄重的颁奖酒宴，然后放映由公司自己制作的表现那些做出了突出贡献的销售人员工作情况、家庭生活，乃至业余爱好的影片。在被邀请参加庆典的人中，不仅有股东代表、工人代表、社会名流，还有那些做出了突出贡献的销售人员的家属和亲友。整个庆典活动，自始至终都被录制成电视（或电影），然后拿到IBM公司的每一个单位去放映。

在这种庆典活动中，公司的主管同那些常年忙碌，难得一见的销售人员聚集在一起，彼此毫无拘束地谈天说地，在交流中，无形地加深了心灵的沟通，尤其是公司主管那些表示关心的语言，常常能使那些在第一线工作的销售人员“受宠若惊”。正是在这个过程中，销售人员更增强了对企业的“亲密感”和责任感。

[案例评析]

通过分析我们不难得到结论：IBM公司的“金环庆典”活动属于企业内部的公共关系活动，它对企业公共关系的发展有着极其重要的现实意义。

它可以增强企业内部的凝聚力与向心力，显现企业文化的氛围。通过“庆典”活动，让对企业有功的人员亲身感受到企业高层主管对他们工作、学习、家庭及个人发展的关心。IBM公司每年一度的“金环庆典”活动，一方面是为了表彰有功人员，另一方面也是同企业职工联络感情、增进友情的一种手段，体现大家庭的温暖。这是一种企业文化的氛围，是企业发展的基石。它可以使公司内部更多地联络感情、增进友情，协调企业内部的人际关系。

它可以使员工家庭和睦、健康。为企业做出突出贡献的销售人员的家属、亲友也被企业邀请参加庆典活动，这会使这些受表彰者的家属更多地了解自己的亲人在工作中的表现，使其家属在以后的工作中更多地支持亲人们的工作，使之多一份理解与关爱，从而保证这些家庭的和谐气氛。

它可以使企业员工的积极性更高，使企业形象更好。在这样的庆典活动中，接受表扬者会产生一种继续奋发向上，为企业多做贡献的决心，同时也会鼓励更多的员工努力工作。在这种企业氛围中，员工们会处处为企业着想，在工作中表现出良好的员工形象，进而展示出企业的风格。

它可以使企业的社会效益和经济效益得到同步增长。企业员工热爱自己的企业，以企业为荣，会自觉地为企业树立良好的形象。这样会使企业在社会公众心目中拥有良好的形象，如人们会认定IBM公司是一个有文化的、关爱社会的公司，社会效益的提高会最终转化为企业经济效益的提高。因为人们认定，拥有良好形象的企业，一定会生产出优质的产品和提供优质的服务，进而愿意购买该企业的产品。

其他企业应借鉴IBM的这种做法，更多地开展企业内部的公共关系活动，以增强企业职工与领导、职工与职工之间的感情联系，创造出良好的内部公共关系氛围。联络感情、增进友情，除了可以举办像IBM公司这样的庆典活动之外，还可以采用诸如组织全体职工开展文体活动，利用各种有意义的事件（如厂庆日、新产品投产和新设施的剪彩等）和有意义的节日（如新年、元旦、国庆、五一以及职工的生日等）举办各种形式的工作聚餐会、周末活动、文化沙龙、知识竞赛以及其他联谊活动。

9.4.2 模拟训练

【训练项目】

危机公共关系分析。

【训练目标】

通过案例分析，初步掌握危机管理的方法。

【训练地点】

各班教室。

【训练指导】

1. 实训主题：企业危机管理。
2. 每班分成 4～5 人为一小组的若干小组。
3. 实训步骤：

①分析案例；

②制作 PPT 回答问题；

③上台讲解。

【训练报告】

制作案例分析 Word 文档及 PPT。

知识测试

1. 简述公共关系危机管理的程序。
2. 公共关系危机处理的原则有哪些？
3. 公共关系广告的形式有哪些？
4. 如何组织庆典活动？
5. 开放参观活动的作用有哪些？
6. 公共关系赞助有哪些注意原则？
7. 新闻发布会有哪些注意事项？

参考文献

[1]HENDRIX A. 公共关系案例[M]. 北京：机械工业出版社，2003.
[2]白玉，王基健．企业形象策划[M].2版．武汉：武汉工业大学出版社，2006.
[3]陈靖．公共关系实务操作[M]. 北京：高等教育出版社，2000.
[4]陈敏．现代公共关系实务[M]. 上海：上海中医大学出版社，2004.
[5]丁乐飞，翟年祥．中国现代公共关系学[M]. 合肥：安徽大学出版社，2008.
[6]董明．公共关系实务实践教程[M]. 北京：中国商业出版社，2004.
[7]段淳林．公共关系学[M]. 广州：华南理工大学出版社，2001.
[8]方光罗．公共关系实务[M]. 北京：中国财政经济出版社，1994.
[9]方宪轩．公共关系学教程[M]. 杭州：浙江大学出版社，1991.
[10]郭惠民．中国优秀公关案例选评(之二)[M]. 上海：复旦大学出版社，1999.
[11]何春晖．中外公共关系案例宝典[M]. 杭州：浙江大学出版社，2003.
[12]何伟祥．公共关系原理与实务[M].2版．大连：东北财经大学出版社，2006.
[13]蒋春堂．公共关系策划学[M]. 武汉：武汉大学出版社，2000.
[14]蒋楠．公共关系四步工作法[M]. 北京：中国工商出版社，2004.
[15]居延安．公共关系学[M].2版．上海：复旦大学出版社，2001.
[16]廖为建．公共关系学简明教程[M]. 广州：中山大学出版社，1993.
[17]李道平．公共关系学[M].2版．北京：经济科学出版社，2002.
[18]李健荣．现代公共关系[M]. 太原：东方出版社，2002.
[19]李磊．公共关系实务[M]. 北京：中国广播电视出版社，2004.
[20]李兴国．公共关系实用教程[M]. 北京：高等教育出版社，2005.
[21]李兴国．公共关系学[M]. 北京：中国人民大学出版社，2004.
[22]林汉川，李觅芳．公共关系案例教程[M]. 上海：复旦大学出版社，1997.
[23]栗玉香．公共关系[M].2版．大连：东北财经大学出版社，2001.
[24]刘光明．企业形象导入[M].2版．北京：经济管理出版社，2003.
[25]罗伯特·希斯．危机管理[M]. 王成，等，译．北京：中信出版社，2001.
[26]乜瑛，郑生勇．公共关系学[M]. 杭州：浙江大学出版社，2007.
[27]邱伟光，罗国振．公共关系实务[M]. 上海：东方出版中心，1997.
[28]史有春．公共关系学——形象设计、信息传播和社会交往[M]. 南京：南京大学出版社，2002.
[29]陶应虎，顾晓燕．公共关系原理与实务[M]. 北京：清华大学出版社，2006.
[30]汪秀英．公共关系学[M]. 北京：中国商业出版社，1994.
[31]汪秀英．公共关系学[M]. 北京：中央广播电视大学出版社，2000.

[32]王维平．公共关系原理与应用[M]．修订本．兰州：兰州大学出版社，2001.

[33]熊超群，潘其俊．公共关系策划实务[M]．广州：广东经济出版社，2003.

[34]熊源伟．公共关系学[M]．3版．合肥：安徽人民出版社，2003.

[35]许芳．如何进行危机管理[M]．北京：北京大学出版社，2004.

[36]薛澜，张强，钟开斌．危机管理[M]．北京：清华大学出版社，2003.

[37]严辉武．CI策划[M]．长沙：中南大学出版社，2002.

[38]杨加陆．公共关系学教程[M]．上海：复旦大学出版社，2005.

[39]余明阳．公共关系学[M]．北京：北京师范大学出版社，2006.

[40]张百章，何伟祥．公共关系原理与实务[M]．大连：东北财经大学出版社，2002.

[41]张德，吴剑平．企业文化与CI策划[M]．北京：清华大学出版社，2000.

[42]张岩松．公共关系案例精选精析[M]．北京：经济管理出版社，2000.

[43]赵晓兰，赵咏梅，缪春萍．最新公共关系学[M]．3版．北京：中国社会科学出版社，2006.

[44]周朝霞．公共关系——理论与实务[M]．北京：高等教育出版社，2005.

[45]周朝霞．企业形象策划实务[M]．北京：机械工业出版社，2005.

[46]中国机械工业教育协会．公共关系原理及实务[M]．北京：机械工业出版社，2005.

[47]朱健强．企业CI战略[M]．厦门：厦门大学出版社，1999.

